DIE WIENER BRAUHERREN

Das goldene Bierjahrhundert

Alfred Paleczny

DIE WIENER BRAUHERREN

Das goldene Bierjahrhundert

Löcker Verlag

Herstellung: General Druckerei, Szeged
ISBN 978-3-85409-730-3

Inhalt

Vorwort

Zufällig las ich irgendwann noch im vorigen Jahrhundert, dass sich hundert Jahre zuvor in Wien die größte und die drittgrößte Brauerei Europas, wenn nicht der ganzen Welt befunden haben. Es gibt nicht viele Branchen, in denen Wiens Wirtschaft eine so eminente Position eingenommen hat. Seither hat mich das Thema der Geschichte des Wiener Bieres fasziniert. Bei meinen Recherchen stieß ich auf Personen, die weder mir, noch meinem Bekanntenkreis etwas sagten, die aber für diese Erfolge verantwortlich waren. Im Gegensatz zur Geschichte unserer Politiker, Feldherren, Musiker und bildenden Künstler sind die Namen der Wiener Großindustriellen des 19. Jahrhundert weitgehend in Vergessenheit geraten. Wer kennt heute einen Anton Dreher, einen Adolf Ignaz Mautner, einen Moriz Kuffner oder einen der anderen Brauherren dieser Zeit?

So habe ich viele Stunden in den letzten Jahren damit verbracht, in dieses Kapitel der Wiener Industriegeschichte einzudringen. Ich war der Meinung, dass es hoch an der Zeit ist, zumindest einige der damaligen Großindustriellen wieder der Vergessenheit zu entreißen und zu zeigen, wie sie gelebt und warum sie so große Erfolge erzielt haben. Waren sie wirklich Kapitalisten im wahrsten Sinn des Wortes, die nur Gewinne im Kopf hatten und ihre Arbeiter gnadenlos ausbeuteten? Außerdem trinken die meisten Wiener gerne ein gepflegtes Bier, wissen aber kaum etwas über seine Geschichte. Wenige wissen, dass unser beliebter Biertyp, das helle Lagerbier, aus Wien kommt und wie schwierig es vor rund 175 Jahren war, es zu »erfinden«.

Wien wird eher mit Wein als mit Bier in Verbindung gebracht. In den meisten Wienerliedern kommt zwar das Wort »Wein« vor, das Wort »Bier« wird man dort hingegen lange suchen. Dabei haben es die Wiener damals wie heute genau so gerne getrunken. In Wien und im engsten Wiener Umland gab es vor hundert Jahren noch 13 großteils bedeutende Brauereien, heute gibt es – von den kleinen Wirtshausbrauereien abgesehen – gerade noch eine einzige in Ottakring. Wohin sind die anderen verschwunden? Während meiner Arbeiten an diesem Buch habe ich erlebt, wie die alten Brauereianlagen in Schwechat, das ich zu Wien zählen möchte (die Schwechater werden mir das hoffentlich verzeihen), in Liesing und in Simmering abgerissen wurden und neuen Stadtvierteln weichen mussten. Es war nun auch mein Bestreben, die letzten Erinnerungen an diese spannende Brauherrenvergangenheit zu dokumentieren.

Ich bin sehr dankbar, dass ich bei meinen Arbeiten sowohl von Institutionen als auch von den Nachkommen der Brauherren umfangreiche Unterstützung bekam. Bei der Geschichte der Familie Dreher halfen mir Dr. Christine Basafa-Pal und Adolf Eszöl von der Stadtgemeinde Schwechat sowie Diana Wünschek, eine der letzten Dreher-Nachkommen, und Braumeister DI Dr. Andreas Urban von der Brauunion Österreich – Brauerei Schwechat. Die Familie Mautner Markhof ließ mich als ersten Außenstehenden in ihrem Familienarchiv recherchieren. Frau Almuth sowie Dr. Marcus und Dr. Michael Mautner Markhof verdanke ich viele weitere Informationen.

Die Leiterin des Bezirksmuseums Simmering Petra Leban und Mathilde Meichl haben mir wertvolle Unterlagen über die Familie Meichl zur Verfügung gestellt. Ludwig Purer und der Leiter des Bezirksmuseum Liesing Maximilian Pony zeigten mir vieles, was vor wenigen Jahren noch an die Liesinger Brauerei im Süden von Wien erinnerte.

Großen Dank schulde ich Mag. Hannes Hradecky von der Firma Mautner Markhof und Dr. Wolfgang Ladenbauer, die mich bei einem großen Teil meiner Recherchen begleiteten. Bei der Endredaktion half mir meine gesamte Familie, herzlichen Dank auch an dieser Stelle. Last but not least konnte dieses Buch nur durch das Vertrauen des Löcker Verlags erscheinen. Der Verlagsleiter Dr. Alexander Lellek meint, dass Bier in Wien ein interessantes Thema sein müsse und hat es deshalb in sein Verlagsprogramm aufgenommen. Ich hoffe nun, dass mein Buch einen kleinen Beitrag zur Erforschung der Wiener Wirtschaftsgeschichte leisten kann, bei der noch viele unerforschte Bereiche auf ihre Entdecker warten.

Es wird in diesem Buch versucht, einige Angaben von Gulden und Kronen kaufkraftmäßig in heutige Euro umzurechnen, wofür Angaben der Statistik Austria herangezogen werden. Dabei handelt es sich natürlich nur um ungefähre Angaben. Der Wert des Guldens sank zwischen 1810 und 1870 von 15 auf 10 Euro und blieb dann bis zur Einführung der Krone (ca. 5 Euro) ziemlich konstant.

Alfred Paleczny

Juni 2014

Die ersten Wiener Brauherren

Ich will mit Ihnen nun eine Zeitreise durch die Geschichte des Wiener Bieres unternehmen. Der Begriff Wiener Bier muss großzügig gesehen werden, denn er ist weder eng auf das Gebiet der heutigen Stadt und noch weniger auf das Gebiet der Residenzstadt Wien im 19. Jahrhundert beschränkt. Vielmehr spielte sich eigentlich fast alles, was in der Folge erzählt wird, in ihren Vorstädten und Vororten ab, die erst im Laufe des 19. Jahrhunderts Teil von Wien wurden und es zum Teil, wie Schwechat, gar nicht sind. Ich entschuldige mich deshalb bereits am Anfang für diese geografische Ungenauigkeit. Wir werden aber sehen, dass alle Entwicklungen eng mit Wien in Verbindung standen und sich alle Brauherren (auch) als Wiener fühlten. Dies als Vorbemerkung.

Die Brau AG hat anlässlich ihres 75jährigen Bestandsjubiläums im Jahr 1996 den 1000. Geburtstag des Bieres in Österreich gefeiert. Das ist im Prinzip richtig, zur Zeit des Kaisers Otto III. kannten nur wenige Adelige in der damaligen Grenzmark der Babenberger ein mit Hopfen zubereitetes Bier. Das »normale Volk« begnügte sich mit der »Grut«, einer Mischung aus Kräutern, Gewürzen, Obst und manchmal auch Unkräutern. In Österreich wurde Hopfen erst im 13. Jahrhundert angebaut. Das Recht zu brauen hatte jeder Bauernhof und es gab im Hochmittelalter kaum diesbezügliche Beschränkungen. Brauen war eng mit dem Backen verbunden und wurde überwiegend von den Frauen ausgeübt. Das war in Wien genauso wie überall sonst im Heiligen Römischen Reich Deutscher Nation. Nur hatte in Wien das Bier wesentlich weniger Bedeutung als anderswo, weil die Wiener des Mittelalters fast ausschließlich Wein und manchmal Branntwein tranken, wenn sie ein alkoholisches Getränk zu sich nahmen.

Bier war damals mehr gesundes Lebensmittel als Genussmittel. Es wurde für Suppen und Breie wegen seines Nährwertes verwendet. Das war auch ein Grund, warum das Brauwesen in Klöstern und Spitälern gefördert wurde. Die landläufige Bezeichnung als »flüssiges Brot« ist gar nicht so unzutreffend, weil eines der Grundprodukte bekanntlich Getreide ist. Über den Gärprozess wusste man noch sehr wenig. Die Bierhefe war unbekannt, die Gärung erfolgte weitgehend durch die in der Raumluft enthaltene »wilde« Hefe. Obwohl es dabei zu Fehlgärungen und Geschmacksbeeinträchtigungen kam, war das Bier neben dem Wein das mit Abstand hygienischste und bekömmlichste Getränk der damaligen Zeit. Wasser und Milch waren mit Keimen und Bakterien belastet, die beim Kochen des Bieres vernichtet wurden. Ärzte wie Paracelsus erahnten damals schon die gesundheitsfördernde Wirkung des Bieres und maßen ihm große Heilwirkung zu. In Wien wurde Bier sogar als Vorbeugung vor Pesterkrankungen eingesetzt.

In einer Burgmautverordnung finden wir 1212 den Vermerk, dass ein Mann namens Ebro das Recht hatte, Bier nach Wien einzuführen. Aus dem Jahr 1233 gibt es eine Urkunde, mit der das Wiener Schottenkloster dem Stift Herzogenburg einen Baugrund überließ – als Zeuge wird ein Otto Prew genannt. Da damals Familiennamen und Berufsname oft übereinstimmten, war dieser Otto mit hoher Wahrscheinlichkeit ein Bierbrauer im Umkreis des Schottenstiftes und damit der erste namentlich bekannte Bierproduzent Wiens. Unter Herzog Albrecht II. wurde das Bier 1340 erstmals im Wiener Stadtrecht erwähnt und rund 40 Jahre später hat sein Sohn Albrecht III. die uneingeschränkte Bierproduktion verboten und das Bierrecht in Wien in ein landesfürstliches Recht umgewandelt. Damit durfte nur mehr brauen und Bier ausschenken, wer mit dem Braurecht belehnt wurde und die nötige Gebühr an den Herzog ablieferte.

Der erste, der dieses Recht erhielt, war ein gewisser Ulrich Zink, der Spitalmeister im Bürgerspital war und 1382 in einem Haus »an der Weydenstraße« das erste Wiener Brauhaus als Superädifikat auf einem Grund des Bürgerspitals errichtete. Er gründete auch die erste Brauherrendynastie, die bis 1430 nachzuweisen ist. Dann musste die Familie auf das Brauhaus zu Gunsten des Bürgerspitals verzichten und zugleich wurde der offene Ausschank von Bier verboten, um das Weingeschäft nicht zu stören. Die Weinhändler waren natürlich die größten Feinde der Brauherren und haben auch in den folgenden Jahrhunderten immer wieder zu verhindern versucht, dass die Wiener lieber Bier als Wein tranken.

Das Bürgerspital erhielt das ausschließliche Bierbrau-, Biereinfuhr- und Bierausschankrecht innerhalb des so genannten Wiener Burgfriedens und war die einzige Institution, die diese Rechte an »Bierleitgeben« weitergeben durfte. Grundherrschaften von Klöstern und Adeligen, die nicht zu diesem Burgfrieden gehörten, waren aber nicht davon betroffen, so dass es bis ins 19. Jahrhundert im Lichtental (Liechtensteinsches Brauhaus), Margarethen, Am Hundsturm, in Kaiserebersdorf und auf dem Schellenhof landesfürstliche Brauhäuser gab.

Das Bürgerspital, das sich bis 1789 in jenem Häuserblock befand, in dessen Zentrum heute das Hotel Sacher steht, hatte mehrere Brauhäuser. Neben dem

Brauhaus im Bürgerspital selbst gab es Filialen in der Leopoldstadt (Am Unteren Werd), in Gumpendorf (St.Theobald) und in St.Marx. Zwei der Brauherren, mit denen wir uns noch beschäftigen werden, haben sich dort die ersten Sporen verdient. 1837 gab es außerdem innerhalb der heutigen Wiener Landesgrenzen und im unmittelbaren Umland der Stadt jeweils 15 kleinere Brauereien. Die größte war in Jedlesee zu Hause und braute 60.000 hl, alle 30 Betriebe zusammen ca. 600.000 hl jährlich.

Im 18. Jahrhundert hat die Wiener Bevölkerung ihre Trinkgewohnheiten – nicht nur durch den aufkommenden Kaffeekonsum – radikal verändert. 1736 wurde noch dreimal soviel Wein wie Bier getrunken, am Beginn des 19. Jahrhunderts war der Bierverbrauch jedoch schon höher als der Weinverbrauch. Pro Kopf verdoppelte sich der Bierkonsum von 65 l (1730) auf über 130 l im Jahr 1840. 1701 gab es innerhalb der Stadtmauern 27 Bierhäuser, hundert Jahre später bereits über 500. Die sonst im Vormärz noch eher zurückhaltend agierenden Behörden waren den Bierbrauern wohl gesonnen, um »die notorisch schlechte Qualität des hierländischen Bieres durch die Verschärfung der Konkurrenz mittels Neugründungen anzuheben.« Das hatte aber vorerst kaum Erfolg, weil das Wiener Braugewerbe durch »das Fortbestehen der alten Brau- und Schankrechte und der damit verbundenen strengen Reviereinteilungen in hohem Maße traditionell geprägt« war. [1] Wer etwas Gutes trinken wollte und Geld hatte, trank deshalb im frühen Vormärz Wein.

1. Chaloupek u.a.: Wien – Wirtschaftsgeschichte, Band 1, S. 211

Soweit im Zeitraffer die Zeit vor 1836. Dann ereignete sich etwas Sensationelles, fast Revolutionäres im Umland der Residenzstadt, das aber aufgrund dieser Entwicklung fast logisch war. In den Jahren 1836 bis 1840 wurden in Schwechat, St. Marx, Ottakring, Hernals, Währing, Simmering und Liesing insgesamt sieben Brauhäuser gegründet bzw. teilweise von neuen fortschrittlich denkenden Brauherren übernommen.

Mit diesen sieben Brauereien wollen wir uns in der Folge beschäftigen: 1836 begann in Schwechat Anton Dreher der Ältere mit der Brautätigkeit, 1837 erhielt der Müllermeister Heinrich Plank die Baubewilligung für eine Brauerei im Vorort Ottakring und wurde dort bald von der Familie Kuffner abgelöst. 1839 gründeten zum einen Johann Georg Held in Liesing eine neue Brauerei und verkaufte diese bald an die Familie Faber und zum anderen eröffnete Rudolf Müller die Hernalser Brauerei und verkaufte sie 1856 an die Familie Kuffner. Ebenfalls 1839 begann Konrad Dreher den Braubetrieb in Währing. 1840 pachtete Adolf Ignaz (damals noch Abraham Isaak Mautner) in St. Marx die dortige Brauerei und im gleichen Jahr übernahm Theodor I. Meichl die kleine

Brauerei seines Vaters in Simmering. Gerade diese Herren hatten die Zeichen der Zeit, also das Wohlwollen der Behörden, den Trend zur Gewerbefreiheit und den steigenden Bierkonsum erkannt. Sie nutzten sehr schnell die sich abzeichnende industrielle Revolution und waren bestrebt, dieses Getränk nun besser und wirtschaftlicher herzustellen. Sie waren keine geborenen Wiener und konnten sich dadurch leichter den strengen Zunftregeln entziehen, die sie teils aber noch zu spüren bekamen. Mit Ausnahme von Währing waren diese Brauhäuser auch entscheidend daran beteiligt, dass die Wiener Biererzeugung technisch und wirtschaftlich in den nächsten Jahrzehnten den ersten Platz in der europäischen und wahrscheinlich auch der gesamten Weltindustrie erkämpfte. Man kann deshalb von einem »goldenen Bierjahrhundert« in Wien sprechen, das durch den Ersten Weltkrieg zwar unterbrochen wurde, aber mit Einschränkungen bis zum Beginn der Wirtschaftskrise der 1930er Jahre dauerte.

Bier wurde durch diese Brauereien jedenfalls nicht nur das beliebteste Getränk der Bevölkerung, sondern im späten Vormärz auch das Modegetränk der Intelligenz, Beamten, Studierenden, Künstler und mittleren Bürger – also auch jener, die sich ein Glas Wein durchaus hätten leisten können.[2] Das bis dahin geächtete Wiener Bier bekam sogar einen Weltruf, der bei allen Weltausstellungen zu einer Flut von Auszeichnungen führte. 1900, also rund 60 Jahre später produzierte allein Schwechat mehr als 600.000 hl, alle Brauereien zusammen kamen bereits auf 3,2 Mio. hl. Der Grund hiefür ist nicht nur in der Vermehrung der Wiener Bevölkerung, sondern vor allem in der besseren Qualität zu suchen.

Wir werden alle diese Herren und ihre großen Familien kennenlernen, doch beginnen wollen wir nicht in Wien selbst, sondern in Schwechat, wo die Familie Dreher die wichtigste Innovation im Braugewerbe setzte.

2. Sandgruber: Bittersüsse Genüsse, S. 36

Die Familie Dreher

Schwechat ist für die heutige Generation ein Synonym für den Wiener Flughafen, vor 100 Jahren war es ein Synonym für Bier und für die Familie Dreher. Wer heute durch diese direkt am östlichen Stadtrand von Wien liegende Stadt fährt, wird zwar gleich nach der Stadtgrenze von der Tafel »Braustadt Schwechat« begrüßt. Vom riesigen Brauereigelände wird er vor der Überquerung des Flusses Schwechat aber nur mehr einen kleinen Teil sehen. Der Großteil ist seit Anfang 2011 verschwunden. Trotzdem wird in Schwechat noch immer Bier gebraut und zwar mit über 800.000 hl jährlich fast soviel wie in den besten Zeiten. Allerdings gehört die Brauerei dem niederländischen Heineken-Konzern und Schwechat ist längst nicht mehr wie vor 100 Jahren die größte Braustadt des Kontinents. Dort hat es vor 380 Jahren sogar vier Brauereien gegeben.

»Die Braustadt Schwechat begrüßt Sie« – Diese Tafel begrüßt noch immer an der Stadteinfahrt (Foto des Autors)

Der bedeutendste Brauer dieser Stadt und zugleich einer ihrer wichtigsten Bürger war Anton Dreher, der in Anbetracht der vielen Antons seiner Familie »der Ältere« genannt wird. Ohne ihn wäre Schwechat wohl nie »Braustadt« geworden. Er war ein Großindustrieller wie nur wenige in den Jahren vor der großen »Gründerzeit«.

Als er sein später weltbekanntes »Wiener Lagerbier« erstmals braute, war die Geschichte seiner Brauerei schon mehr als 200 Jahre alt. Also wollen wir uns noch kurz mit der Brauereigeschichte in dieser Stadt vor ihm beschäftigen und mit dem Jahr 1632 beginnen, das als offizielles Gründungsjahr der Schwechater Brauerei gilt.

Damals gab es in Schwechat einige kleinere Brauereien, das Oelmayerische oder Figdorbrauhaus, das Dominikal- oder Popperbrauhaus sowie eine nur kurz bestandene Brauerei im Schlosse Kettenhof.[3] Der ehemalige Kammerdiener von Kaiser Matthias, Peter Descrolier, zeigte großen Mut, als er in dieser kleinen Stadt eine weitere Brauerei auf dem Frauenfeld gründete. 1161 hatten die Mönche des Wiener Schottenstifts von Herzog Heinrich I. Jasomirgott dieses Gebiet erhalten und an Zinsbauern weiter verpachtet. Als letztes Andenken an die Zeit vor 1800 gibt es heute noch einen barocken Gartenpavillon, der unter Denkmalschutz steht. Früher wirkte er inmitten der riesigen Gebäude ziemlich deplatziert und verloren. Seine Zukunft in der neuen Wohnhausanlage, die auf diesem Gebiet nach Erscheinen dieses Buches entstehen wird, ist noch unklar.

3. Promintzer: 300 Jahre, S. 12 f. Dort ist auch die Geschichte der Brauerei in den Jahren bis zum Kauf durch Franz Anton Dreher beschrieben

Der maria-theresianische Pavillon im Brauhausgelände hat dank des Denkmalschutzes alle Zeiten überdauert und wird mitten in einer Wohnanlage stehen (Archiv der Stadt Schwechat)

Der mühsame Beginn in Schwechat Franz Anton Dreher

Franz Anton Dreher (1736–1820), der Stammvater der Dreher-Dynastie (Archiv der Stadtgemeinde Schwechat)

Wir wollen aber die weitere Geschichte der Brauerei im 17. und 18. Jahrhundert überspringen. Der kleine Betrieb wäre auch längst vergessen, wenn er nicht 1796 von dem aus Pfullendorf bei Überlingen am Bodensee stammenden Franz Anton Dreher gekauft worden wäre. Der Name Dreher dominierte dann die Stadt 130 Jahre lang. Heute muss man aber die Augen offen halten und sich Zeit nehmen, wenn man ihn in Schwechat finden will.

Die Familie Dreher lässt sich im Bodenseeraum also bis weit ins 18. Jahrhundert zurückverfolgen. Franz Anton war das neunte von insgesamt dreizehn Kindern und dürfte völlig mittellos nach Wien gekommen sein. Er hatte aber schon in seiner Heimat das Brauhandwerk sowohl in der eigenen Familie als auch im Dorfbrauhaus der Familie Götz, deren Nachkommen auch in Klein-Schwechat tätig waren, gelernt.

Er kam 1760 im Rahmen des großen »Schwabenzuges« mit einer Holzplätte auf der Donau in die alte Residenzstadt der Habsburger. Diese Plätten wurden auch Ordinary genannt und dienten einem regelmäßigen Personenverkehr nach Wien. Zu Maria Theresias Zeiten und auch in den Jahren danach musste ein vorwärtsstrebender Handwerksgeselle, der einmal Meister in Süddeutschland werden wollte, einige Zeit in Wien arbeiten. Deshalb suchte Dreher eine Anstellung als Bierkellner, entschloss sich aber bald, nicht mehr in seine Heimat zurückzukehren. 1773 begann er seine Karriere in der sehr kleinen Herrschaftsbrauerei Oberlanzendorf der Grafen Königsegg-Aulendorf. Daran erinnert heute nur mehr ein halbverwitterter Stein im Brauhaus Schwechat mit der Inschrift »F.A.D.1773«.

Eine solche kleine Herrschaftsbrauerei zu führen, bedeutete, dass er einen Übernahmepreis bezahlen und dann jährlich noch 300 Gulden, 24 hl Bier sowie je 3 hl Branntwein und Essig an den Grafen abliefern musste. Dafür waren alle herrschaftlichen Gastwirte gezwungen, dieses Bier auszuschenken. Der Rest wurde nach Wien verkauft. Seinen Erfolg verdankt er seiner »schwäbischen« Sparsamkeit, der Mitgift seiner ersten Frau Anna Huber und seinem Verwandten Johann Nepomuk Dreher, dessen Vater schon längere Zeit als Grundrichter in Zwölfaxing lebte.[4] Wenn es ihm schlecht ging, trug er ein hölzernes Kreuz auf einer Wallfahrt zu Fuß bis Mariazell, um Gottes Segen zu erlangen. Franz Antons Sohn erwarb nach 1848 diese Herrschaft Lanzendorf.

1782 finden wir Franz Anton schon im wesentlich bedeutenderen Leopoldstädter Bürgerspitalsbrauhaus im Unteren Werd. Er hatte dort so viel Erfolg, dass er am 22. Oktober 1796 19.000 Gulden (ca. 400.000 Euro) für den Kauf des Klein-Schwechater Brauhauses und 3.000 Gulden für den Kauf eines Herrschaftshauses in Kledering aufbringen konnte. Bis 1812 dürfte er sich trotzdem hauptsächlich mit dem Leopoldstädter Brauhaus beschäftigt haben, das am Weg von der Stadt zum Augarten und zum Prater sowie in unmittelbarer Nähe der neuen Prachtstraße lag, die Jägerzeile und ab 1862 Praterstraße hieß. Damit besaß er ein gutes Einzugsgebiet. Nach dem Tod seiner ersten Frau 1803 übergab er Johann Nepomuk Dreher die Geschäftsführung in Klein-Schwechat. In der Leopoldstadt führte seine Schwester, eine verehelichte Götz, seinen Haushalt. Erst als er sich aus dem Bürgerspitalbrauhaus zurückzie-

641

Nro. 22.

Mit k.k. allergnädigster Freiheit

Wiener Zeitung.

Mittewoche den 18. März 1789.

Bräuhaus zu verkaufen.

In dem Markt Schwechat an der Hauptstrasse ist ein gut gebautes Bräuhaus, worauf die Bierschanksgerechtigkeit haftet, und auch exerziret wird, mit einer Ochsenmühle, zwey Bräupfannen, mit aller sowohl zum Bräuwesen als Wirthschafts nöthigen Gebäuden versehen, dann dazugehörigen 32 Tagwerk Wiesen, und 92 Joch theils Haus, theils Ueberländäckern, unter welchen 44 Joch mit Korn schon angebauet, und 32 Joch zum Gerstenbau bereits zugerichtet sind, täglich zu verkaufen.

Bevor Franz Anton Dreher das Brauhaus 1796 erwarb, war es mehrere Male in der Wiener Zeitung zum Verkauf ausgeschrieben.

4. Diese Verwandtschaft ist zwar nicht ganz sicher nachzuweisen, doch deutet alles darauf hin, dass Johann Nepomuk nicht nur wegen der Namensgleichheit dem Franz Anton geholfen hat. Siehe Wieder: Anton Dreher, S. 79

Katharina Widter heiratete 1804 den 69jährigen Franz Anton Dreher und wurde damit die Stammmutter der Familie (Archiv der Stadtgemeinde Schwechat)

Dreher-Mausoleum auf dem Schwechater Friedhof neben dem Brauereigelände (Foto des Autors)

hen musste, zog er endgültig nach Klein-Schwechat. Er konnte in Folge des wirtschaftlichen Niederganges in Wien während der Kriege gegen Napoleon die jährliche Pacht von 16.000 Gulden nicht mehr verdienen. Die folgenden Pächter in der Leopoldstadt erzeugten dann ein so schlechtes Bier, dass das Bürgerspital den Betrieb 1845 einstellte. Der »Ziegelbaron« Alois Miesbach kaufte das Areal und ließ dort Zinshäuser bauen.

Dreher war damals 76 Jahre alt und lebte zumeist auf seinem Alterssitz in Kledering. Seit 1806 führte er den Ehrentitel eines »Seniors der sämtlichen Wiener Herren Bräumeister« und war Ober-Vorsteher der Wiener Brauer-Zunft. Franz Anton hat auch nie auf seine Verwandten in Pfullendorf vergessen. Er hat ihnen einige hundert Gulden geschenkt und schließlich auch zwei Söhne seines Bruders nach Wien geholt. Mit seiner Übersiedlung nach Wien hatte er sicher das bessere Los gezogen als seine Familie, die die Zeit der Napoleonischen Kriege nur mit Schwierigkeiten überlebte.

Für den Bestand der Brauerei in Schwechat war aber sehr wichtig, dass der bis dahin kinderlose Franz Anton 1804 im Alter von 69 Jahren die damals gerade erst 18-Jährige Müllerstochter Katharina Widter geheiratet und von ihr vier Kinder, darunter den 1810 geborenen Sohn Anton und die Tochter Klara bekommen hat. Katharinas Vater war viele Jahre lang Braumeister in Simmering und somit fand durch eine Ehe erstmals »Bier zu Bier«, was sich noch oft wiederholen sollte. Franz Anton zog sich in den wohl verdienten Ruhestand zurück und starb am 19.November 1820 »an Entkräftung im 85. Lebensjahr«, wie es im Sterbebuch der Pfarre Schwechat heißt.

Franz Antons Lebensabend fiel nicht allzu glücklich aus. Die Geldentwertung hatte sein Vermögen ziemlich reduziert, seine drei noch lebenden Kinder Anton, Klara und Maria erbten bei seinem Tod nur je 4000 Gulden, eine in Anbetracht des ursprünglichen Vermögens eher geringe Summe. Er wurde in der Familiengruft bestattet, die sich vor einem mächtigen Mausoleum befindet, das er schon 1803 nach dem Tod seiner ersten Gattin erbauen ließ und das auf dem Schwechater Friedhof noch heute das dominierende Bauwerk ist.

Franz Anton Dreher war zwar der Gründer der Wiener Dreher-Dynastie und hat die Klein-Schwechater Brauerei erworben, für deren Entwicklung hat er aber nicht allzu viel beigetragen. Er wäre sicher heute längst vergessen und einer der vielen mehr oder weniger erfolgreichen Wiener Braumeister des beginnenden 19. Jahrhunderts, wenn er nicht den Sohn Anton gehabt hätte.

Der berühmteste aller Bierbrauer
Anton Dreher der Ältere

Es ist ein Glück, das wir von diesem Anton Eugen Georg Dreher, den man später Anton den Älteren oder Anton sen. nannte, so viel wissen. Einige seiner Zeitgenossen haben im Auftrag der Familie zwar biographische Skizzen geschrieben, denen allerdings durch den damals üblichen verherrlichenden Ton ein bisschen die Objektivität fehlt. Sie erzählen aber viele interessante Details seines Lebens. Zum 300-Jahr-Jubiläum der Schwechater Brauerei hat sich 1932 ein damaliger Brauereidirektor die Mühe gemacht, sein Leben wesentlich sachlicher und objektiver zu schildern. [5] Im Gegensatz zur anderen großen Brauerfamilie dieser Zeit, der Familie Mautner Markhof, gibt es aber von keinem Familienmitglied der Drehers autobiographische Aufzeichnungen, wenn man von einem verloren gegangenen und nur in Fragmenten zitierbaren Tagebuch seiner Lehr- und Wanderjahre absieht.

5. Neben dem Standardwerk von Josef Promintzer, 300 Jahre Brauhaus Schwechat, ist vor allem die Biografie von Eduard Hensel, Anton Dreher – Biographische Skizze, Wien 1864, zu erwähnen.

Anton lebte als Kind auf dem Grundbesitz Lanzendorf und erhielt bis zu seinem 10. Lebensjahr Privatunterricht, teilweise durch seinen Vater. Als dieser 1820 starb, wechselte sein Sohn in das Wiener Piaristengymnasium. Dort erwies er sich besonders in den humanistischen Fächern als begabter Schüler. Anschließend schickte ihn sein Vormund einem damals noch traditionellen Bierbrauch folgend zu einem Konkurrenten in die Lehre und wählte dafür seinen süddeutschen Landsmann Georg I. Meichl in der Brauerei Simmering aus. Anton dachte dort aber mehr an alte Geschichte und Altphilologie als an die Brautechnik. Jedenfalls soll ihm Meichl gesagt haben: »Du wirst nie das Bierbrauen erlernen, Toni, laß es sein!«, womit eines der gravierendsten Fehlurteile dieser Zeit über einen jungen Unternehmer ausgesprochen wurde.

Anton Dreher sen. (1810–1863), Lithographie von Kriehuber 1862

Die Lehre hatte nur insofern einen Sinn, als Anton während dieser Zeit den gleichaltrigen Gabriel Sedlmayer, den Sohn des Besitzers der Münchner Spatenbrauerei kennenlernte, der in seinem Leben noch sehr große Bedeutung erlangte. Wahrscheinlich entstand diese Bekanntschaft bei einer Exkursion zur Polytechnischen Schule, vielleicht war Sedlmayer aber auch kurz bei Meichl in der Lehre. Beide erkannten bald, dass sie in Wien nichts lernen konnten und entschlossen sich, auf die »Walz« zu gehen. Eine solche Walz war sogar noch lange nach der Aufhebung der Zunftordnung durchaus üblich. Danach musste der ausgelernte Geselle zwei bis drei Jahre auf Wanderschaft gehen, um sich auch in anderen Unternehmen umzusehen und zu lernen. Seine Verwandten hatten jedoch dafür überhaupt kein Verständnis, nur seiner Mutter konnte er verdanken, dass er wenigstens das notwendige Reisegeld erhielt.

Dreher wollte nach England gehen, um dort die auf dem Kontinent weitgehend unbekannten Brauereien und deren Brautechniken kennenzulernen. Die Briten waren damals ihren Branchenkollegen auf dem europäischen Festland weit überlegen. Die Engländer nutzten schon das Thermometer sowie das Mikroskop, verwendeten einen Vorläufer des Saccharometers zur Messung des Stammwürzegehaltes und waren dem Kontinent auch bei der wissenschaftlichen Steuerung des Produktionsprozesses um Jahrzehnte voraus. Sie verwendeten seit 1814 Dampfmaschinen und hatten ein Kühlsystem entwickelt, bei dem das Bier in einem Rohr durch ein anderes Rohr geleitet wurde, in dem sich kaltes Wasser befand. 1819 produzierten die Londoner Brauereien bereits 2,6 Mio. hl Bier jährlich, in Wien kam man gerade auf 0,6 Mio. hl. Es gab also viel zu lernen für die jungen Herren.

Außerdem wollten sie die Welt kennenlernen. Ob es neben der Brauausbildung mehr der Wandertrieb, der Wissensdurst oder kulturelle Interessen waren, die sie so weit von der Heimat wegführten, können wir heute nicht mehr nachvollziehen. Der 22-jährige Anton besorgte sich jedenfalls im August 1832 einen damals nur schwer erhältlichen »österreichisch kaiserlich-königlichen Reisepass«, in dem als Beruf »angehender Braumeister« und als Zweck der Reise »Ausbildung in seinem Fache« angegeben war. Anton fuhr zuerst über Prag zu seinem Kollegen Sedlmayer nach München und die beiden besuchten bis zum Sommer 1833 unter anderem Karlsbad, Dresden und Leipzig. Sedlmayer fuhr dann nach Berlin weiter, um dort Vorlesungen zu hören, Dreher widmete sich eher humanistischen als brautechnischen Studien. In seinem Pass findet man Aufenthaltsvermerke vieler Städte, wie Würzburg, Nürnberg, Regensburg, Basel, Straßburg, Frankfurt, Köln, Weimar, Antwerpen und im Juli setzte er von Ostende nach London über. Zeitgenosse Hensel beschreibt das 1864 in seinem Stil so: »In Weimar war es, wo Dreher an den Gräbern der Heroen deutscher Literatur Abschied von der Poesie, von dem idealen Leben nahm und sich dem strengen, kalten Geschäftsleben in die Arme warf.«[6]

6. Hensel: Anton Dreher, S. 9

In London traf er wieder auf Sedlmayer und zwei weitere Studenten und sie versuchten nun ihr Glück in den dortigen Brauereien. Trotz einiger Empfehlungsschreiben und der Unterstützung des österreichischen Gesandten in London, Fürst Paul Esterhazy, wurden sie nicht mit offenen Armen empfangen und hatten keine Chance auf ein Praktikum in einer der bedeutenden Brauereien der englischen Hauptstadt.

Ob sie wirklich aus Geldmangel – wie manche Biografen behaupten – einige Zeit als Brauknechte in einer Großbrauerei arbeiteten, ist umstritten. Sicher ist, dass sie dank ihres freundlichen Wesens schließlich doch noch Erfolg hatten.[7] Bei einer Fuchsjagd, von deren Ablauf sie keine Ahnung hatten, freundeten sie sich mit dem Brauereibesitzer Bass aus Burton-upon-Trent an, der sie endlich ihrem Ziel näherbrachte. Seine Empfehlungsschreiben öffneten ihnen »rasch die Tore der englischen und schottischen Brauereien und ermöglichten ihnen, die Geheimnisse des britischen Brau- und Mälzungsverfahren zu erforschen und mit in die Heimat zu nehmen.«[8] Biograf Eckert meint wieder, dass sie sich einfach die Adresse des berühmten Brauers und Mitentwickler des Saccharometers David Boothe besorgten, der ihnen weiterhalf. Tatsache ist, dass Dreher in England ein penibles Tagebuch über alle Brauvorgänge schrieb, das Eckert noch kannte und in seiner Kurzbiografie teilweise abgeschrieben hat. Dreher formulierte den Durchbruch wörtlich so: »Hier wurden endlich zum erstenmahle in Großbrittanien unsere Wünsche erfüllt, was wir nächst Gott vorzüglich unserem Schwätzer- und zum Teil auch Lügentalente zu verdanken hatten.« [9]

Sedlmayer beschreibt ihre Betriebsspionage in seinen Erinnerungen: »Wir haben immer kleine Fläschen mit uns geführt, die wir verstohlener Weise füllen und dann zu Hause mit unserem Saccarometer nachwiegen. Doch die Flaschen zu füllen, unterliegt oft großen Schwierigkeiten, da sie nie einen allein in die Gährstube lassen, und gewöhnlich muß man es in ihrer Gegenwart thun, ohne dass sie es doch bemerken dürfen... Glücklich schätze ich mich, wenn wir ohne Prügel herauskommen. Um dieses mehr zu vermeiden, lassen wir uns jetzt Stöcke machen, von Blech, lackiert, unten mit einem Ventil, so daß, wenn man den Stock hineintaucht, er sich füllt, beim hinausnehmen schließt sich das Ventil, und wir haben das Bier im Stock, somit können wir dann sicherer stehlen.«[10]

Der Schwechater Brauersohn wurde in England auch Bewunderer der englischen Literatur und konnte bis ins hohe Alter die berühmten Monologe von Shakespeare in englischer Sprache zitieren. Er blieb von Juli 1833 bis Jänner 1834 in England und dann noch ein Jahr bei den Sedlmayers in München, die seit 1807 in ihrer Brauerei bereits das untergärige Brauverfahren mit einer völlig neuen Methode praktizierten.

Als 1835 Anton endgültig nach Schwechat zurückkehrte, fand er die Brauerei stark verschuldet vor. Er konnte sie wegen seiner schlechten finanziellen Lage vorerst nicht einmal von seiner Mutter und deren zweiten Mann pachten.

7. Bei den Biografen Franz Eckert, Eduard Hensel und Josef Promintzer gibt es dazu unterschiedliche Aussagen. Eckert zitiert einen Brief Sedlmayers an seine Eltern, wo dieser beklagt, dass sie nicht einmal Arbeit als Brauknechte bekommen würden. Gambrinus Nr. 1/1933, S. 8

8. Promintzer: 300 Jahre, S. 28

9. Eckert: Ein österreichischer Brauer, S.8 und 9

10. Sedlmayer: Die Geschichte der Spatenbrauerei, S. 318

Vielmehr musste er sich erst mühsam das Vertrauen seiner Verwandtschaft wiedererkämpfen und das Geld für die Pacht borgen. Lange Zeit hatte niemand Vertrauen in seine Erfahrungen, weil er sich nur »nach ihren spießbürgerlichen, beschränkten Ansichten, zwecklos in der Welt herumgetrieben und sein Geld verschwendet hatte.« Der Satz eines Verwandten, der ihm mit dem Satz: »Mein lieber Anton, der ist ein Narr, der Ihnen Geld leiht zu dem heruntergekommenen Geschäft« seine Unterstützung verweigerte, spricht wohl Bände.[11] Außerdem hatte er erste Probleme mit seiner Gesundheit. Er litt unter den Blattern, einer damals noch sehr gefährlichen Krankheit, die man heute eher unter dem Namen Pocken kennt. Am 1. April 1836 konnte er seiner Mutter das Pachtgeld geben und begann seine Tätigkeit in der damals kleinsten der Schwechater Brauereien, die gerade 600 hl pro Monat erzeugte. Voll Tatendrang und mit seinen in England erworbenen Kenntnissen hatte er bald Erfolg und steigerte den Monatsausstoß in seinem ersten Braujahr auf 1700 hl. Er erzeugte nicht wie seine Konkurrenten dunkelbraunes und trübes »Kräusenbier«, sondern mildes und wesentlich wohlschmeckenderes, aber noch immer obergäriges »Kaiserbier«. Keinen Erfolg hatte er hingegen mit einem österreichischen Ale, das den damaligen Biertrinkern zu süß und zu stark war.

11. Beide Zitate nach Hensel: Anton Dreher, S. 12

Anton Dreher sen. konnte sich 1854 von Friedrich Amerling porträtieren lassen

Endlich durfte er mit den anderen Brauherren in Schwechat an einem Tisch im Kaffeehaus sitzen – eine Ehre, die ihm lange versagt geblieben war. Bis dahin hatte es in den Brauerkreisen geheißen, »der Dreher ist ein Esel, er ist von seiner Reise dümmer zurückgekommen, als er fortgegangen ist.«[12]

12. Ableidinger: Geschichte von Schwechat, S. 357

Zur Ehrenrettung dieser alten Brauer muss man erwähnen, dass sie noch im Zunftgeist der vergangenen Jahrzehnte lebten. Danach galt die Nutzung des technischen Fortschritts als unlauterer Wettbewerb. Produktionsausweitungen waren nicht erlaubt, weil man dadurch die Existenzgrundlage der anderen Meister gefährden konnte. Nur so ist erklärbar, dass es in der kleinen Stadt Schwechat mehrere Brauereien gab. Sie konnten gut leben, bis dieser junge Dreher kam, der alles anders machte. Statt Handwerker wollte er Fabrikant sein und er begann nach den Gesetzen des Marktes einen Verdrängungswettbewerb, der seine örtlichen Konkurrenten innerhalb von 25 Jahren in den Konkurs trieb.

Dreher nutzte als erster auf dem Festland das englische Mälzungsverfahren, das durch die Erforschung der chemischen Vorgänge revolutioniert wurde. Er setzte auf die vier Faktoren Eisen, Kohle, Maschinen und Dampfkraft, die Holz als Brenn- und Baumaterial immer mehr verdrängten. Außerdem wurde die menschliche und tierische Kraft durch maschinelle Hebe- und Transportvorrichtungen ersetzt. Er hatte in England gelernt, statt hölzerner Gefäße Behälter aus Eisen anzufertigen und er baute als erster so genannte »Kühlschiffe«, die eine ovale Form mit kielförmigen Enden aufwiesen, wovon der Name kommt. Schon 1814 besaßen alle Londoner Großbrauereien Dampfmaschinen, während die ersten in Deutschland von der Familie Sedlmayer um 1820 und in Österreich erst um 1850 eingesetzt wurden. Weiters verwendete er das Thermometer, um eine konstante Temperatur bei den Brauvorgängen, und das Saccharometer, um einen konstanten Bierwürzegehalt zu erreichen. Diese beiden Geräte hatte er in England kennengelernt. Neu war auch, dass er als erster in Wien wie die Briten die Gerste zum Keimen brachte. Dafür wurde er vorerst noch ausgelacht, doch das alles senkte die Kosten, verbesserte die Qualität und brachte einen höheren Ausstoß.

Die alten Brauer vertrauten dem »Gefühl« und standen jeder wissenschaftlichen Neuerung sehr skeptisch gegenüber. Zu Beginn des 19. Jahrhunderts hatten die Brauer noch keine Kenntnis von chemischen, physiologischen und mechanischen Vorgängen und vertrauten mehr dem »Walten guter und böser Mächte« als der Wissenschaft. Kein Wunder, denn damals feierten Ferdinand Raimund und Johann Nestroy mit ihren Zaubermärchen sensationelle Erfolge, weil alle Menschen an mystische Wesen glaubten, die das Leben beeinflussen.

»Es wird erzählt, dass, wenn zur Zeit, wo das Bier auf den Kühlen lag, ein Gewitter drohte, eine unsägliche Angst den Braumeister und das ganze Personale erfasste, das Bier könne unter den Einflüssen dieser bösen Wetter verderben.«[13] Es war noch gar nicht so lange her, dass man Brauer zu den Alchemisten zählte und sie – wie der Bierexperte Michael Hlatky erzählt – unter »Zauberverdacht« gerieten, weil das Bier ebenfalls vier Elemente, nämlich Wasser im Brauwasser, Getreide für Erde, Luft bei der Gärung und Feuer im Brauvorgang vereinte. Das waren noch die alten Elemente, bei Dreher hießen sie dann eben Eisen, Maschine, Kohle und Dampfkraft. Das war die industrielle Revolution dieser Jahre.

13. Urban: Die Brauindustrie, S. 528

Zitieren wir hier den Wirtschaftshistoriker Gustav Otruba, der die Situation dieser Zeit genau beschreibt: »Die ersten Industriellen waren meist Menschen voll Tatkraft, jedoch nur mit geringen Kenntnissen des naturwissenschaftlichen Fortschritts der Zeit, ohne systematische Vorbildung – da es ja an technischen Schulen mangelte – und nur mit geringen materiellen Mitteln ausgestattet. Sie mussten an ein Problem, das sie mit viel Fleiß und unter großen Entbehrungen zu lösen versuchten, lange Zeit vergeblich und schließlich doch mit Erfolg herangehen, griffen oft Ideen auf, deren Grundzüge andere geboren hatten, deren Reifung aber ihnen vorbehalten blieb, unter äußerster Kraftanstrengung, unter Opferung der bürgerlichen Existenz. Ihr Tun war der Ausdruck persönlicher Initiative.«[14]

Drehers erster Braumeister war sein Onkel Anton Widter, der Bruder seiner Mutter, den er aus Simmering abgeworben hatte. 1838 verdarb ein großer Teil seines Bieres, so dass er mit der Essigerzeugung beginnen musste. Vielleicht war das ein Grund, dass er zusätzlich seinen württembergischen Großneffen Johann Götz und mit ihm den endgültigen Erfolg nach Schwechat holte.[15] Im gleichen Jahr heiratete er die Kremser Gutsbesitzerstochter Anna Wisgrill, die 60.000 Gulden in die Ehe mitbrachte, wodurch er ein Jahr später seiner Mutter den Betrieb um 24.000 Gulden (etwas mehr als 400.000 Euro) abkaufte. Die Brauerei beschäftigte damals rund 42 Personen und hatte einen Jahresausstoß von 33.000 hl. Damit hatte er bereits seine Schwechater Konkurrenten und auch seinen Lehrherrn Meichl in Simmering überflügelt und lag an der 6. Stelle der Brauereien im Wiener Umland, gemessen am Ausstoß. Sein Absatzgebiet ging bereits weit über Schwechat hinaus nach Wien und in die Wiener Vorstädte.

Im Winter 1839/40 startete er den Versuch, untergäriges Bier zu brauen. Sein Brauführer Johann Götz schilderte das so: »Im Herbst wurde bereits der Reif mit Sehnsucht herbeigewünscht; ich lief immer früh … oftmals in den Garten, um am Grase mit der Hand und Auge zu constatieren, ob schon Reif sei, denn es war dazumals noch nicht Mode, einem Brauführer einen Thermometer an das Fenster zu geben, damit er die äußere Temperatur darauf ablesen könne.« [16] Kaum war der Gefrierpunkt erreicht, wurde das Bier gebraut, von den Gärbottichen in die Fuhrfässer gefüllt und zu den Wirten transportiert, die das Bier erst in ihren Kellern lagern mussten, weil die Brauereien damals noch keine Lagermöglichkeiten hatten. Der erste Wirt, bei dem man das neue Bier trinken konnte, war ein Herr Andreas Fuchs im Fünfhausner Wirtshaus »Kohlkreunze«, damals Fünfhaus Nr.23.[17] Der Bierausschank war dort ein veritables Volksfest, bis in die späten Abendstunden hielt der Zulauf an. Dreher nannte sein Bier »Klein Schwechater Lagerbier« und schuf damit eine neue Biergattung. Dieser Biertyp wird von Conrad Seidl als deutlich anders als das heutige Schwechater Lager beschrieben: »Es war dunkler (Zeitgenossen sprechen von einer leicht rötlichen Färbung) und nur durch die lange Lagerung, nicht aber durch Filtration geklärter Biertyp. Das erste Wiener Lager hatte auf Grund der damals verwendeten Technologien einen oxidativeren,

14. Mentschl, Otruba: Österreichische Industrielle und Bankiers, S. 47

15. Johann Götz errichtete 1845 in Okocim eine noch heute bestehende Brauerei und wurde 1881 als »Edler von Okocim« geadelt. In Schwechat waren aber nach ihm noch sein Bruder Thomas und sein Neffe Josef bis 1873 tätig. Siehe Wieder: Anton Dreher, S. 89 FN 23

16. Promintzer: 300 Jahre, S. 32 f.

17. Dieses Wirtshaus an der heutigen Adresse Fünfhausgasse 16 ist längst einem Neubau gewichen.

vollmundigeren Charakter..., der irgendwo zwischen den milden Münchner und den scharf-bitteren Pilsbieren gelegen sein muss.«[18] Es war mit 12,5 Grad Stammwürze auch etwas stärker als die heutigen Lagerbiere.

18. Seidl: Bier-Katechismus, S. 204

Mit diesem neuen Biertyp war Dreher rasch ein bekannter Mann bei den Wiener Wirten. Da nach dem Sommer wegen der Haltbarkeit wieder obergäriges Bier produziert werden musste, konnte er den neuen Versuch erst wieder im Herbst 1840 starten.

Was war nun der Erfolg Drehers und seines Teams? Die Methode des untergärigen Brauens war an und für sich schon alt, wurde bereits 1420 in München erwähnt und u.a. von Sedlmayers Spatenbrauerei längst angewendet. Das untergärige Bier setzte sich aber erst langsam gegen das obergärige Bier durch, das den Wienern bis dahin besser schmeckte. Untergärig konnte aber nur im Winter bis in den März hinein (davon kommt der Begriff Märzenbier) erzeugt werden, weil die kalte Gärung bei diesem Biertyp nur bei Temperaturen unter dem Gefrierpunkt möglich und keine Haltbarkeit ohne Kühlung möglich war. Bis dahin galt als Brauweisheit, »dass jedes Bier durch starke Kälteeinwirkung Schaden leiden müsse«.[19] In München war das Brauen im Sommer bis ins 19. Jahrhundert sogar verboten, in vielen Ländern wurden von Georgi (23. April) bis Michaeli (29. September) die Braupfannen amtlich versiegelt. In Wien hatte schon ein anderer Brauer, nämlich Franz Dengler in Hütteldorf, erste Versuche mit untergärigem Bier gestartet, allerdings vorerst ohne großen Erfolg, weil untergäriges Bier eben nur kalt gut schmeckt.

19. Kisch: Straßen und Plätze, Band VII, S. 436

So gesehen war es ein Glück (oder Zufall), dass Anton Dreher gerade mit Gabriel Sedlmayer jun. die Studienreise nach England unternommen hatte. Die Freundschaft und der Erfahrungsaustausch setzten sich natürlich noch in den Jahrzehnten danach fort, es gab noch viele gemeinsame Aktivitäten und Erfolge der beiden Familien. Conrad Seidl, der selbsternannte österreichische Bierpapst der Gegenwart, schreibt, dass der untergärige Lagertyp von Anton Dreher und Gabriel Sedlmayer sowie vom Nürnberger Georg Lederer gleichzeitig auf Grund ihrer Betriebsspionage in englischen Brauereien vor allem bei David Boothe entwickelt wurde. Da sie gleichzeitig nach Deutschland bzw. Österreich zurückkehrten und ihre Versuche starteten, gelten sie wohl als gemeinsame Erfinder des modernen untergärigen Bieres.[20] Gleichzeitig wurde erstmals am 5. Oktober 1842 im Bürgerlichen Brauhaus in Pilsen vom Bayern Josef Groll das Pilsener Bier erzeugt. Im gleichen Jahr hat auch in Berlin Georg Hopf mit dem neuen untergärigen Braustil begonnen, so dass ein offensichtlich sehr intensiver »Erfahrungsaustausch« innerhalb einer neuen Brauerge-

20. Seidl: Bier-Katechismus, S. 203

neration stattgefunden haben muss. So gesehen dürften Dreher und Sedlmayer ihren Plan, die Erkenntnisse der englischen Spionagereise für sich zu behalten, nicht umgesetzt haben.

Es war also nicht das Bier selbst, sondern die Brau-, Kühl- und Lagertechnik, die Dreher zu einem kolossalen Erfolg und zur Berühmtheit verhalfen. Die Hygiene beim Brauvorgang wurde mit seinen Innovationen entscheidend verbessert und Fehlbrauungen, wie sie noch zehn Jahre vorher durchaus passierten, wurden minimiert.

Während es in Österreich in diesen Jahrzehnten eher Erfinder gab, die »berühmt« wurden, weil sie ihre Erfindung wirtschaftlich nicht umsetzen konnten, war es bei Anton Dreher umgekehrt. Er setzte etwas, das er nicht erfunden hatte, durch neue Produktions- und Vertriebstechniken so um, dass es bald weltweit mit seinem Namen verbunden wurde. Ein quasi unösterreichisches Schicksal, denn bei Madersberger (Nähmaschine), Mitterhofer (Schreibmaschine) und Ressel (Schiffsschraube) ernteten die anderen die Früchte ihrer Erfindung.

Dreher gab sich nie mit dem Erreichten zufrieden, sondern verbesserte bis zu seinem Tod seine Brautechniken. Im Gegensatz zum Abzugsbier, wie es zur gleichen Zeit in St. Marx produziert wurde, musste sein Lagerbier erst einige Zeit in den Kellern lagern, bevor es ausgeschenkt werden konnte. Das war mangels Lagerkapazitäten bei den Wirten nicht möglich und so musste er dafür sorgen, dass er in seiner Brauerei genügend Lagermöglichkeiten besaß, und er das Bier während der Lagerung auch kühlen konnte. Lagerung und Reifung des Bieres waren für ihn nicht Sache der Wirten, also musste er selbst für eine gleichbleibende Qualität garantieren.

Er lagerte deshalb im Winter 1841 das Bier in neu gebauten und gemieteten Kellerräumen und begann die Fässer mit Natureis zu kühlen. Nun konnte er sein im Winter produziertes Bier bis in den Sommer verkaufen und durch die Lagerung gewann es sogar noch an Qualität. Für die Kühlung benötigte er allerdings jährlich bis 100.000 Tonnen Natureis, das er sich vor allem aus der Lobau holte. Da die Biernachfrage wesentlich größer als sein Angebot war, wurde er gezwungen, laufend den Personalstand und die Lagerräume zu erweitern, was ihm bald über den Kopf zu wachsen drohte. Es wurde ihm bald klar, dass allein mit menschlicher und tierischer Kraft das nachgefragte Volumen nicht zu produzieren war. Hier hatte er das Glück, dass die Dampfmaschine im Entwicklungsstadium war. Er wurde auch bald der ersten Nutzer der maschinellen Kraft im Wiener Braugewerbe.

Die Wiener wurden durch das »neue« Bier jedenfalls plötzlich zu Biertrinkern. Erst durch ihn wurde Bier zum Volksgetränk, weil es nicht nur preiswert und haltbar war, sondern auch einen konstant guten Geschmack hatte. Ein Chronist der 1860er Jahre namens Friedrich Schlögl schrieb: »Seit dieser neuen Bierära trinkt eben Alles Bier, von der zarten Primadonna der Hofoper bis zur minderzarten Amme, vom Unterstaatssecretär bis zum Magistratspractikanten, vom protzigen Börsenparvenüe bis zum Feuilletonisten eines Volksblattes, von Frl. Geistinger bis zu Frl. Strudel – und nur in den Zwischenpausen, wenn Wien kein Bier trinkt, trinkt es Wein.«[21] Es wurde nun auch das Bier für die Arbeiter, die nur bei ihren seltenen Heurigenbesuchen Wein tranken. Sie konsumierten aber auch sehr viel Branntwein und dieses Getränk war bis nach dem Zweiten Weltkrieg in Wien eine bedeutende alkoholische Alternative.

Bei Wiener und niederösterreichischen Bierwirten sagte man damals: »Man muss sehr viel Gunst beim Bierversilberer Widter genießen, um in halbwegs annehmbarer Zeit zu dem gewünschten Bier zu kommen.«[22] Drehers Onkel Anton Widter war in den ersten Jahren seines Erfolges seine »rechte Hand«.

Die Erfindung des Lagerbiers hatte auch internationale Auswirkungen, denn die Franzosen und Italiener hatten zuvor kaum Bier getrunken und wurden erst durch diesen Biertyp auch Konsumenten dieses Getränks. Selbst die Bayern, die das untergärige Bier schon vor Dreher brauten, bekennen, dass dieser goldhelle Biertyp, der durch leichtes Dörren des Malzes entstand, ihr dünkleres und malzhaltiges Bier ablöste und eine echte Alternative zu ihren berühmten Bieren war.

Privat lief hingegen nicht alles nach Wunsch. 1841 wurde Dreher Witwer, seine Frau starb an Schwindsucht und dürfte ihn auch angesteckt haben. Denn 1842, gerade als man den ersten Keller mit Natureiskühlung einrichtete, musste er ein Lungenleiden bei einer Kur in Bad Kissingen auskurieren. Er schrieb an Sedlmayer, dass »es ein Verhängnis ist, dass die Befriedigung meiner Erfolge durch die Störungen in meiner Gesundheit paralysiert werden«. Während der Kur lernte er seine zweite Frau Anna Herfeldt kennen. Bevor er sie heiraten konnte, musste er aber weitere gesundheitliche Rückschläge einstecken. Ein Typhusanfall zog seine Augen so in Mitleidenschaft, dass er fast erblindet wäre. Das Augenleiden konnte zwar durch längere Kuraufenthalte zeitweise geheilt werden, es behinderte ihn aber bis zu seinem Tod. So war er zwischen 1842 und 1847 nur selten in Schwechat. In dieser schwierigen Zeit unterstützte ihn bis 1844 sein Onkel Anton Widter[23] und ab diesem Jahr sein

21. Zitiert nach Seidl: »Noch ein Bier«. Frl. Geistinger war damals eine gefeierte Operettendiva, Frl. Strudl das Pseudonym für Frl. Jedermann.

22. Wagner: Niederösterreich und seine Kulturen, S. 200.

23. Anton Widter (6.9.1809–1.3.1887) verließ dann die Brauerei und wurde Landeskonservator in Niederösterreich. Er ließ 1869 auf eigene Kosten das Heidentor in Petronell restaurieren, war Sammler römischer Fundstücke und residierte in einem Palais auf der Landstraße Hauptstraße 19.

späterer Schwager Franz Aich. Sie taten das mit großem Erfolg, denn 1849 wurde bereits ein Ausstoß von 62.000 hl erreicht, das war fast doppelt so viel wie noch zehn Jahre zuvor.

1848 war Dreher soweit wieder gesund, dass er seine große Liebe Anna heiraten und die Flitterwochen in seiner späteren Lieblingsregion, dem Salzkammergut verbringen konnte. Dort dürfte auch sein Sohn Anton (später der Jüngere genannt) gezeugt worden sein, der am 21. März 1849 zur Welt kam.

Die Wirren der Revolution wurden mit Mühe gemeistert, obwohl es auch in Schwechat 1849 heftige Kämpfe gab. Dort wurden die ungarischen Hilfstruppen, die den belagerten Revolutionären in Wien zu Hilfe kommen wollten, vom kaiserlichen Heer zurückgeschlagen. Ab dem Ende der Revolution »trieb unermüdlich und in jagender Hast Dreher den Betrieb nach vorwärts... In fiebernder Eile wurde das Brauhaus erweitert, Grundstück um Grundstück zur sofortigen Verbauung gekauft und wenn sich Schwierigkeiten entgegenstellten, mussten vom Brauhaus entfernt liegende Objekte dem rasenden Tempo des Aufstiegs ohne Bedenken dienstbar gemacht werden.«[24]

24. Promintzer: 300 Jahre, S.35

Sein Unternehmen beschäftigte nach 1848 schon 136 Personen, 94 mehr als 1837. Mit der wieder einigermaßen zufriedenstellenden Gesundheit kam auch Elan in Anton Drehers Leben. So erwarb er große Güter in Mannswörth und in Schwechat sowie große Kelleranlagen in Kaiser-Ebersdorf. Auch das durch einen Brand beschädigte Schloss Thurnmühle kaufte er und ließ es umbauen. Es diente seiner Witwe später als Alterssitz. In Mannswörth entstand eine neue Mälzerei und in allen Gütern wurden neue Lagerkapazitäten für insgesamt 184.000 hl geschaffen. Wo er Grundstücke erwerben konnte, schlug er zu.

Wichtig war ihm auch, dass die Wiener sein Bier in angenehmer Atmosphäre trinken konnten. Um sie aus den nicht allzu einladenden Bierschenken der Residenzstadt herauszulocken, fuhr seit dem 22. September 1846 an schönen Sonn- und Feiertagen ein »Bierzug« entlang der neuen, aber kaum benutzten Bahnlinie von Wien nach Bruck an der Leitha. Mit Kutschen ging es von der Station Kledering weiter in die Brauerei, wo ein nach bayrischem Vorbild gestalteter Gastgarten mit Blasmusik und Drehers Lagerbier stets eine große Zahl von Menschen anlockte.[25] Es war die Zeit, wo die Wiener nicht nur gerne aufs Land fuhren, sondern auch in der Stadt selbst Feste feierten. Deshalb erwarb er 1858 auf der Landstraßer Hauptstraße 97 ein Grundstück, auf dem bis dahin zwei kleine Wirtshäuser, darunter das bekannte Lokal »Zur grünen Weintraube«, standen. Er baute dort ein großes Haus, mit einem vor-

25. Stadler: Das industrielle Erbe, S.721

nehm ausgestatteten Gasthauslokal, das auch als Tanzsaal für die bessere Gesellschaft benützt wurde, und einen großen Gasthausgarten. Die Eröffnung fand am Stefanitag 1859 mit einer großen Feier statt. Unter dem Haus errichtete er einen zweistöckigen Lagerkeller. Im »Drehers Etablissement« musizierten regelmäßig die berühmten Kapellen der »Gründerzeit«, also Fahrbach, Drahanek, die Hoch- und Deutschmeister, aber auch Eduard Strauß. Der Volkssänger Edmund Guschelbauer trat in manchen Jahren wöchentlich auf. Es gab »Humoristische Vergnügungsabende« und nach dem Tod des älteren Drehers auch Masken- und Bauernbälle. Nicht so fein ging es zu, wenn es Rekrutierungen von Soldaten gab oder Karl Lueger in den Anfangsjahren seiner politischen Tätigkeit dort seine politischen Versammlungen abhielt. Die Säle wurden mehrfach umgebaut, nach dem Ersten Weltkrieg waren sie auch Veranstaltungsort der meisten großen politischen Veranstaltungen der Sozialdemokraten. 1959 erfolgte der Umbau in den Schwechater Hof, seit 1990 befindet sich dort nach einem neuerlichen, diesmal völligen Umbau das Einkaufszentrum »Galleria«.

Schwechater Bierhalle »Dreherhof« in der Landstraßer Hauptstraße 97 in der Zwischenkriegszeit (Archiv der Stadtgemeinde Schwechat). Heute befindet sich dort ein Einkaufszentrum

Durch die lange Lagerdauer brachte sein Umlaufkapital einen geringeren Ertrag als das anderer Lebensmittelproduzenten. Seine Art zu malzen und gären benötigten viel mehr Zeit als die herkömmlichen Methoden, die Anlage der Keller erforderte viel Kapital und die Braueinrichtungen wurden immer länger und stärker belastet. Dreher riskierte etwas, was damals in der Braubranche noch ziemlich unüblich war: die Aufnahme von Fremdkapital. 1851 nahm er bei der Ersten österreichischen Spar-Casse ein Darlehen über 100.000 Gulden auf, das er mit seinen Grundstücken, also hypothekarisch besicherte. Weitere Darlehen folgten, doch die Erträge waren weit höher als die zu bezahlenden Zinsen. Wenige Jahrzehnte zuvor hatte die Zunftordnung noch die Aufnahme von Fremdkapital strengstens verboten. Nun konnte er innerhalb von fünf Jahren mit seiner »Klein Schwechater Brauerei« und einem Ausstoß von über 226.000 hl, also zehnmal so viel wie zwanzig Jahre zuvor, bereits die größte auf dem europäischen Festland werden. Wahrscheinlich benötigte er das Darlehen auch, weil er sich kurz zuvor für den Einsatz von Dampfmaschinen entschieden hatte. Seine erste eingesetzte Maschine steht heute im Wiener Technischen Museum.

Dreher wurde 1850 in den ersten Schwechater Gemeinderat gewählt und war auch kurzfristig Ortsvorsteher.[26] Zumindest bis zum Ende der Monarchie konnte in Schwechat kaum etwas gegen den Willen der Familie Dreher passieren. Er erhielt nun als Kandidat der Großgrundbesitzer, deren Stimmen nach dem damals geltenden Kurienwahlrecht viel mehr wogen als die der Kleinbürger, 1861 im Landgemeinde-Wahlbezirk Bruck/Leitha ein Mandat für den niederösterreichischen Landtag. In seinem Aufruf an die Wähler vor diesen Wahlen verwies er auf seinen Englandaufenthalt und seine dort erlebte Begeisterung für das englische parlamentarische System: »Leicht begreiflich mag Ihnen daher meine tief gefühlte Befriedigung erscheinen, den Tag erlebt zu haben, wo auch für unser Österreich der Grund gelegt worden ist zu einer freieren Verfassungsreform. Sie allein kann den schwer belasteten Bürger mit seiner Pflicht versöhnen, das allgemeine Vertrauen wecken und die Liebe zu Kaiser und Vaterland bis zur Begeisterung steigern. Sie wird Österreich wieder auf jene Stufe der Macht und Ehre heben, die ihm nach seiner Ausdeh-

26. Im Buch Ableidingers ist er zwar nirgends als Bürgermeister genannt, in zahlreichen Zeitungsartikel dieser Zeit wird aber immer erwähnt, dass er vor 1861 Ortsvorsteher von Schwechat war.

Die erste Dampfmaschine, die Anton Dreher sen. einsetzte, steht im Wiener Technischen Museum (Foto des Autors).

nung, Volkskraft, Geschichte und Kulturaufgabe gebührt.« Diese patriotischen Worte reichten zu einem klaren Wahlsieg.[27]

27. Ableidinger: Geschichte von Schwechat, S. 107

Bald wurde er auch liberaler Abgeordneter zum Reichstag. Der Reichstag hatte sich auf Grund des »Februarpatentes« neu konstituiert und zog in das gerade fertig gestellte Gebäude am Beginn der Währingerstraße beim Schottentor ein, das im Volksmund »Schmerlingtheater« genannt wurde. Anton von Schmerling war damals als einflussreichster Politiker der Monarchie Kaiser Franz Josefs Staatsminister und Dreher galt als entschiedener Anhänger seiner durch die Deutschliberalen unterstützten Politik. Wie sein St. Marxer Konkurrent Adolf Ignaz Mautner wollte er als Sprachrohr des Großbürgertums in der Politik gelten und alle staatlichen Beeinflussungen der Industrie und des Gewerbes bekämpfen. Schließlich hatte er noch am eigenen Leib die Schwierigkeiten und Widerstände von Zünften und Behörden bei Aufbau seines Unternehmens verspürt.

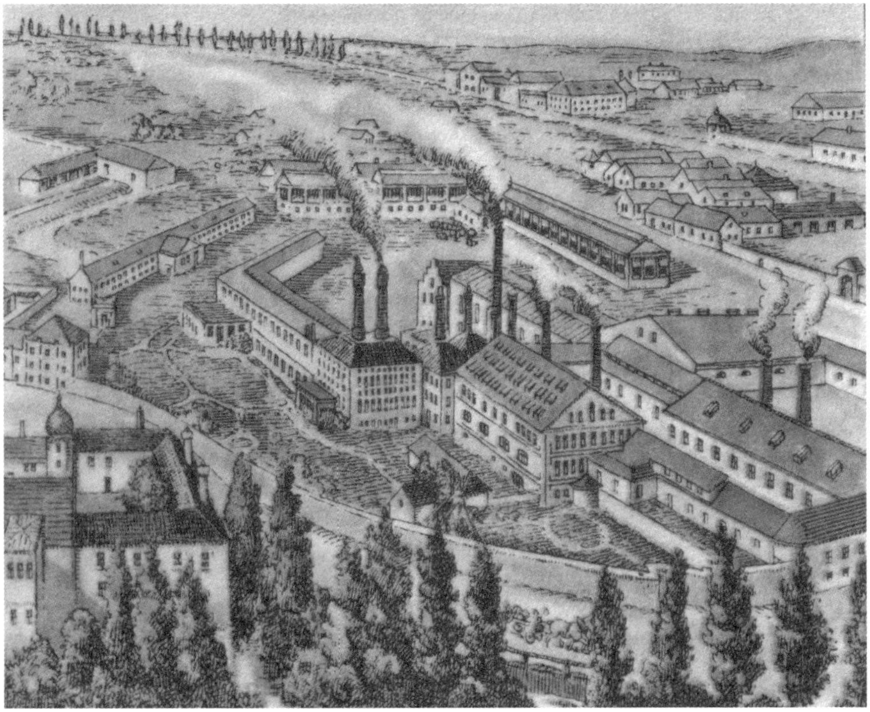

Die Brauerei um das Jahr 1850. Im Vordergrund die heutige Brauhausstraße (Archiv der Stadt Schwechat)

Allzu viel Zeit hat er aber der politischen Arbeit nicht gewidmet, weil er beruflich und gesundheitlich stark belastet war und durch häufige Gichtanfälle immer stärkere Gelenksschmerzen spürte. Sein Parteikollege Cajetan Felder, der sein Nachlassverwalter und 1868 auch Bürgermeister von Wien wurde, beschreibt seine Arbeit in den Erinnerungen so: »Dreher nahm nur selten das Wort, und dann zu einer offenbar nicht improvisierten, sondern wohl einstudierten Rede, wobei er von einem höheren, allgemeinen Standpunkte aus seine Anschauungen über umfassende Themata wie Schule, Volksbildung, Landeskultur und Industrie, zum Ausdruck brachte, den Gegenstand der Debatte aber meistens nur nebenbei berührte.«

Dieses Jahr 1861 war ein ganz besonderes in seinem Leben. Er feierte sein 25-jähriges Geschäftsjubiläum gemeinsam mit seinen Arbeitern und spendete 4000 Gulden für einen Schulbau und 400 Gulden für die Armen. In Anbetracht seiner Gewinne eigentlich eine recht geringe Summe, seine jährliche Steuerleistung betrug bis zu 800.000 Gulden. Außerdem wurde die Brauerei in diesem Jahr erstmals von Kaiser Franz Josef drei Stunden lang besucht, wobei der Kaiser in der Brauerei zu Mittag speiste. Das war sicher ein Höhepunkt in Drehers Leben, denn nach diesem Besuch erhielt er das Ritterkreuz des Franz-Josef-Ordens.

Schließlich begann er 1861 mit der Expansion seines Unternehmens durch den Ankauf weiterer Brauereien in anderen Kronländern der Monarchie. Sie begann im Bierland Böhmen, im weltbekannten Hopfenanbaugebiet Michelob bei Saaz (heute Měcholupy u Žatce). Dort erwarb er von Erwin Graf Neipperg (Neuberg) neben einer alten Brauerei auch das aus dem 17. Jahrhundert stammende in einem großen Park liegende Barockschloss mit 22 Zimmern, das seinen Nachkommen bis 1945 als Wohnsitz diente. Die Führung übergab er seinen Cousins Franz und Anton Aich, die zugleich auch die zahlreichen Güter in Lieboritz, Horoschitz und Miltschowes verwalteten, die schrittweise erworben wurden. Diese bedeckten bald 3000 ha, man erntete dort jährlich 300 Tonnen Hopfen. Zur Herrschaft gehörte auch ein eigenes kleines Kohlenbergwerk, mit dem die notwendige Energie für die Dampfmaschinen gewonnen werden konnte.

Um auch am ungarischen Markt präsent zu sein, erwarb er 1862 eine Brauerei in Steinbruch (Köbánya) mit 20 ha Grund. Damit beseitigte er auch Konkurrenten, weil seine Brauerei bald die größte und modernste im Königreich Ungarn war. Über sie wird im Kapitel über seinen Enkel Eugen noch ausführlich erzählt werden. In Steinbruch war anfangs sein Freund August Deiglmayr

Brauerei in Michelob kurz nach dem Erwerb durch Anton Dreher sen.
(Archiv der Stadtgemeinde Schwechat)

Brauerei im ungarischen Steinbruch nahe Budapest im Jahr 1890
(Archiv der Stadtgemeinde Schwechat).

und nach dessen Tod ein anderer Cousin aus der Aich-Linie, Franz jun. tätig, der auch noch unter diesem Eugen Dreher Direktor sämtlicher ungarischer Herrschaften und der Brauerei war.

In den folgenden Jahren erhielt sein Bier zahllose Auszeichnungen in vielen Metropolen Europas in Form von Goldmedaillen. In London, wo man ihn noch von seiner Studienreise kannte, wurde er mit allen Ehren bei einer Industrieausstellung 1862 empfangen und sein Lagerbier errang den ersten Preis mit Vorzug. Er traf dort auch wieder mit dem inzwischen zum Parlamentsmitglied avancierten Sir Bass zusammen, der ihn dreißig Jahre vorher in die englische Braukunst eingeführt hatte.

Anton Dreher hatte in zwei Jahrzehnten seine kleine verschuldete Brauerei in einen internationalen Großbetrieb umgewandelt, produzierte Hopfen und Malz in den eigenen böhmischen Gütern um Saaz, verfügte in seinem Todesjahr 1863 über elf Lagerkeller für 3500 große Bierfässer, 31 Malztennen, sechs Braupfannen, 24 Kühlschiffe und 1694 Gärbottiche und beschäftigte 300 Arbeiter: »Die Brauerei bedeckte 1860 schon ein Areal von mehr als sechs Joch mit Gebäuden, in denen auch alle Hülfsgewerbe eingerichtet und das Ganze durch einen sinnreichen Drahtseilapparat in steter Verbindung erhalten war«.

Zwei der berühmtesten Portraitkünstler des Biedermeiers haben uns Bilder von ihm hinterlassen. Im Jahr 1854 ließ er sich und seine Gattin von Friedrich von Amerling malen und 1862 folgte noch eine Lithographie von Josef Kriehuber. Schließlich gibt es aus den Kindertagen der Fotografie noch ein Foto, das ihn in seinen letzten Lebensjahren zeigt, so dass wir heute recht genau wissen, wie er ausgesehen hat.

Ein Hobby Drehers war wie auch bei seinen Brauherrenkollegen Moritz Faber und Moriz Kuffner das Reisen und Bergsteigen. Er bezwang einige bedeutende Gipfel der Ostalpen. Diese Urlaube dienten oft auch der Linderung seines Augenleidens. Besonders das Salzkammergut, und hier besonders das Dachsteingebiet, das er bei den Flitterwochen mit Anna kennengelernt hatte, war seine Lieblingsgegend. Dort hätte er aber 1856 bei einem Bergunfall fast das Leben verloren.

1862 und 1863 war er auf Kur in Bad Pystian, seine Gesundheit verschlechterte sich zunehmend. Zudem wäre er im Sommer 1863 mit seiner Familie bald bei einem Bootsunglück am Hallstätter See verunglückt, was seinem angegriffenen Herz auch nicht gut tat.

Am 27. Dezember 1863 kehrte er nach dem Besuch des k. k. Hoftheaters am Kärntnertor nach Schwechat zurück und las noch die eingelangte Post. Darunter befand sich ein Brief eines Advokaten, der ihm »Wortbruch und inhumanes, eines Volksvertreters nicht würdiges Vorgehen« in Bezug auf die Verpachtung der Lokalitäten in seinem Ringstraßenhaus vorwarf. Das versetzte ihn so in Erregung, dass er den Riss eines Blutgefässes in der Herzgegend erlitt.

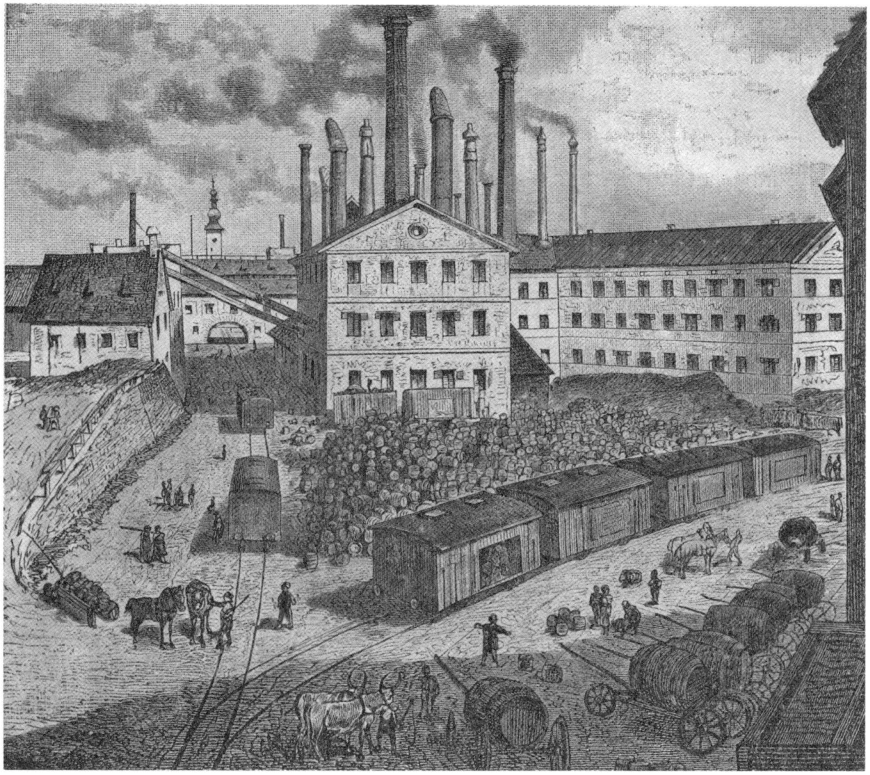

Die Brauhaushöfe um das Jahr 1870 (Archiv der Stadtgemeinde Schwechat)

Möglich wäre auch, dass der Grund für seinen plötzlichen Tod mit seinem außerehelichen Sohn in Zusammenhang stehen könnte. In seinem Nachlass befand sich ein versiegelter Brief, den sein Sohn bei seiner Volljährigkeit öffnen sollte und der Direktiven über dessen weitere Entwicklung erhielt. Sieben Jahre nach der Geburt seines Sohnes Anton wurde er nämlich aus einer Beziehung mit Anna-Rosa Breitner noch einmal Vater, wobei auch dieser Sohn Anton hieß. Dieser Anton Breitner war Schriftsteller und der Vater des bekannten Chirurgen Burkhard Breitner. Diese Beziehung blieb wie es damals üblich war jahrzehntelang geheim, die Mutter des zweiten Anton wurde allerdings fürstlich abgefunden. [28]

Sein Sohn sowie seine Direktoren Franz Aich und August Deiglmayr waren während seiner letzten Lebensstunde noch bei ihm. Sein Tod war ein schwerer Schlag für die Familie und das Unternehmen, besonders weil sein Sohn und Erbe erst 14 Jahre alt war. Gerade die letzten Jahre seines Lebens zeigten, dass er noch lange nicht am Zenit seines Schaffens angekommen war.

Die Nachrufe für Anton Dreher waren natürlich umfangreich. Hensel schrieb: »Denn fürwahr, solch ein Bürger ist die Zierde des Vaterlandes und der Verehrung gewiß mehr wert als jene gepriesenen Männer, deren schimmernde Größe erst mit vielen tausend Menschen erkauft, oder durch Millionen Tränen der Unglücklichen erlangt werden konnte.« Pathetische, aber doch schöne Worte in den kriegerischen Jahren knapp vor der militärischen Katastrophe von Königgrätz.

»Die Presse« schilderte, dass bei seinem Begräbnis trotz starken Schneefalls mehr als 10.000 Menschen anwesend waren. »Gleich hinter dem Leichenwagen gingen die Anverwandten, dann folgten die Abgeordneten des Reichsraths, der Präsident Ritter v. Hasner an der Spitze, Abgeordnete des Landtages, Bürgermeister-Stellvertreter Dr. Felder, ... die Gemeindevertretung von Schwechat, wo Dreher Bürgermeister (sic!) war, mehr als hundert Gastwirthe von Wien, und andere Leidtragende in großer Zahl.«[29] Man konnte sozusagen von »einer schönen Leich'« sprechen und für diese Inszenierungen ist damals Wien nach den sparsamen Begräbnisvorschriften der Zeit Josef II. bekannt geworden. Mehr Menschen als beim Begräbnis Drehers soll es in diesen Jahren nur bei Radetzky und Strauß Vater gegeben haben, der risikofreudige Unternehmer war also sehr populär. Immerhin hatte er den Wienern endlich ein gutes Bier geschenkt. In Schwechat wurde auch die von Norden zur Brauerei kommende Straße und später durch die Brauerei führende Straße nach ihm benannt.

Tatsächlich muss dieser ältere Anton Dreher ein mehr als bemerkenswerter Mensch gewesen sein, sicherlich einer der größten Industriellen dieser Zeit und der österreichischen Wirtschaftsgeschichte überhaupt. Trotz schwerer und langer Krankheiten hat er sein Unternehmen dank der Erfindung des Wiener Lagerbieres in etwas mehr als zwei Jahrzehnten so aufgebaut, dass sein Sohn es rasch an die Weltspitze führen konnte. Voraussetzung für sein neues Produkt waren teils seine eigenen Erfindungen, teils die Übernahme

28. Ezsöl: Das Geheimnis Anton Drehers I. In: Niederösterreichischen Nachrichten, Schwechater Ausgabe vom 6. Juni 2012

Diese Büste im Mausoleum widmete 1872 Anton Dreher jun. seinem Vater. (Foto des Autors).

29. Die Presse vom 30. Dezember 1863, S.3

und Anpassungen bestehender Technologien, wozu viel Mut und Gespür gehört hat. Er überwand als erster die Fesseln der Wiener Brauerzunft, die ihm sogar im Rahmen seiner eigenen Familie große Schwierigkeiten machten. Als erster wagte er den Weg zur Fremdfinanzierung und zum Einsatz neuer Transportmethoden, vor allem der Eisenbahn. Für seine Produktion brauchte er viel Platz und so baute er auch einen riesigen Immobilienbesitz auf, der auch landwirtschaftliche Flächen einschloss, auf denen er die Rohstoffe für sein Bier anbaute. Er erkannte den Wert der Bierexporte und begann die Expansion in den Nachbarländern, um die Ausfuhr zu erleichtern und neue Marktgebiete zu erobern.

Damit war Dreher der Paradefall eines untypischen Großindustriellen der österreichischen Monarchie vor dem Ausgleich von 1867. Die Wirtschaft der franco-josephinische Epoche galt in diesen Jahren als export- und forschungsfeindlich, unaufgeschlossen gegen neuen Technologien und Produktionsmethoden, also alles das, was er absolut nicht tat.

Die Betriebe des älteren Dreher kurz vor seinem Tod (Archiv der Stadtgemeinde Schwechat)

Er führte sein Unternehmen patriarchalisch, da gibt es keinen Zweifel. Aufgrund seiner langen Abwesenheiten musste er sich aber auch auf andere verlassen können und da entwickelte er einen guten Riecher. Schon seine Braumeister in den Anfangsjahren waren wirkliche Stützen und bald begann er richtig dynastisch zu denken. Durch die Heirat seiner älteren Schwester Klara mit Franz Aich im Jahr 1826 kam eine zweite Brauherrenfamilie in das Unternehmen, die auch noch in den folgenden Jahrzehnten große Bedeutung erlangte. Dieser Franz Aich war Sohn eines Braumeisters aus Tyrnau, der ursprünglich auch aus der Bodensee-Gegend kam und eine Tochter der Hütteldorfer Brauherrenfamilie Dengler heiratete. So kam abermals in dieser Familie »Bier zu Bier«.

Er setzte dieses dynastische Denken fort, indem er die Hochzeit seines minderjährigen Sohnes mit Katharina Meichl von der Simmeringer Brauerei vorbereitete. Vielleicht hat er da bereits an den späteren Zusammenschluss der Betriebe gedacht.

Es war auch kein Zufall, dass Dr. Cajetan Felder bei seinem Begräbnis in den ersten Reihen ging. Dreher hatte den Rechtsanwalt und Politiker erst knapp vor seinem Tod als Testamentsvollstrecker und Vormund für seinen Sohn Anton eingesetzt. Dies erzählt Felder jedenfalls in seinen Memoiren, denn Dreher hatte ihn im Reichsrat eher flüchtig kennengelernt und ihn mit seiner Entscheidung total überrascht.[30] In seinem Testament hat er für seinen Sohn auch den weiteren Lebensweg bezüglich Ausbildung und Ehefrau vorgegeben. Er hinterließ geschätzte 10 Mio. Gulden (ca.100 Mio. Euro), aber genau ließ sich die Höhe nie feststellen.

30. Felder: Lebenserinnerungen, S.79 f.

Franz Aich sen., ein treuer Direktor beider Dreher (1803–1875) (Archiv der Stadtgemeinde Schwechat)

In den sieben Jahren bis zur Volljährigkeit des jüngeren Anton im Jahr 1870 agierten Cajetan Felder und die Interimsdirektoren Franz Aich und August Deiglmayr mit anhaltend großem Erfolg. Franz Aich war seit 1859 als erster Direktor der Dreherschen Brauerei in Michelob tätig und 1863 nach Steinbruch übersiedelt, wo er große Erfolge erzielte. Er wurde erster Präsident des Ungarischen Brauerverbandes, musste sich aber nun um den Nachlass des älteren Drehers bis zur Volljährigkeit seines Sohnes kümmern. So blieb er auch bis zu seinem Tod 1875 als Direktor in Schwechat. Auch seine Kinder wurden später Stützen von Drehers Bierimperium. Franz jun. übernahm seine Nachfolge in der Brauerei in Steinbruch und wurde 1909 in den ungarischen Adelsstand als Aich von Enyed, seinem Geburtsort, erhoben. Tochter Emma heiratete den ungarischen Brauherrn Heinrich Haggenmacher und half mit, das Großunternehmen in Österreichs östlichem Nachbarland aufzubauen. Doch davon später. Der dritte Sohn Georg war Ökonom in Schwechat.

August Deiglmayr wurde 1827 in München geboren, war als Praktikant 1848 erstmals in Schwechat und wurde dann Partner von Gabriel Sedlmayer. 1861 kam er nach dem Verkauf seiner Anteile an der bayrischen Franziskaner-Brauerei nach Wien, um sein Wissen dem älteren und später auch dem jüngeren Dreher zur Verfügung zu stellen. Er war kurzfristig auch der erste Direktor der ungarischen Brauerei und kehrte ebenfalls nach dem Tod des älteren Drehers nach Wien zurück, um in der Interimsgeschäftsführung zu arbeiten und dann auch weiterhin den jüngeren Dreher zu unterstützen.

August Deiglmayr, der zweite treue Direktor beider Dreher (1827–1887) (Archiv der Stadtgemeinde Schwechat)

Die Interimsgeschäftsführung musste vorerst das Stadthaus fertig stellen, das sich an prominenter Adresse Ecke Opernring / Operngasse befand. Dreher hatte dort nach dem Schleifen der Stadtmauern ein Grundstück in bester Lage direkt neben der neuen Hofoper erworben, wobei sein Haus drei Jahre früher fertig war. Er plante dort neben seiner Stadtwohnung eine große Bierhalle und ein Kaffeehaus zu errichten. Für die Inneneinrichtung beauftragte er den damals noch weitgehend unbekannten Otto Wagner. Alles sollte schon mit Wasserleitungen und Aufzügen ausgestattet sein, die Stiegenhäuser wollte er mit Marmor auskleiden und für die Wohnungen jeden erdenklichen Luxus an Möbel, Tapeten und Spiegel ankaufen. Felder wurde mit der Fertigstellung beauftragt und beklagt in seinen Memoiren, wie schwierig es war, beispielsweise die geplante Wasserversorgung zu sichern, für die runde Eckfassade passende Fenster zu finden und die elf luxuriösen Wohnungen mit den großen Balkonen fertig zustellen.[31] Der spätere Bürgermeister bewohnte später selbst einige Jahre die leider kaum zu beheizenden Prachtappartements des ersten Stocks. Drehers Sohn blieb jedoch in seiner Wohnung in der Brauerei, bis er 1902 in ein neuerbautes Schloss zog.

In diese Zeit des Dreherschen »Interregnums« fällt auch die Präsenz der Brauerei bei der Pariser Weltausstellung 1867. Frankreich war ein Weinland und Dreher wollte gerade deshalb mit seinen Produkten dort präsent sein. Bevor die Eisenbahn das bevorzugte Transportmittel seines Bieres wurde, standen 58 Pferde und 190 Zugochsen in den Ställen in Schwechat. Nun ließ man für die Weltausstellung die legendäre Dreherbahn bauen, die als erste Industrieeisenbahn bekannt wurde. Das war ein sieben Kilometer langes Bahngleis von der Kaiser-Ebersdorfer Kühlanlage durch die Brauereianlage Schwechat bis zum Bahnhof Kledering, der über die Ostbahn mit dem gesamten Bahnnetz der Monarchie verbunden war. Zugleich konstruierte man Kühlwaggons, in denen durch einen Eismantel das Bier frisch gehalten wurde. Ein unmittelbar an der Verladerampe gelegener Eisgenerator versorgte diese Waggons mit

31. Felder: Lebenserinnerungen, S. 86 f. Der Anschluss an die Hochquellenwasserleitung erfolgte erst nach 1873.

Das Palais Dreher Ecke Operngasse / Opernring. In der luxuriösen Wohnung des ersten Stocks wohnte auf Kosten der Stadtverwaltung einige Jahre Bürgermeister Cajetan Felder. Das Haus wurde 1945 zerstört. (Wien Museum Inv.Nr.78.079/101)

Eingang in das Palais Dreher in der Operngasse 8. Davor ein Ochsengespann, das Bierfässer in die dortige Bierhalle lieferte (Archiv der Stadtgemeinde Schwechat)

Eis. Im Winter konnte man diese Waggons heizen, so dass auch bei strengem Frost das Bier im Waggon nie fror. Die Brauerei beschäftigte dafür ein eigenes Bahnpersonal. Innerhalb des Geländes wurden die Waggons einige Jahre noch mit Pferden gezogen, um keine Verschmutzung mit Russ zu riskieren.

Trotzdem mussten auf dem Weg nach Paris noch einige Bier- und Eisdepots errichtet werden, das größte in Châlon-sur-Marne. Auf dem Marsfeld vor dem Eiffelturm wurden eine entsprechende Ausstellungsfläche gemietet und kühlbare Bierkeller gebaut. In der Rue Scribe gab es eine eigene Dreher-Bierhalle. Allein die Vorbereitung verschlang 200.000 Gulden, das entspricht ca. zwei Mio. Euro. Dann wäre das ganze Unternehmen bald geplatzt, weil ein österreichischer Winkeladvokat den Braupavillon aufgrund eines mehr als suspekten Vertrages pfänden lassen wollte. Nur den juristischen Fähigkeiten Felders war es zu verdanken, dass pünktlich zur Eröffnung der Weltausstellung auch der Drehersche Pavillon eröffnet werden konnte und vor allem genügend Bier vorhanden war. Dass der Fußboden erst im letzten Moment so gesichert werden konnte, das er die Last von tausenden Gästen tragen konnte, war nur mehr ein kleines Problem dieses riskanten, aber im Endeffekt schon allein für Werbezwecke erfolgreichen Projektes. Zwei Brauereien aus Österreich und Deutschland erhielten Goldmedaillen: Dreher und Sedlmayer. Goldmedaillen gab es für die Schwechater Brauerei auch 1869 in Amsterdam und bei den folgenden Weltausstellungen in Wien (1873), Paris (1878), Sydney (1879) und Triest (1882).

Historische Lokomotive der Dreherschen Brauhausbahn
(Archiv der Stadtgemeinde Schwechat)

Letzte Diesellokomotive der Dreher-Bahn, die sich noch heute neben dem Schwechater Brauereimuseum befindet (Foto des Autors).

1869 wurde eine weitere Niederlassung in Triest eröffnet. Man erkannte, dass durch die Eröffnung der Südbahn 1856 diese Stadt nicht nur ein Tor zu den Weltmeeren, sondern auch zur »österreichischen Riviera« an der Adriaküste wurde, die bald von vielen Wiener im Sommer frequentiert wurde. Michelob war für Deutschland und Nordamerika zuständig, von Steinbruch aus wurde in die Walachei, nach Serbien, Bulgarien und in den Orient geliefert und mit Triest war man mit dem Meer verbunden. Neben dem Fassbierexport auf dem Landweg per Eisenbahn nach Istrien, Dalmatien, Griechenland, Ägypten und in die Türkei wurden jährlich rund 2 Millionen Flaschen über den Seeweg nach Indien, China, Japan, Australien und Südamerika transportiert. Auch für die Tochterbrauereien wurden Kühlwaggons angeschafft und dank der neuen Eisenbahnlinien konnten Bierfässer in die gesamte Monarchie transportiert werden. Seine Mitgliedschaft im Reichsrat nützte Dreher, um die Exportbedingungen laufend zu verbessern. Er litt dabei weniger unter den damaligen Schutzzöllen der Importländer, als unter den österreichischen Handelsbürokraten und den Steuergesetzen.[32]

32. Eine diesbezügliche Intervention von Anton Dreher am 5.12.1863 im Reichsrat ist in der Zeitschrift »Der österreichische Bierbrauer« vom 1.4.1864 dokumentiert.

Triester Brauerei um 1890. Ein Teil der Gebäude ist heute in ein Einkaufszentrum integriert (Archiv der Stadtgemeinde Schwechat).

Das Flaschenbier, das ursprünglich nur für den Export gedacht war, setzte sich langsam durch und wurde von den Wirten als Konkurrenz des bei ihnen verkauften Fassbieres heftig bekämpft. Die Dreherсche Brauerei steigerte den Flaschenbierverkauf bis 1898 auf 3 Mio. Stück jährlich, also auf ein Volumen von 15.000 hl. Die erste Flaschenabfüllanlage befand sich noch um 1860 in der ehemaligen Plankenmühle, wo das Bier noch händisch mit Schläuchen aus den Fässern abgefüllt wurde. Danach gab es Dutzende externe Abfüller, erst knapp vor 1900 übernahm die Brauerei auch diese Aufgabe selbst.[33]

33. Ezsöl: Schwechat: Geschichte, S. 107

Schließlich erwarben Felder, Aich und Deiglmayr zwischen 1863 und 1870 die beiden anderen Schwechater Brauereien, die Poppersche ehemalige Dominikalbrauerei und das Figdorsche Brauhaus, das sich auch Groß-Schwechater Brauerei nannte. Deshalb wird die Brauerei auch noch unter dem jüngeren Dreher Klein-Schwechat genannt.

Der Wert des Dreherschen Brauereikonzerns hat sich jedenfalls während der Vormundschaft deutlich vermehrt. Anton Widter und Johann Götz hatten Anton Dreher in den Anfangsjahren entscheidend geholfen, nach seinem Tod wäre das Unternehmen ohne Cajetan Felder, August Deiglmayr und Franz Aich sen. wahrscheinlich auseinandergebrochen. Durch eine kluge Personal- und dynastische Heiratspolitik, die auch sein Sohn fortsetzen sollte, wurden einige Führungskräfte in die Familie geholt. Ohne die Innovationskraft und den Risikomut Drehers hätten es aber auch diese Herren sicher nicht geschafft, die größte Brauerei der Welt zu schaffen.

Karikatur aus der Zeit, als Cajetan Felder die Vormundschaft über Anton Dreher jun. ausübte (Quelle: Felder Cajetan: Erinnerungen, S. 89)

Der junge Dreher: Ich glaube, es wäre doch gut, Herr Bürgermeister, wenn Sie die Vormundschaft über mich jetzt einem anderen übergeben würden?
Dr. Felder: Warum denn?
Der junge Dreher: Ja, sehn S', Sie haben selber gesagt, daß man Ihnen im Gemeinderat das Leben sauer machen will und da fürcht ich halt dann auch für mein Bier!

Der typische Wiener Großindustrielle der Monarchie Anton Dreher der Jüngere

Nach einem siebenjährigen Interregnum übernahm Anton Dreher jun. das inzwischen riesige Unternehmen. Im Gegensatz zu seinem Vater war er mehr im strategischen und weniger im operativen Braugeschäft tätig. Er überließ die Leitung des Unternehmens seinen leitenden Angestellten, die durchwegs sehr erfolgreich agierten. Sein Onkel Franz Aich blieb dem Unternehmen noch bis zu seinem Tod 1875, August Deiglmayr bis 1883 als Direktor erhalten, dann folgte Alfons Erhard als erster Generaldirektor.

Anton hat zwar nur als Praktikant in der Brauerei selbst gearbeitet, aber er hat das Handwerk ebenfalls von der Pike auf studiert. Er kam 1849 in Schwechat zur Welt und absolvierte nach dem Akademischen Gymnasium in Wien ein Studium an der chemisch-technischen Abteilung des Polytechnikums in Zürich. Dann begab er sich für längere Zeit auf Studienreisen nach England, Frankreich, Deutschland und in die Niederlande, die aber sicher nicht so dramatisch und unter schwierigen finanziellen Bedingungen verliefen wie die seines Vaters. Außerdem wurde er immer von seiner Mutter begleitet, die auch während seines Studiums in Zürich wohnte. An seinem 21. Geburtstag im Jahr 1870 trat er das väterliche Erbe an und Cajetan Felder konnte ihm ein Vermögen von rund 13 Mio. Gulden übergeben, also wesentlich mehr als beim Tod seines Vaters vorhanden war.

Anton Dreher jun. (1849–1921) (Archiv der Stadtgemeinde Schwechat)

Am 12. August des gleichen Jahres heiratete er – wie von seinem Vater noch arrangiert – Katharina (Käthe), eine Tochter der Simmeringer Brauerfamilie Meichl, womit schon wieder »Bier zu Bier« kam. Und das nicht nur einmal, denn einen Tag zuvor hatte Anna Aich, die Schwester von Franz jun., Theodor II. Meichl, den Bruder von Käthe geheiratet. Schließlich gab es noch eine dritte Hochzeit der beiden Großfamilien, weil Franz Aich Theodors Schwester Maria in zweiter Ehe zum Traualtar führte. Damit wurde der Bund Schwechat – Simmering dreifach abgesichert, so dass es kein Wunder war, dass allerdings Jahrzehnte später die Zusammenführung der großen Brauereien an der Simmeringer Hauptstraße unter Einbeziehung der zu diesem Zeitpunkt finanzschwachen Familie Mautner Markhof erfolgte.

Das erste Projekt des jüngeren Drehers war die Lösung der Kühlfrage. Weil er im warmen Winter 1872/73 aus der Steiermark, aus Mähren und aus Polen mit der Eisenbahn Natureis im Wert von 80.000 Gulden einführen musste, kontaktierte er den bayrischen Professor Carl von Linde, der seit 1871 mit Kältemaschinen experimentierte. Linde stellte bei der Weltausstellung 1873 einen Prototyp aus, den dann Moritz Faber von der Liesinger Brauerei ankaufte, aber ohne großen Erfolg einsetzte. Gemeinsam mit August Deiglmayr, der zu einem Experten der Kühltechnik wurde, entwickelte Linde eine Ammoniak-Kühlmaschine und setzte sie nach einem erfolgreichen Test in Triest im September 1876 in Schwechat ein. Dreher war noch knapp vor seinen Münchner Freunden der erste Brauer der Welt, der eine damals noch sehr teure Maschine kaufte und verwendete. Auch sie wurde später im Technischen Museum in Wien ausgestellt, ist aber inzwischen in einem der Depots archiviert worden.

Das Kühlverfahren wurde im internationalen Brauereiwesen in den nächsten Jahrzehnten zur Selbstverständlichkeit. Es war aber damals noch lange nicht perfekt und verlässlich, deshalb wurde zur Vorsicht noch jahrelang daneben ein großer Natureisvorrat angelegt. 1885 gelang seinem Liesinger Konkurrenten Moritz Faber erstmals die Produktion von Kunsteis, wobei er sich wieder eines Mitarbeiters der Linde AG bediente.

Mit dieser Maschine schaffte Anton Dreher jun. erstmals im Sommer 1876 eine künstliche konstante Kühlung seines Lagerbieres. Sie stand im Wiener Technischen Museum (Archiv der Stadtgemeinde Schwechat)

1873 war es für Dreher natürlich eine Frage der Ehre, bei der Wiener Weltausstellung prominent mit einem Pavillon und einem großen Bierausschank vertreten zu sein. Dort fand man auf dem rückwärtigen Torbogen die Inschrift: »Anton Dreher Sohn, geboren 1849, übernahm die vier Brauereien am 21. März 1870 / Gesamt-Erzeugung / der vier Brauereien vom / 1. Oktober 1871 bis 7. Oktober 1872 bestand / in 1,096.875 Eimer, der Steuerbetrag / dafür 2,101.880 Gulden n. (netto)«. Offensichtlich war es ihm genau so wichtig, sowohl seine Produktionsdaten wie auch die Leistungen an den Staat zu kommunizieren. Kaiser Franz Josef honorierte das, indem er ihm nach der Weltausstellung das Ritterkreuz des Franz-Josef-Ordens »in Anerkennung seines verdienstvollen Wirkens auf industriellem, landwirtschaftlichem und gemeinnützigem Gebiete« verlieh. Hier sieht man, dass Dreher längst nicht mehr ausschließlich als Brauherr Anerkennung fand.

Dreher-Pavillon bei der Wiener Weltausstellung 1873
(Wien Museum Inv.Nr. 174.005/84)

Er war in Schwechat zwar Gemeinderat, strebte aber nie das Amt des Bürgermeisters an. Ohne seine Zustimmung ist aber wie zu Zeiten seines Vaters in seiner Heimatgemeinde nichts gelaufen. 1884 wurde Dreher als Großgrundbesitzer in den niederösterreichischen Landtag entsendet und im Dezember 1902 nicht wie sein Vater in den Reichsrat gewählt, sondern vom Kaiser in das Herrenhaus als Abgeordneter auf Lebenszeit berufen. Das Herrenhaus war das Oberhaus des Reichsrates, wo neben dem Hochadel und den höchsten Vertretern des Klerus auch einige wenige verdienstvolle Männer aus der Wirtschaft saßen. Dort blieb er bis zum Ende der Monarchie im November 1918. Wie sein Vater gehörte er der liberalen Fraktion an und war – wie auch alle anderen Brauherren, die wir in diesem Buch behandeln – ein Gegner der populistischen Politik eines Karl Lueger, mit dem er einige Kämpfe austrug. Lueger waren gerade diese Großbrauereien ein Dorn in seinem christlichsozialen Auge: Auf der einen Seite wegen der großen Schar sozialdemokratisch gesinnter Arbeiter, die in einer starken Gewerkschaft organisiert waren, und auf der anderen Seite wegen der liberal gesinnten Großindustriellen mit bisweilen jüdischem Hintergrund wie bei den Familien Mautner Markhof und Kuffner. Wir werden bei diesen Familien zeigen, wie sich diese Diskrepanzen auswirkten.

Dreher konnte sich ohne jüdische Ahnen leichter und voll auf den politischen Kampf mit dem populären Volkstribun einlassen. Bei den Gemeinderatswahlen in Schwechat gab es 1885 ein erstes Aufeinandertreffen der liberalen später deutsch-fortschrittlich genannten Dreher-Partei und den von Lueger geführten Christlichsozialen. Die Dreher-freundliche Partei hat diese wie auch die nächsten Wahlen für sich entschieden. Erst im frühen 20. Jahrhundert kam es dann zu einer Koalition mit den Christlichsozialen, um ein Gegengewicht zu den immer stärker werdenden Sozialdemokraten zu schaffen. Mit Sicherheit hat der Konflikt mit Dreher Bürgermeister Lueger beeinflusst, für die Stadt Wien das kurz zuvor gegründete genossenschaftliche Brauhaus im benachbarten Rannersdorf zu erwerben. Als städtisches Brauhaus entstand ein großer Konkurrent, der der Schwechater Brauerei vor allem mit einer aggressiven Preispolitik viel Ärger bereitete.

Am 5. Juni 1893 besuchte Kaiser Franz Josef nach 1861 zum zweiten Mal die Schwechater Brauerei. Die Wiener Abendpost vom nächsten Tag schilderte in der damaligen Schreibweise den Besuch des Kaisers so: Nach dem vormittäglichen Besuch des NÖ. Landesschießens in Schwechat »fuhr der Monarch in das Dreher'sche Etablissement, woselbst Herr Anton Dreher mit seinen Söhnen und den Beamten Allerhöchstdenselben ehrfurchtsvoll begrüßten. Bei einem Rundgange durch die einzelnen Abtheilungen des Etablissements credenzte Frau Käthe Dreher Sr. Majestät dem Kaiser im Lagerkeller einen Pocal Bier, aus dem der Monarch dem Hausherrn und seiner Gemahlin allergnädigst zutrank. Zum Schlusse trugen Se. Majestät seinen Namen in das Gedenkbuch ein und verließen dann unter Hoch Rufen der im letzten Hofe zu hunderten aufgestellten Arbeitermassen das Etablissement.«

Beim Besuch Kaiser Franz Josefs 1893 in Schwechat kam der Monarch auch in die Brauerei (Archiv der Stadtgemeinde Schwechat).

Nach diesem Besuch erhielt Dreher das Komturkreuz des Franz-Josef-Ordens, dem 1909 das Großkreuz als höchste Stufe folgte. Außerdem erhielt er 1903 den Orden der Eisernen Krone II. Klasse und war damit einer der meistausgezeichneten Unternehmer der Monarchie. Damit hätte er Anspruch auf die Erhebung in den Adelsstand gehabt, wozu übrigens schon die Ansprache

Kaiser Franz Josefs anlässlich einer Jagd mit »lieber Herr von Dreher« genügt hätte. Da er angeblich seinem Vater versprochen hatte, niemals einen Adelstitel anzunehmen, verzichtete er auf die Nobilitierung. Im Volk wurde er durch diese Entscheidung noch populärer. In Schwechat sprach ihn sowieso jeder mit »Herr Baron« oder »Herr von Dreher« an und sein Unternehmen wurde das »Königreich Dreher« genannt. Dieser »Bieradel« war dem als »Bierkaiser von Wien« bezeichneten Unternehmer Auszeichnung genug.[34] Er befand sich da in bester Gesellschaft, weil auch andere Großindustrielle wie Dumba, Lobmeyr, Werndl, Krupp und Zacherl sich »nicht wie das jüdische und nicht-katholische Bürgertum mit Adelstiteln emporarbeiten wollten«. Der Waffenproduzent Werndl hat es drastisch ausgedrückt: »Ich bin lieber der erste Bürgerliche als der letzte Adelige.«[35]

34. Seidl: Unser Bier, S. 83

35. Sandgruber: Traumzeit für Millionäre, S.141

Die 1890er Jahre standen im Zeichen des Ausbaus eines umfangreichen Vertriebsnetzes. In der ganzen Monarchie wurde Bierdepots errichtet, um die Transportwege zu optimieren. Ein Zeitzeuge beschreibt die Brauerei

Die Familie Dreher (im Vordergrund) bei einer Huldigungsfeier der Jäger 1908 anlässlich des 60. Thronjubiläums von Kaiser Franz Josef in Schönbrunn.

1898: »Zum Transport des Bieres an die Kunden sind etwa 100.000 Fässer in Verwendung; außerdem werden jährlich circa drei Millionen Flaschen versandt, welche in einer eigenen, mit den neuesten Apparaten versehenen Abtheilung der Brauerei gefüllt werden. Zwei eigene Lokomotiven besorgen auf eigenen 7 km langen Schienenwegen, welche mit der Staatsbahn in Verbindung stehen, den Transport des für die Provinz und das Ausland bestimmten Bieres. Die Frachtbewegung auf dieser Privatbahn beträgt jährlich 16.000 bis 17.000 Wagenladungen. Zum Bierversand nach auswärts besitzt die Brauerei 60 eigene Eiswaggons. Für den Verkehr nach der Stadt und zur Arbeit im Hause sind 130 Pferde und 250 Ochsen vorhanden.«[36] Dreher konnte jeden Tag 2640 hl Bier erzeugen, die natürlich rasch verkauft werden mussten, obwohl die Lagerkapazität auf 385.000 hl angewachsen war. Neben den künstlich gekühlten Räumen benötigte er nach wie vor – vor allem weil die Kühlanlagen noch lange nicht 100-prozentig verlässlich waren – eine Million Zentner Natureis, die in den riesigen Eiskellern lagerten. Es gab damals 350 Brauereigehilfen und 250 Fuhrknechte. Der Ausstoß der Schwechater Brauerei erreichte in diesem Jahr den Rekordwert von 740.000 hl, ein Ausstoß, der erst wieder nach dem 1. Weltkrieg nach der Fusion zu den Vereinigten Brauereien erreicht und überboten wurde. In allen seinen Brauereien produzierte Dreher 1,25 Mio. hl.

36. Rezek: Geschichte, S. 536 f.

Damit führte Dreher bereits den größten Brauereikonzern der Welt, der in einer Hand vereinigt war. 1905 traten seine drei Söhne Anton, Eugen und Theodor offiziell in das Unternehmen ein und er wandelte es in die »Anton Drehers Brauerei AG« um. Aktionäre waren ausschließlich Familienangehörige, das Aktienkapital betrug 28 Mio. Kronen, das auf 560 Aktien zu 50.000 Kronen aufgeteilt war. Anton Dreher besaß nicht nur die Aktienmehrheit, sondern in der Hauptversammlung auch 91% der Stimmrechte. Er war natürlich Präsident des Verwaltungsrates, als Vizepräsidenten ernannte er interessanterweise seinen jüngsten Sohn Eugen. Hatte er vorausgeahnt, dass Eugen noch ein erfolgreicher Brauherr werden sollte oder wollte er seinem ältesten Sohn Anton mehr Zeit für seine operative Tätigkeit in der Triester Brauerei lassen? 1907 wurden die ungarischen Firmen aus dieser Aktiengesellschaft ausgegliedert und noch stärker in Eugens Verantwortungsbereich übertragen. Die österreichische Aktiengesellschaft blieb mit einem Kurswert von 20 Mio. Kronen (ca. 70 Mio. Euro) bis zum 1. Weltkrieg eine der größten der Welt, obwohl die landwirtschaftlichen Betriebe gar nicht eingebracht wurden.

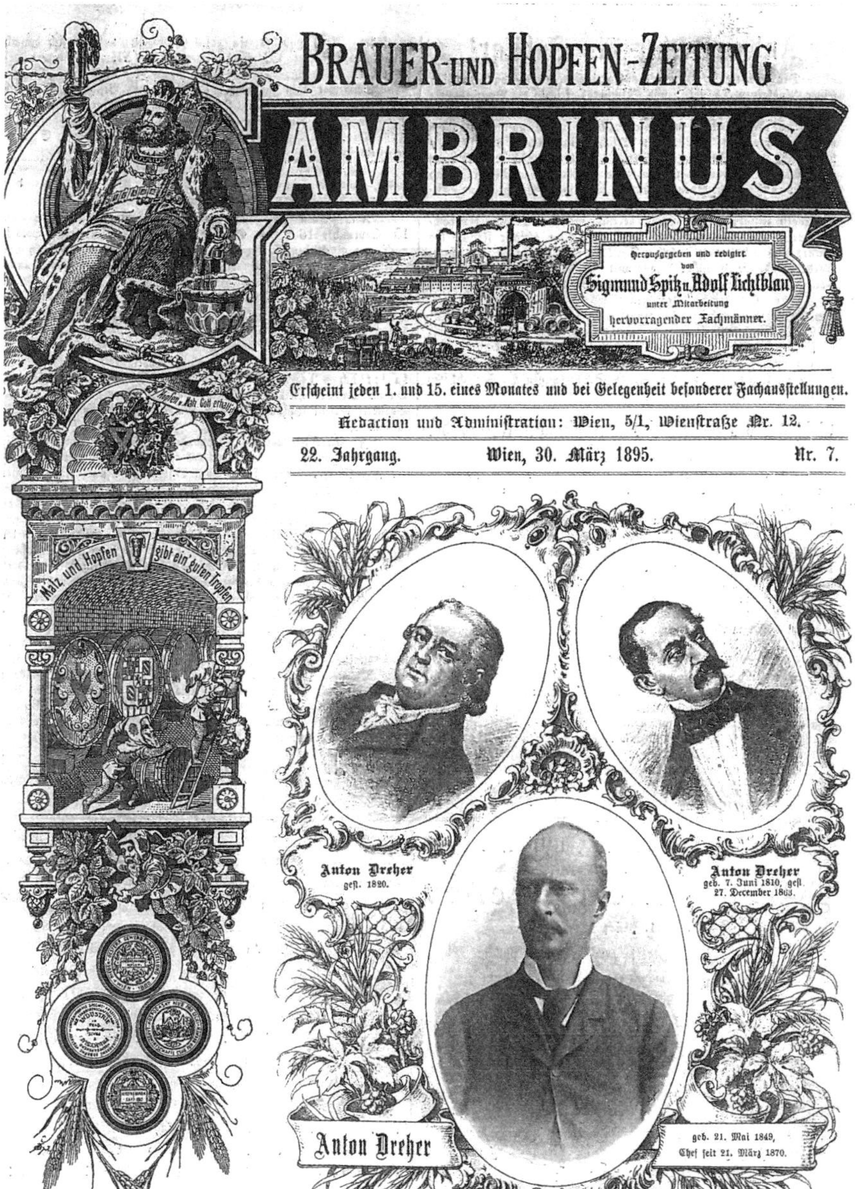

BRAUER- UND HOPFEN-ZEITUNG
GAMBRINUS
Herausgegeben und redigirt von Sigmund Spitz u. Adolf Lichtblau unter Mitarbeitung hervorragender Fachmänner.
Erscheint jeden 1. und 15. eines Monates und bei Gelegenheit besonderer Fachausstellungen.
Redaction und Administration: Wien, 5/1, Wienstraße Nr. 12.
22. Jahrgang. Wien, 30. März 1895. Nr. 7.

Im März 1895 gab die Brauerzeitschrift »Gambrinus« eine Sonderausgabe zu Ehren der Dreherschen Brauereien heraus.

Auf dem Braugelände in Schwechat gab es eigentlich immer eine Baustelle: 1906 wurde eine dieselelektrische Kraftzentrale in Betrieb genommen, deren Gebäude dank des Denkmalschutzes unverändert mit den Jugendstil-Schaltpulten noch besteht und ein »Kleinod aus industriearchäologischer Sicht« ist.[37] So konnte man selbst Strom erzeugen und schrittweise die sieben Dampfmaschinen, deren stärkste 250 PS leistete, ablösen. 1908 arbeitete seine Brauerei bereits mit 123 Motoren, die mit elektrischem Strom gespeist wurden, darunter drei große Diesel-Motoren mit insgesamt 1000 PS. Diese Ausstattung war zu diesem Zeitpunkt in Österreich einmalig.

37. Stadler: Das industrielle Erbe, S. 723

Während sein Vater wirtschaftlich fast ausschließlich vom Braugeschäft lebte, gab es beim jüngeren Dreher mehrere Erwerbszweige. Neben den Brauereien trugen der Bau, der Betrieb und die Verpachtung von Gastronomiebetrieben, in denen man Dreher-Bier trinken konnte, zur Vermögensvermehrung bei. Von seinem Großvater hatte der jüngere Dreher schon das Restaurant »Zur Kohlstaude« in Schwechat und von seinem Vater die Veranstaltungssäle von »Dreher's Etablissements« in der Landstraße 97 übernommen.

Der Dreherpark mit der Katharinenhalle befand sich östlich der heutigen Grünbergstraße und war ein riesiges Freizeit- und Unterhaltungszentrum. (Ansichtskarte)

1884 kaufte er eine Liegenschaft zwischen der Tivoligasse und der Schönbrunner Schlossstraße, die zuvor den Esterhazys und Liechtensteins gehört hatte. Er verpachtete sie zwei Jahre später an den Hernalser Heurigenwirt Johann Weigl, der dort unter dem Namen »Weigls Vergnügungsetablissement im Dreher Park« einen riesigen Bierausschank einrichtete, in dem es auch Musikveranstaltungen gab. 1894 kaufte Dreher eine große Ausstellungshalle, die als Tonhalle bei einer Musik- und Theaterausstellung gedient hatte, und baute sie dort wieder auf. Er nannte sie nach seiner Gattin Katharinenhalle. Sie wurde zweimal ausgebaut und war mit einem Fassungsvermögen von 4000 Personen der größte Saalbau der Monarchie. Ingesamt fanden in diesem Vergnügungspark inklusive dem Garten 20.000 Menschen Platz. Nachdem er ab 1901 mit der Stadtbahn bequem erreichbar war, war er eine weitere Cash-cow für Dreher, der neben dem Pachtgeld noch an manchem Wochenende dort 50.000 Krügel seines Bieres verkaufen konnte. In dieser Halle fanden bis 1925 Theater- und Zirkusaufführungen, Sommerliedtafeln des Wiener Männergesangsvereins, große Maskenbälle sowie Varieteveranstaltungen statt. Neben vielen legendären Musikveranstaltungen wurde 1890 der Donauwalzer erstmals mit dem heute bekannten Text der »so blauen Donau« aufgeführt. Im hinteren Teil des Gartens wurde 1920 der alte Wacker-Fußballplatz errichtet, nachdem Anton Dreher überraschend die Zustimmung zum Fällen von 500 Bäumen gegeben hatte. Da war aber die Blütezeit des Etablissements als Folge der Nachkriegsprobleme schon vorbei. 1925 wurde die Katharinenhalle abgetragen, eine andere Halle diente dem Fußballklub als Trainingshalle. Das Grundstück des Dreher-Parks wurde 1918 und 1942 in ein Kriegslazarett umgewandelt und ist heute unter der Adresse Schönbrunnerstraße 307 unter anderem ein Autoservicezentrum der Firma Fiat.

Schließlich befand sich noch im schon erwähnten Stadthaus Drehers an der Ecke Opernring / Operngasse ein großes Bierlokal mit Eingang in der Operngasse und ein Kaffeehaus »De l'Opera« mit einer großen Terrasse am Opernring. Auf einem Bild aus den ersten Jahren des 20. Jahrhunderts sieht man, dass dieses Haus als eines der ersten in Wien mit einer Leuchtreklame den Namen »Dreher« signalisierte und auf den Bierkeller hinwies. Anton jun. wohnte nie in diesem Haus, sondern vermietete die Wohnungen und führte auch die Bierhalle nur bis 1908. Sowohl das Kaffeehaus als auch seine Bierhalle verpachtete er an die bekannte Hoteliersfamilie Wimberger, die dort ein Nobelrestaurant eröffnete. Beide Lokale, die 1923 von Eugen Dreher verkauft wurden, fielen einem Bombentreffer auf dieses Haus im Jahr 1945 zum Opfer.

Inserat des Opern-Restaurants im Palais Dreher in der Operngasse

Wenn man dem Adressbuch Lehmann glauben darf, so gab es nach 1877 zwei Dreher-Bierhallen am äußeren Gürtel am Beginn der Hernalser Hauptstraße und der Ottakringer Straße, wo er von den günstigeren Steuern außerhalb des Linienwalls profitierte. Nach der Eingemeindung der Vororte verkaufte er diese Lokale. Weiters führte er einige Jahre das Nachfolgelokal der Neulingschen Brauerei in der Ungargasse 52 und verkaufte es dann Josef Renz, der dort ein Vergnügungslokal eröffnete. Schließlich besaß er noch einige Jahre ein Lokal in der Naglergasse 1 an der Ecke zum Graben und im Prater das »Dritte Kaffeehaus«, damals eines der populärsten Lokale in der Hauptallee.

Wie sein Vater erweiterte auch der jüngere Anton stetig seinen Grundbesitz. Sein Vater hatte mit dem Kauf der Herrschaft in Michelob kurz vor seinem Tod 1860 den ersten Schritt gesetzt. Als dort 1872 eine Sturzflut den größten Teil des Schlossparks und die Brauerei verwüstete, errichtete er gegenüber dem Schloss ein neues dreistöckiges Brauereigebäude. Ende des 19. Jahrhunderts ließ er das Schloss um ein zweites Geschoss erhöhen und den alten Turm abtragen.

In seinen deutschsprachigen Biografien wird zwar immer nur Michelob erwähnt, doch er besaß in der heutigen Tschechischen Republik auch einige andere Brauereien. So konnte er ab 1882 auch in Mähren Fuß fassen und zwar in der Gegend westlich von Brünn, wo er im Laufe der Jahre 17.000 ha Grund und mehrere kleinere Brauereien erwarb. Die größte Investition tätigte er aber nördlich von seiner Brauerei in Michelob. In Saaz ließ er 1898 ein völlig neues Brauhaus errichten, das als »Anton Drehers Export-Brauerei GmbH« bald das berühmte Saazer Urstoff und das St. Hubertus Bier produzierte, die bis in die USA exportiert wurden. Auch diese Großbrauerei, die das Wasser aus der Eger bezog, gilt als Industriedenkmal und wurde bis zum Ende des Zweiten Weltkriegs von Drehers Enkelin betrieben.

Um 1900 besaß Anton Dreher 57.000 ha Grund in Österreich, Böhmen, Mähren, Ungarn und um Triest. Das entspricht einer weit größeren Fläche als der des heutigen Wiens. Er beschäftigte dort rund 5600 ständig und über 5000 zeitweise Beschäftigte, davon rund die Hälfte in den Brauereien. Allein in seinen land- und forstwirtschaftlichen Gütern um Michelob arbeiteten insgesamt fast 3000 Personen. Seine Steuerleistung gab er in allen Herrschaften mit über 10 Mio. Kronen an, wovon 95% auf die Brauereien entfielen.[38] Er war auch der größte Steuerzahler der Monarchie und der Wunsch von Kaiser Franz Joseph anlässlich einer Audienz wurde legendär. Der Kaiser drückte seine Hoffnung auf ein weiteres Florieren der Brauerei damit aus, dass »er sich von Dreher im nächsten Jahr die doppelte Steuerleistung wünsche.«[39]

Bierdeckel der Schwechater, Triester, Saazer und ungarischen Dreher-Brauereien (Privatarchiv des Autors)

Dreher war nicht nur ein Brauherr, Gastronom und Großgrundbesitzer, sondern auch ein Bauherr, und das nicht nur in Böhmen und Mähren, sondern auch in Wien und Schwechat. In Schwechat wohnte die Familie Dreher seit 1794 im Obergeschoss jenes Hauses in der Brauhausstraße 8, das heute noch besteht und das mehrfach umgebaut wurde. Dreher baute den Komplex nach 1870 ein letztes Mal aus, erwarb aber 1872 vom österreichischen Diplomaten und Politiker Johann Bernhard von Rechberg das aus dem frühen 18. Jahrhundert stammende Schloss Altkettenhof. Rechberg konnte sich noch ein Wohnrecht bis zu seinem Tod 1899 sichern. Dann wurde das alte Schloss niedergerissen und 1902 im neobarocken Stil um 800.000 Kronen (ca. 4 Mio. Euro) als feudaler Unternehmenssitz mit elf Fensterachsen neugebaut, durchaus eines »Bierkaisers« würdig.

38. Gedenkschrift vom 15. Juli 1902. Unveröffentlicht, zur Verfügung gestellt von Diana Wünschek

39. Kisch: Straßen und Plätze, Band VII, S. 404

Allein die Inneneinrichtung der Kunsttischlerei Portois & Fix soll 100.000 Kronen verschlungen haben. Ein Mann seiner Position bedurfte damals eines repräsentativen Wohnsitzes wie ihn die Mautner Markhof am Franziskanerplatz 1 hatten. Trotzdem dürfte ihm der Domizilwechsel nicht leicht gefallen sein, in einer von ihm verfassten Gedenkschrift zur Schlusssteinlegung schreibt er: »In dem ernsten Augenblicke, da ich mit meiner Familie unsere bisherigen Wohnräume im Brauhause verlasse, wo mein in Gott ruhender Vater so lange Jahre zum Gedeihen unseres Hauses gewirkt hat, und wo ich seit meiner Geburt gewohnt habe, drängt es mich, den innigen Wunsch auszusprechen, es möge das neue Haus ein immerwährender Stammsitz meines Geschlechtes sein, wo es gedeihen und blühen möge bis in die fernsten Zeiten«.[40]

40. Gedenkschrift vom 15. Juli 1902. Unveröffentlicht, zur Verfügung gestellt von Diana Wünschek

Es gibt einen ausführlichen Bericht, wie er im April 1908 die rund drei Dutzend Mitglieder des »Zentralverbandes der österreichischen Brauindustriellen«, darunter alle Wiener Brauherren, nach der Vormittagssitzung mit einem Salonwagen der städtischen Straßenbahn nach Schwechat führte und sie nach der Präsentation seines neuen Maschinenparks in der Brauerei in dieses Schloss einlud. Dort begrüßte sie Frau Dreher und lud sie gemeinsam mit ihrem Gatten »nach einer kurzen Besichtigung all der schönen und seltenen Kunstgegenstände in dem so prächtigen Herrenhause und den großartigen Wohnräumen ein, an der bereitstehenden Tafel Platz zu nehmen.«[41] 1912 gab es dort einen noch größeren Empfang, an der die von Ministerpräsident Graf Stürgkh angeführte Politik- und Wirtschaftsprominenz der Monarchie teilnahm.

41. Gambrinus Nr. 9/1908, S. 351

Nach Anton Drehers Tod wohnte dort seine Witwe mit ihrer Dienerschaft weiter bis zu ihrem Tod und ihr Sohn Eugen schenkte es im Herbst 1937 gemeinsam mit der wertvollen Einrichtung, zu der auch eine Gemäldesammlung gehörte, der Stadt Schwechat. Ein Teil der Einrichtung wurde im April 1938 versteigert, der Rest kurz vor Kriegsende geplündert. Im Krieg war das Schloss eine Gauführerschule und ein Lazarett, zwischen 1945 und 1955 Sitz einer sowjetischen Kommandatur, dann Flüchtlingslager nach dem Ungarnaufstand und heute ist es nach einer gründlichen Renovierung in den 1960er Jahren Sitz des Bezirksgerichts.

In diesem bald Dreher-Schloss genannten Gebäude fand am 21. Juni 1913 auch eines der bedeutendsten Ereignisse der Wiener Brauereigeschichte statt. Die Familien der drei großen Brauereien Dreher, Mautner Markhof und Meichl beschlossen dort eine Fusion ihrer drei Aktiengesellschaften. Damit hatte es Dreher geschafft, die »Brauerei Simmering Th. & G. Meichl AG«, die »Ad.Ign.Mautner Ritter von Markhof & Sohn, Brauerei St.Marx AG« und die

Das denkmalgeschützte Gebäude mit dem Runderker und dem Festsaal
(hohe Fenster) in der Schwechater Brauhausgasse im Jahr 2012 (Foto des Autors).

Das 1902 fertig gestellte »Dreherschloss in Schwechat« ist heute das
Schwechater Bezirksgericht (Foto des Autors).

»Anton Dreher, Brauerei Actien-Ges.« zur »Vereinigte Brauereien Schwechat, St.Marx, Simmering, Hütteldorf – Dreher, Mautner, Meichl A.-G.« zu fusionieren, wobei seine Familie Hauptaktionär war. Das Fusionsverhältnis zwischen Dreher, Mautner Markhof und Meichl wurde mit 4:2:1 festgelegt, im Verwaltungsrat betrug es 6:4:2. Die Vereinigten Brauereien beschäftigten 1913 an ihren Standorten in Wien-St. Marx, Wien-Simmering, Schwechat, Böhmen und Triest rund 3000 Arbeiter und produzierten allein in Wien und Schwechat 1,4 Mio. hl Bier, was einen Marktanteil von 35% bedeutete. Die zweitplatzierte Brau AG wies nur 23% auf. Die Unternehmen der Familien Mautner Markhof und Meichl waren allerdings damals bereits in einem sehr schlechten Zustand. Familienchef Viktor Mautner Markhof war völlig überschuldet, allein die Steuerschulden betrugen 1,5 Mio. Kronen. Die Brauanlagen waren wie bei Meichl hoffnungslos veraltet, Meichl brachte außerdem noch rund 66.000 Kronen an Passiva in die Bilanz ein.

Anton Dreher wurde erster Präsident des Verwaltungsrates, Viktor Mautner von Markhof (nach seinem Tod 1919 sein Cousin Kuno) und Georg II. Meichl Vizepräsidenten. Generaldirektor war der bisherige Generaldirektor der Schwechater Brauerei Alfons Erhard, dem nach seinem Selbstmord 1926 Konrad Schneeberger folgte. Die Bildung dieser Aktiengesellschaft war selbst für die Dimensionen der Donaumonarchie gigantisch und wurde von der Creditanstalt, dem Wiener Bankverein und der Niederösterreichische Escompte-Gesellschaft durchgeführt, weswegen auch je ein Vertreter dieser Banken im Verwaltungsrat saß, was damals durchaus üblich war. Das Aktienkapital wurde von 20 auf 36 Mio. Kronen erhöht. Die ebenfalls große Gösser Brauerei hatte damals zum Vergleich ein Aktienkapital von 6 Mio. Kronen.

Ein Ziel der Vereinigten Brauereien war jedenfalls ein Verdrängungswettbewerb in Wien, dem bis auf Liesing, Ottakring und dem städtischen Brauhaus alle anderen Unternehmen zum Opfer fallen sollten. Zuerst musste aber das eigene Unternehmen kompakt gestaltet werden. Durch die vielen Standorte war die Produktion anfangs unrationell und vor allem der Maschineneinsatz, der nun endgültig von Dampf auf Strom überging, war nicht koordiniert. So mussten rasch zahlreiche Synergieeffekte ausgenützt werden. Bierniederlassungen und der Vertrieb wurden zusammengelegt, ein Zentrallaboratorium errichtet und schließlich wurden zahlreiche Investitionen in die Anlagentechnik getätigt. Das Unternehmen hatte eine Kapazität von 1,5 Mio. hl und Dreher hätte es fast geschafft, Kammerlieferant des kaiserlichen Hofes zu werden. Es gab zwar schon einen Hoflieferanten für Bier, und zwar Adolf Bachofen von Echt von der Nussdorfer Brauerei, aber ein Kammerlieferant war eine besondere Vertrauensauszeichnung des Kaisers, weil sie auch das Betreten seiner Privatgemächer erlaubte.[42] Der Erste Weltkrieg verhinderte aber diese Unternehmensaufwertung.

42. Kalmár, Waldstein: K.u.k.Hoflieferanten Wiens, S.8 Den Titel »k.u.k.Hoflieferant« erhielt Adolf Bachofen von Echt, weil der Kaiser angeblich am liebsten dessen dunkles St.Thomas Bier trank.

Aktie der Vereinigten Brauerei

Die letzten sieben Lebensjahre Drehers während der Kriegs- und Nachkriegszeit waren sicher seine schwierigsten. Die österreichisch-ungarische Monarchie war 1914 wirtschaftlich in keiner Weise auf einen längeren Krieg vorbereitet, es gab keine Krisenpläne für die langfristige Versorgung der Bevölkerung mit Gütern des täglichen Bedarfs und der Wirtschaft mit Rohstoffen. Aufgrund der liberalen Wirtschaftsauffassung war man der Meinung, dass sich alles über den Preis regeln würde. Schon 1915 waren die vorhandenen Rohstoffe aufgebraucht und das spürte auch die Brauindustrie. Die Biererzeugung wurde deshalb in diesem Jahr um 30% reduziert und 1916 wurde der Betrieb in St. Marx und Simmering eingestellt. Zahlreiche Räume wurden zur Einlagerung der Lebensmittelvorräte benutzt, die Biererzeugung betrug 1917 gerade noch 90.000 hl. Im »Bier« selbst fanden sich immer weniger Gerste und Malz, dafür immer mehr Pferdebohnen, Kartoffelstärke, Kunsthonig, Zwetschkenmarmelade, Zuckerrüben und sonstige Materialien, die jedem Befürworter des Reinheitsgebotes die Haare zu Berge stehen lassen. Hopfen gab es hingegen genug, weil es dafür keine alternative Verwendungsmöglichkeit gab.

1916 bekam die Brauerei nur mehr 23% der Gerste und 6% der Malzmenge der Vorkriegszeit geliefert und man durfte nur mehr 35% jener Bierwürzmenge erzeugen wie 1912 und 1913. Der Stammwürzegehalt musste von 12 auf 4 Grad herabgesetzt werden. Um die erforderliche Nachzucht einer brauchbaren Hefe zu erhalten, wurde das Bier deshalb zunächst im Sudhaus normal eingebraut und dann durch Zusatz von Wasser gestreckt.

Viele kleinere Brauereien mussten den Betrieb einstellen und verschwanden aus der Brauereiszene. Von 39 Brauereien in Niederösterreich und Wien erlebten nur mehr 25 das Kriegsende. In den anderen Kronländern war der Rückgang noch viel extremer, 1918 gab es in Österreich nur mehr halb so viele Betriebe wie 1914. Die Bierproduktion erreichte in Niederösterreich und Wien 1918 nur mehr 18% des Vorkriegswertes.

Nach 1914 musste ein Großteil der Brauereiarbeiter an die Front. Die kriegsbedingten Sozialleistungen für die Mitarbeiter und ihre Familien durch die Brauherren waren für die damalige Zeit durchaus beachtlich. Die ersten Einrückungen junger Brauer konnte Dreher noch durch Aufnahme von weiblichem Personal kompensieren. Schlimmer wurde das Transportproblem, weil die Pferde und die wenigen LKW eingezogen wurden bzw. für sie kein Treibstoff und keine Gummireifen vorhanden waren. Die Rohstoffe für das Bier wurden zentral von einer staatlichen Brauerzentrale auf die Brauereien verteilt. Diese Zentrale gehörte zu einem weiten Netz von »Kriegs- und Wirtschaftsverbänden«, die als öffentlich-rechtliche Körperschaft die Zwangsbewirtschaftung der Kriegsindustrie durchführten. Kupfer, Zinn und viele andere brauchbare Materialien wanderten in die Waffenproduktion. Zahlreiche Ausbauprojekte mussten auf unbestimmte Zeit verschoben werden, was sich nach dem Krieg sehr negativ auswirkte.

Der Bierausschank in den Wirtshäusern wurde durch kaiserliche Verordnung ab September 1916 auf drei Stunden an den Abenden der Wochentage und sechs Stunden der Sonntage beschränkt, wobei jede Person nur mehr einen halben Liter Bier im Lokal und ein Liter »über die Gasse« bekam. [43]

43. Neue Freie Presse vom 4. September, S. 7

Wer glaubt, dass das Ende des Krieges eine rasche Besserung der Lage brachte, irrt. Nach 1918 musste Dreher vorerst wie seine Mitbewerber den Verlust vieler Absatzgebiete in den nunmehr zum Ausland gewordenen Nachbarländern hinnehmen. Außerdem musste die Brauerei wieder auf den

Eine Karikatur von Theo Zasche der Herren Bösendorfer, Graf Wilczek und Dreher in ihrer damaligen »Uniform«. (Archiv der Stadtgemeinde Schwechat)

Vorkriegsstandard gebracht werden. Viele Geräte und Anlagen mussten erneuert werden, entweder weil sie kriegsbedingt abgezogen wurden oder weil sie durch den Ausstoßrückgang vernachlässigt worden waren. Die finanziellen Mittel waren reduziert, weil viele Millionen Kronen in Kriegsanleihen gewandert und nun weitgehend wertlos waren. Der Weltkrieg kostete dem Unternehmen ein Drittel des Aktienkurswertes. Das Schicksal der Töchterbetriebe in Italien und der Tschechoslowakei war vorerst völlig ungewiss, weil sie beschlagnahmt wurden. Nur in Budapest konnte sich sein Sohn Eugen behaupten, er übernahm auch die ungarische Staatsbürgerschaft.

In Österreich war die Bevölkerung verarmt und reduzierte ihren Bierkonsum radikal.[44] Da es weiterhin kaum geeignete Rohstoffe gab, war die Lage in den ersten 1920er Jahre fatal. Mit Verordnungen der neuen Bundesregierung wurde erst am 31. Mai 1923 die Bierproduktion in der Vorkriegsqualität und -quantität möglich und die Zwangswirtschaft beendet. Bis dahin wurde das Ausmaß der »Normalerzeugungsmenge« schrittweise beginnend mit 10% im ersten Nachkriegsjahr erhöht und der Stammwürzegehalt beginnend mit 6,5 Grad angehoben.

Dreher musste 1914 den Unfalltod seines Sohnes Theodor und 1917 den »Heldentod« seines Enkels in Galizien erleben. 1920 feierte er noch mit seiner Gattin Käthe die goldene Hochzeit mit einem imposanten Fest für die gesamte Stadt Schwechat und spendete wieder einmal 50.000 Kronen für soziale Vereine. Ein Jahr später im August 1921 starb er ebenso überraschend wie einst sein Vater an einem Herzschlag – zwei Jahre nach seinen ehemals großen Konkurrenten und nunmehrigen Partnern Viktor Mautner Markhof und Georg II. Meichl. Nun traf sich die nächste Generation der Brauherren bei seinem Leichenzug, der vom Dreher-Schloss bis zu seinem Mausoleum nahe der Brauerei führte.

Es ist einfacher, den jüngeren als den älteren Anton Dreher objektiv zu beschreiben, weil es über ihn viele Zeitzeugenberichte gibt. Auf jeden Fall war er ein »Wiener Original« der letzten Jahre der Monarchie. Er hatte »das Gesicht immer gut gefärbt, die Jahre und Jahrzehnte schienen spurlos an ihm vorüberzugehen.«[45] Er war sehr groß, sehr schlank und trug fast immer eine Art Uniform, die aus einem Stößer[46], einem Schmalranftler, einer engen Pepitahose und schmalen Lackschuhen bestand. Sein besonderes Kennzeichen war auch die »Dreher-Fliege«, ein Minibart am Kinn, »wie mit einem Pinselstrich hingetupft.«[47] Dazu trug er ein dünnes Bambusstöckchen. Meist rauchte er eine Zigarre oder eine Virginier aus einer Meerschaumspitze. So durften sich am berühmten Sirk-Eck bei der Oper nur wenige präsentieren, unter anderen

44. In Österreich betrug der Bierverbrauch pro Kopf und Jahr im Jahr 1913 rund 100 Liter, sank 1920 auf 42 Liter und stieg erst langsam wieder auf 80 Liter an. Siehe Sandgruber, Wein und Weinkonsum in Österreich, S. 13 f.

45. Neue Freien Presse vom 8.8.1921, S. 4

46. Ein Stößer ist eine der »Melone« ähnliche Kopfbedeckung wie sie heute noch die meisten Fiaker tragen, ein Schmalranftler ist ein kurzer heller Überzieher.

47. Sport-Tagblatt vom 9. August 1921, S. 6

seine Freunde, der Klavierfabrikant Bösendorfer und der Graf Wilczek. Es gibt von ihm zahlreiche Karikaturen vor allem von Theo Zasche, von dem er einmal lächelnd behauptete: »Der photographiert mich am besten«.[48]

48. Wiener Wochenausgabe Nr.19/1949, S.7

Ein großer Teil der Freizeit von Anton d.J. (Bildmitte mit Zylinder) fand auf Pferderennbahnen statt (Archiv der Stadtgemeinde Schwechat)

Man bezeichnete ihn als extrem liebenswürdig und bescheiden – gemessen an seinem Reichtum und im Vergleich zur aufwendigen Lebensweise eines Rothschild oder der Mitglieder des Hochadels. Der französische Zeitgenosse Clément Deltour, der eine große Zahl von Adeligen, Künstlern und Industriellen der ausklingenden Monarchie beschrieben hat, bezeichnet ihn als »la figure la plus populaire de Vienne«, also den populärsten Wiener seiner Zeit, zugleich aber als einen unermüdlichen Arbeiter.[49] Er war der typische Großindustrielle und Ringstraßenbaron dieser Zeit, war Präsident einer der vielen industriellen Vereinigungen der Jahrhundertwende und Mitglied des leitenden Komitees des Zentralverbandes der Industriellen Österreichs. Das war die Dachorganisation der Industrie-Vereine, die sich später zum Reichsver-

49. Deltour: Nos contemporains, S. 231

band der österreichischen Industrie, der heutigen Industriellenvereinigung zusammenschlossen. Er war bei den Sitzungen, wie man den Protokollen entnehmen kann, häufig entschuldigt, und war kein so aktives Mitglied wie viele anderen Brauerkollegen, aber er war ein Machtfaktor der Industrie am Ende der Kaiserzeit. Auch seine Mitgliedschaft im Herrenhaus von 1902 bis 1918 hat ihn nur bedingt ausgelastet.

Ebenso bekannt wie als Bierkaiser war er als Rennstallbesitzer, dort war er wesentlich aktiver als im Parlament und in den Wirtschaftsgremien. Es lohnt sich auch dieser Passion einige Zeilen zu widmen, weil sie seine Stellung in der Monarchie zeigt. Er war eine der bekanntesten Persönlichkeiten in der Freudenau und schaffte es sogar als einziger Bürgerlicher in den Jockey-Club einzuziehen, einem der feudalsten Clubs des alten Wiens. In diesem Klub des Hochadels saß er sogar im Direktorium und war Mitglied der Rennleitung auf dem Richterturm der Freudenau. Noch nach dem Zweiten Weltkrieg wurde die traditionelle Vorprüfung vor dem großen Derby, der Trial Stakes, Anton-Dreher-Gedenkrennen genannt.

Wie schon sein Vater begann er 1885 mit dem Aufbau eines Rennstalls, anfangs mit wenig Erfolg. Da er lange für seine eigenwillig aussehenden Pferde geneckt wurde, ließ er sie unter dem Decknamen Colonel Anthony laufen. Erst als sich die Erfolge einstellten, lüftete er seine Anonymität. Dann wurde er dank seiner auf seinen ungarischen Landsitzen gezüchteten Pferde Sieger bei vielen großen Rennen, wie z.B. beim Wiener Derby 1915 mit Tovabb. Schon 1900 hatte er mit dem damals berühmten, aber noch nicht von ihm gezüchteten Hengst Capo Gallo nicht nur das Derby, sondern auch viele andere berühmten Rennen in Mitteleuropa gewonnen. Andere Pferde hatten allerdings meist wienerische Namen wie Busserl, Ruabn, Techtelmechtel, Gigerl oder Powidl. Er wettete immer den gleichen Betrag auf sie – 5 Gulden oder nach dem Weltkrieg 200 Kronen – und hatte stets eine riesige Freude, wenn er gewann. Außerdem war er Mitbegründer des Wiener Trabrennvereins in der Krieau und züchtete auch für diese Pferdesportart hervorragende Tiere, wobei er ungarische Pferde mit amerikanischem Traberblut mischte.

Jeder kannte ihn, wenn er mit seinem offenen Fiaker von Schwechat in die Freudenau oder mit einem Viererzug zu den Rennen nach Kottingbrunn fuhr. Seinen Wagenpferden setzte er im Sommer immer große Strohhüte auf, aus denen die Ohren herausragten und die dadurch überall Aufsehen erregten.

Ein zweites Hobby war die Jagd. Bei seinen Jagden im österreichischen Hochgebirge und in Ungarn begleitete er sogar die höchsten Mitglieder des Kaiserhauses, manchmal sogar Kaiser Franz Josef selbst. Er ließ einen Fuchs ausstopfen, den er bei einer Jagd in Ungarn erlegte, an der auch die Kaiserin Elisabeth teilgenommen hatte. Auf diesen war er angeblich so stolz wie auf seine kaiserlichen Auszeichnungen. Sein Schloss in Schwechat »füllten Geweihe und Jagdtrophäen in ungeheurer Menge, und sogar Renn- und Sportandenken mussten hinter die Jagdbilder, gesammelten Jagderinnerung u. dgl. zurücktreten.«[50]

Das war die eine, sehr positive Seite. Auf der anderen Seite war er auch der Paradefall des rein kapitalistisch denkenden Großindustriellen des 19. Jahrhunderts, für den die heute so populäre soziale Verantwortung für seine Kunden, für seine Mitarbeiter und für die Öffentlichkeit sekundär war. Da war er aber ein Kind seiner Zeit und unterschied sich nicht von den anderen Unternehmern, wenngleich er hier eher am unteren Ende der Skala rangierte. Der Schwechater Lokalhistoriker Adolf Ezsöl hat ein nicht sehr schmeichelhaftes Gesamturteil über ihn: »Anton Dreher war ein berüchtigter Brauherr. Viele Familien wurden durch seine brutale Betriebsführung vernichtet. Er behinderte die Organisation der Arbeitnehmervertreter mit Hilfe der willfährigen Schwechater Gendarmerie und ruinierte unzählige Gastwirte, in dem er ihnen gegen Wechsel Geld lieh und diese dann schnell wieder fällig machte. Danach übernahm er ihre Häuser. Auch wenn er von seinem riesigen Kapital immer wieder soziale Einrichtungen förderte, war er doch mehr gefürchtet als beliebt.«[51]

Im betrieblichen Bereich galt das »Königreich Dreher« lange als die Brauerei mit den härtesten Arbeitsbedingungen. In keinem anderen Betrieb gab es so viele Streiks und Unruhen wie in Schwechat. Wir werden noch genauer schildern, dass er 20 seiner Arbeiter, die 1872 bei einem Streik nicht mitmachten, in den Folgejahren mit jeweils fünf Dukaten beschenkte. Die Arbeiter gingen als »Dukatenbrauer« in die Geschichte ein. So spielte er die Arbeiter gegeneinander aus und erstickte jede gewerkschaftliche Regung im Keim. In Schwechat wurde auch das Vazierendenwesen an die Spitze getrieben, wo Arbeiter Kollegen ausschließlich auf eigene Kosten beschäftigten, wenn sie nicht arbeiten konnten oder wollten. Darauf werden wir in den letzten Kapiteln noch ausführlicher eingehen.

In den folgenden Jahren reagierte er auf jede Kampfmaßnahme mit Kündigungen. »Die Zustände, wie sie in der Brauerei bestanden, konnten von den dort Beschäftigten nicht länger ertragen werden. Jeder Vorderbursch und Antreiber führte dort ein eigenes Regime und jeder einzelne konnte seiner Willkürherrschaft die Zügel schießen lassen nach Herzenslust und wehe dem, der sich so einem Gewaltigen nicht willenlos unterwerfen wollte, da gab es mehr

50. Sport-Tagblatt vom 9. August 1921, S. 6

51. Ezsöl: Schwechat – Geschichte ..., S. 96

als derbe Beschimpfungen, ja in sehr vielen Fällen gleich Ohrfeigen und als Entschuldigung dafür den Hinauswurf.«[52] Als 1891 ein Unterstützungsverein der Fassbinder gegründet wurde, dem alle Arbeiter in Wien beitraten, wagte dies in Schwechat kein Einziger. Generaldirektor Erhard verfügte noch 1892 ein Beitrittsverbot für diesen Unterstützungsverein unter Androhung einer sofortigen Entlassung. Typisch für diesen Verein ist die folgende Geschichte: »Einem der Organisatoren, namens Kahr, setzte einmal ein Schwechater Gendarm sein Bajonett an die Brust, wonach der Bedrohte auf die Rechtmäßigkeit der Veranstaltung hinwies. Daraufhin lachte der Gendarm nur höhnisch und sagte: Lassen Sie sich doch nicht auslachen, das gibt's in Schwechat nicht. «[53] Der Gewerkschafter Hans Berka war überhaupt der Meinung, dass »die Gendarmerie, der Bürgermeister von Schwechat und der Bezirkshauptmann von Bruck an der Leitha den Wünschen der Brauereileitung hündisch dienstbar« waren.[54]

52. Huppert: 60 Jahre Organisation, S. 18

53. Stadtgemeinde Schwechat: Der Aufstand der Dreher'schen Brauarbeiter, S. 48

54. Berka: Berühmte Lebensmittelarbeiter, S. 9

Dreher wehrte sich auch lange gegen den bei anderen Brauereien bereits eingeführten Tarifvertrag. Am 4. März 1906 trat die gesamte Belegschaft seiner Schwechater Brauerei der Gewerkschaft bei und schuf damit zumindest einen Gleichstand im bisher ungleichen Kampf gegen Arbeitgeber und Behörden. Ein Jahr später gab es auch in Schwechat einen Kollektivvertrag.

Während sein Vater noch im Betrieb mitarbeitete und zu den Arbeitern eine persönliche Bindung besaß, war der Junior schon als Chef geboren und die meisten Braugehilfen kannten ihn nicht einmal persönlich. Es gab aber auch hier eine andere Seite: Für alle Beschäftigten gab es eine Werksküche, eine Kinderbewahranstalt und einen Kindergarten, Reinigungs- und Schwimmbäder und sogar ein eigenes kleines Spital. Für die »braven Beamten«[55] hatte Dreher weitere arbeitsrechtliche Zuckerln. Es gab einen eigenen Pensionsverein, zu dem die Beamten drei Prozent ihres Lohnes (maximal 600 Kronen jährlich) betragen mussten. Acht Prozent ihres Lohnes wurden in gleichen Teilen von der Brauerei und von Dreher selbst aus seinem eigenen Vermögen dazubezahlt. Außerdem gab es nur für diese Berufsgruppe acht Freiplätze in der Kuranstalt Baden. Man kann zusammenfassend sagen, dass er für alle da war, die in seinem Sinne arbeiteten, aber alle bekämpfte, die moderneres Arbeitsrecht forderten.

55. Im 19. Jahrhundert war in der Brauindustrie für die Angestellten stets das Wort »Beamte« üblich. Dies wird deshalb auch im folgenden Text verwendet.

Er galt als bedeutender Mäzen in den letzten Jahren der Monarchie. Allerdings hatte er im Gegensatz zu den anderen Brauherren kein großes Interesse daran, durch die Schaffung sozialer oder kultureller Projekte etwas für die Nachwelt zu schaffen oder als Wohltäter für die kommenden Jahrzehnte zu gelten. In anderen Ländern hinterließen Brauherren mit seiner Bedeutung, allen voran der Däne Carl Jacobsen von der Carlsberg-Brauerei, ihrer Heimatstadt mit Hilfe einer Stiftung bedeutende Forschungsinstitute und Museen. Auch die Namen von Drehers Wiener Konkurrenten Mautner, Faber und Kuffner waren durch ihre Sponsortätigkeit lange Zeit noch im öffentlichen Leben präsent. Für ihn war die Spendentätigkeit reine Pflicht. Man muss aber auch bedenken, dass Dreher im Gegensatz zur Familie Mautner Markhof keine Nachkommen besaß, die in langen Artikeln seine gemeinwohlorientierten Werke beschrieben und Public Relations im modernen Sinn für ihn machten. Als einzige bleibende Einrichtung, die heute noch seinen Namen trägt, gibt es noch eine Anton-Dreher-Gedächtnis Stiftung für medizinische Forschung, die aber offensichtlich bereits mit dem Geld seines Vaters errichtet wurde.

Dreher spendete, wenn es sein musste oder wenn er sich dadurch Vorteile wie kaiserliche Ehrungen erhoffte. Es fällt auf, dass er bei Thronjubiläen und vor kaiserlichen Ordensverleihungen sehr aktiv war. Ein typisches Beispiel: Zum 50. Regierungsjubiläum des Kaisers 1898 stellte er den Baugrund für das Blindeninstitut in der Wittelsbachstraße (Leopoldstadt) zur Verfügung, nachdem er von Editha Mautner von Markhof, der Tochter seines großen Konkurrenten, und vom Landesstatthalter von Niederösterreich Graf Kielmannsegg »höflich« darum gebeten wurde. Zum 60. Thronjubiläum Kaiser Franz Josefs arrangierte er in Schwechat einen Fackelzug, der zum Kaiserdenkmal führte, das auf einem von ihm zur Verfügung gestellten Platz stand. Wie die anderen Brauherrenfamilien war er sich bewusst, dass er wie ein alter Grundherr agieren musste und so war er auch ein Förderer seiner Gemeinde. Seine Spenden waren hier um ein Vielfaches höher als wir es bei seinen Konkurrenten in Ottakring, St. Marx und Floridsdorf erleben werden. So stellte er 1898 und 1909 rund 200.000 Gulden zum Bau der Schwechater Bürgerschule zur Verfügung, 10.000 Gulden widmete er 1883 dem ersten Kindergarten von Schwechat und er war der Hauptförderer der Fürsorgestelle für Lungenkranke. Um eine Relation zu seiner Vermögenslage herzustellen: Dreher verdiente damals mehr als 1 Mio. Gulden (rund 10 Mio. Euro) im Jahr.

Anton Dreher jun.

Er stellte seine Betriebsfeuerwehr, auf die er große Stücke hielt und die von seinem Sohn Anton Eugen geführt wurde, unentgeltlich der Gemeinde zur Verfügung. Der Bevölkerung Schwechats schenkte er aus seinen ungarischen und tschechischen Landwirtschaften Lebensmittel, als die Versorgungslage ab 1917 knapp wurde.

Ob seine Spendentätigkeit in Anbetracht seines Vermögens viel oder wenig war, soll dem Leser überlassen werden. Mit seinem Jahreseinkommen von 2,6 Mio. Kronen war er im Jahr 1910 der siebentreichste Wiener.

Sein Geldvermögen wurde mit 240 Millionen Kronen (rund 1,2 Mrd. Euro) angeführt, ein Vielfaches davon waren aber noch seine Schlösser, Palais, Fabriken, Grundstücke, Kunstsammlungen und sein Rennstall wert, so dass es insgesamt wohl 600 bis 800 Mio. Kronen betrug.[56] Wenn man bedenkt, dass ihm sein Vater rund 10 Mio. Gulden (100 Mio. Euro) hinterließ, so hat er dieses Vermögen – auf die heutige Kaufkraft umgerechnet – mehr als verzehnfacht. Das »Wiener Journal« bezeichnete 1904 sein Vermögen nach dem der Familie Rothschild, des Erzherzogs Friedrich und des Fürsten Liechtenstein als das vierthöchste im damaligen Österreich.

56. Diese Zahlen stammen aus einer Schätzung der »Wiener Sonn- und Montagszeitung« in der Ausgabe nach seinem Tod am 8. August 1921, S.2, und eines Artikels in der Regionalzeitung »Der neue Bezirksbote« am 18. Juni 1904, S.4 sowie aus Sandgruber: Traumzeit für Millionäre, S.27

Begräbnis Anton Drehers jun. im August 1921 in Schwechat
(Archiv der Stadtgemeinde Schwechat)

Als er starb, galt er als Relikt einer nicht mehr bestehenden Gesellschaft. In diese hatte er in seinen letzten Lebensjahren, die in die wirtschaftlich schwierige Nachkriegszeit fielen, nicht mehr hineingepasst. Die zahlreichen Nachrufe widmeten sich in gleichem Maße Drehers Rennstall wie der Aktiengesellschaft[57], die in diesem Jahr das Brauhaus Schwechat samt der Kaiser-Ebersdorfer Kelleranlage sowie den Mälzereien »Popper« und »Figdor« in Schwechat, die Brauereien St. Marx, Simmering, Hütteldorf, Jedlesee und

57. Neue Freien Presse vom 8.8.1921, S. 4, Reichspost vom 8. August 1921, S. 3, Sport-Tagblatt vom 9. August 1921, S.5 f., Wiener Sonn- und Montagszeitung vom 8. August 1921, S.2, Pester Lloyd vom 8. August 1921, S.3

Waidhofen a. d. Thaya, die Malzfabriken in Floridsdorf und am Handelskai in Wien, zusammen also sechs Brauereien, vier Mälzereien und 92 verschiedene Realitäten wie Bierhallen, Bierniederlagen und Wohnhäuser umfasste. In den Zeitungen findet man Sätze wie: »Seine Individualität und typische Figur wird in der Erinnerung dieser Stadt weiterleben und die Chronik dieser Stadt erhält zu den Kapiteln Lueger, Lobmeyer und Bösendorfer ein weiteres, sie ergänzendes und erfüllendes.« Oder: »Einer der größten Industriellen des alten Österreich, der älteste aktive Sportsmann unseres Turfs und eine der bekanntesten Persönlichkeiten Wiens überhaupt«.[58]

58. Sport-Tagblatt vom 9. August 1921, S.6 und Wiener Salon-Blatt vom 20. August 1919, S.8

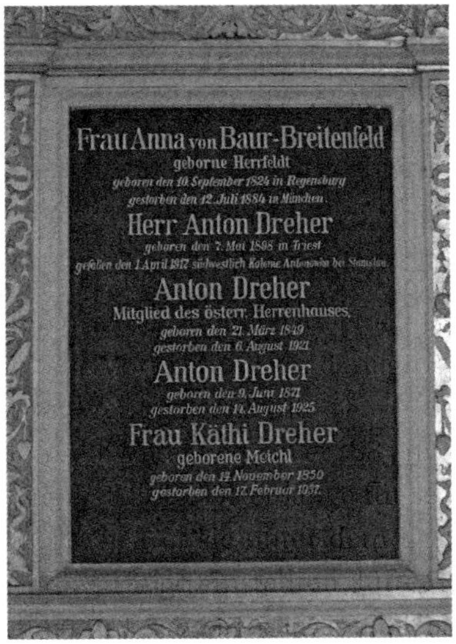

Eine der beiden Tafeln im Mausoleum (Foto des Autors)

Auch seine Gattin Katharina (Käthe) war in eigener Sache auch noch zu Lebzeiten ihres Mannes karitativ tätig. So gründete sie u.a. in Oberlanzendorf in jenem Gut, wo Franz Anton Dreher 1773 das Brauhandwerk begonnen hatte, das Kaiserin-Elisabeth-Asyl für verkrüppelte Kinder und in Schwechat einen Kindergarten. Nach der Ermordung der Kaiserin Elisabeth brachte sie für die nach der Monarchin benannten Kirche und den Alpengarten auf dem Hochschneeberg den größten Teil der Spenden auf. Deshalb durfte sie im Juni 1902 Kaiser Franz Josef, der mit der damals gerade fünf Jahre alten Zahnradbahn bis zur Bergstation gefahren war, vor dieser Kirche empfangen. Da sie neben der Gattin des Grafen Hoyos, dem der Schneeberg damals gehörte, die einzige Frau beim anschließenden Essen im Hotel Hochschneeberg war, saß sie sogar an der Seite des Kaisers. Ihr Mann ließ ihr diese Ehre allein, er war nicht auf den Berg mitgefahren. Kurz danach erhielt sie den Elisabeth Orden, den einzigen Damenverdienstorden der Monarchie, aber »nur« in seiner niedrigsten Stufe, der 2. Klasse. Der Kaiser hatte schon in früheren Jahren Käthe Dreher eine besondere Wertschätzung erwiesen, als er ihr »bei einem repräsentativen Ballfest den Arm bot und sie in den Saal geleitete, während Kaiserin Elisabeth am Arm von Anton Dreher einzog.«[59]

59. Wiener Zeitung vom 19. Juni 1902, S.14

Im Ersten Weltkrieg bewährte sich Käthe bei der Oberaufsicht über ein Rekonvaleszentenspital für 80 verwundete Soldaten, das sich im Brauereigelände befand und von ihrem Gatten finanziert wurde. Sie dürfte auch eine durchaus emanzipierte Frau gewesen sein, sie rauchte wie die legendäre Frau Sacher Zigarren und überlebte ihren Gatten um 16 Jahre. Als Erbin eines großen Vermögens residierte sie zuletzt allein, von einer großen Schar von Personal umgeben, im Schwechater Dreher-Schloss und starb erst 1937.[60] In diesem Schloss hing an exponierter Stelle ein Stich von ihr, auf dem sie angeblich der Kaiserin zum Verwechseln ähnlich sah. »Es war Dreher stets ein großes Vergnügen, wenn er einen neuen Besucher fragen konnte, wen das Bild dar-

60. Ihr Tod war der Neuen Freien Presse noch ein zwanzigzeiliger Artikel wert. Ausgabe vom 18. Februar 1937, S.6

stellte, und dieser natürlich auf die Kaiserin tippte.«[61] Man kann wahrscheinlich behaupten, dass der Kaiser von allen nichtadeligen Familien zu Anton und Käthe Dreher das herzlichste Verhältnis hatte. In ihrem Nachruf beschrieb man sie im Neuen Wiener Tagblatt als »außerordentlich gebildet und trotz ihres immensen Reichtums von großer Bescheidenheit und außerordentlichem Wohltätigkeitssinn.«[62]

61. Wiener Wochenausgabe Nr.19/1949, S.7

62. Neues Wiener Tagblatt vom 18.2.1937, S.1

Anton d.J. im Jahr 1920 mit seiner Gattin Käthe (Archiv der Stadtgemeinde Schwechat).

Eine Familientragödie
Anton Eugen und Theodor Dreher

Eigentlich hätte Anton Dreher jun. nichts Besseres bezüglich der Unternehmensnachfolge passieren können, als drei gesunde Söhne zu bekommen: Anton Eugen, Eugen und Theodor. Doch das Schicksal meinte es mit seiner Familie nicht gut und zwischen 1914 und 1926 starben nicht nur zwei seiner Söhne, sondern auch die beiden einzigen Enkelsöhne.

Die Familie Dreher mit den Führungskräften der Brauerei aus dem Jahr 1911. Vorne sitzend Anton III. (links) und Anton Dreher jun. (rechts). In der 2. Reihe 2.v.l. Eugen und 3.v.l. Theodor. In der 3. Reihe ganz links Franz Aich jun. und 3.v.l. Alfons Erhard. (Archiv der Stadtgemeinde Schwechat)

Beginnen wir die weitere Familiengeschichte beim jüngsten Sohn Theodor. Er absolvierte gemeinsam mit seinen älteren Brüdern die Ausbildung zum Brauherrn bei einem Praktikum in der Sedlmayerschen Brauerei und einem Studium am Polytechnikum in München. Dann bezahlte ihm sein Vater 1898 eine fünfmonatige Weltreise nach Nordamerika und Australien, um dort »sein industrielles und agrarisches Wissen zu vervollkommnen.«[63] Mit ihm schien eine Art früher Playboy heranzuwachsen, denn er verlegte seinen Hauptwohnsitz nach Triest, war für die Leitung dieser Brauerei vorgesehen, widmete sich aber tatsächlich dem angenehmen Leben. Im Gegensatz zur sonst reitsportverliebten Familie war er ein Fan des Autorennsports. 1904 kaufte er einen Mercedes mit 80 PS, mit dem er noch im gleichen Jahr ein Rennen auf der Semmering-Bergstraße gewann. Dieser Wagen galt damals als das schnellste und sicherste Auto. Mit seiner ungestümen Fahrweise dürfte er zumindest in Schwechat nicht nur Aufsehen, sondern auch Ärger der Bürger erregt haben.[64]

63. Gambrinus Nr. 5/1898, S. 173

64. Siehe Ezsöl: Das erste Auto in Schwechat. Schwechater Rundschau vom 9. Jänner 1991, S. 8

1905 mit 31 Jahren wurde er bei der Gründung der Aktiengesellschaft nicht Vizepräsident, sondern nur einfaches Mitglied des Verwaltungsrates der Dreherschen Brauerei, ebenso 1913 der Vereinigten Brauereien. Im April 1914 kam er als »unbekümmerter Schnellfahrer« bei einem Autounfall im Raum Klagenfurt ums Leben, nur sechs Monate nach der Hochzeit mit Edeltrud, der Tochter eines Grafen Bopp von Oberstadt. Kurz nach seinem Tod kam sein Sohn Oscar zur Welt. Dieser war zwar nur die Nr. 2 in der »Thronfolge« nach seinem Onkel Anton III., aber da dieser bei seinem ebenfalls sehr frühen Tod 1925 nur eine Tochter hinterließ, wäre er der Universalerbe geworden. Doch das Sterben im Hause Dreher ging weiter: Oskar verschied 12jährig im Februar 1926 an einer Gehirnhautentzündung.

Anton Eugen Dreher (1871–1925), der älteste Sohn Anton Drehers jun.

Drehers ältester Sohn Anton III. Eugen absolvierte wie Theodor die klassische Brauherrenausbildung und heiratete 1895 Margarete Friderici, die einige weitere landwirtschaftliche Unternehmen in die Familie einbrachte und Mutter seiner beiden Kinder Katharina (genannt Kitty) und des gleichnamigen Anton IV. Eugen wurde. Sein Sohn fiel bereits 1917 an der galizischen Front, die Nachkommen seiner Tochter leben noch heute im Wiener Umland. Auch er begann seine Berufslaufbahn mit der Leitung der Brauerei in Triest, nach dem Weltkrieg kehrte er nach Wien zurück und unterstützte seinen Vater. Wenn sein Vater länger gelebt hätte, wäre er auch für die Leitung der tschechischen Herrschaften vorgesehen gewesen, die dann von seiner Tochter übernommen wurden. Politisch betätigte er sich nur einige Jahre bis zum Ende der

Monarchie im niederösterreichischen Landtag und im Schwechater Gemeinderat. Mehr Engagement als in der Politik zeigte er als Kommandant der Feuerwehr. Im Weltkrieg bewährte er sich als Linienschiffsleutnant. Nach dem Tod seines Vaters übernahm er 1921 in einer schwierigen Zeit das Präsidentenamt der Vereinigten Brauereien, dürfte sich aber mehr den land- und forstwirtschaftlichen Aufgaben als dem Brauereigewerbe gewidmet haben.

Anton Eugen Dreher musste die rückläufigen Ausstoßziffern der Nachkriegszeit verkraften. In Niederösterreich ging der Bierkonsum zwischen 1913 und 1937 von 100 auf 25 l pro Kopf und Jahr zurück. In diesen Jahren konnten nur mehr die wirtschaftlich arbeitenden Großbrauereien überleben, viele kleinere mussten zusperren. Im Jahr 1937 gab es nur mehr 4 der 14 Wiener Brauereien des Jahres 1913.

Theodor Dreher (1874–1914, auf dem Beifahrersitz) war ein Autonarr und starb auch bei einem Autounfall. Foto aus dem Jahr 1904 (Archiv der Stadtgemeinde Schwechat)

Dazwischen gab es aber noch »ein Jahrzehnt des Bieres«. Nachdem in Wien erst 1923 statt des Kriegsbieres wieder »normales« Lagerbier produziert werden konnte, gab es nach Beendigung dieser nachkriegswirtschaftlichen Einschränkungen noch kurzfristig Ausstoßrekorde. Nie vorher und nachher war der Alkoholverbrauch so sehr vom Bier dominiert wie in diesen »wilden« Zeiten.[65] In Schwechat wurden im Jahr 1925 erstmals eine Million hl produziert, ohne dass dies besonders gefeiert wurde. Grund dafür war auch, dass die finanzielle Lage des Unternehmens sehr angespannt war. Nur die Ausdehnung des Bierkartells auf ganz Österreich durch den Gegenseitigkeitsvertrag mit dem Schutzverband alpenländischer Brauereien brachte eine spürbare, aber nur kurzfristige Erholung.[66] Aus diesem Grund kann man diese Jahre nach der Zäsur des Ersten Weltkriegs mit Einschränkungen auch als die letzten unseres »goldenen Bierjahrhunderts« bezeichnen.

Anton Eugen überlebte den Ausstoßrekord jedoch nicht. Er starb 1925, so dass auch dieser Familienzweig in männlicher Linie ausstarb. Anton Eugen galt als »bescheiden, fast zurückgezogen. Er war in jeder Hinsicht ein echter Patrizier und trat nur ungern in die Öffentlichkeit.«[67] Trotzdem hat ihn die Lokalpresse 1908 mit dem Selbstmord der Halbweltdame Mizzi Veith in Zusammenhang gebracht, in deren damals berühmten Tagebuch er aufschien.[68] Seine Tochter Kitty heiratete 1916 den k.u.k. Fregattenkapitän Alfons Wünschek und erbte von ihrem Vater den tschechischen und österreichischen Landwirtschaftsbesitz, der nicht in die Aktiengesellschaft eingebracht worden war. Mit ihr werden wir uns gleich weiter beschäftigen.

Nun übernahm sein jüngerer Bruder Eugen die Vormundschaft für Oskar und wäre logischer neuer Präsident des Verwaltungsrates geworden. Er war bereits ungarischer Staatsbürger und führte in seiner neuen Heimat ein großes Unternehmen. In Wien glaubte er sich auf den altgedienten Generaldirektor Alfons Erhard und Oskars Großvater, Graf Bopp von Oberstadt, bis zur Volljährigkeit seines Neffen Oskar verlassen zu können. Dreher-Biograph Promintzer schreibt: »Mit fürchterlicher Konsequenz nahm das Verhängnis, das wie eine verderbenbringende Wolke über dem Hause stand, seinen Lauf.«[69] Als innerhalb von kurzer Zeit Oskar Dreher und auch Alfons Erhard starben und sich auch der Graf aus dem Geschäft zurückzog, war Eugen Alleinerbe und Alleinverantwortlicher für das gesamter Dreher-Imperium.

Eugen hatte keinen Sohn und nun auch keinen Vertreter in Wien. In Ungarn war er mit seinem Unternehmen mehr als ausgelastet. Das alles veranlasste ihn, seinen Aktienbesitz an den Vereinigten Brauereien einem Bankenkonsortium unter der Führung der Creditanstalt zu verkaufen. Weder die Familien Mautner Markhof noch Meichl hatten damals das nötige Vermögen, dies zu verhindern. Das Konsortium kaufte zu den 20.000 Aktien, die es be-

65. Sandgruber: Bittersüße Genüsse, S. 38

66. Siehe Seite 206

67. Nachruf in Gambrinus Nr. 8/1925, Titelblatt

68. Wiener Wochenausgabe Nr.19/1949, S.7. Mizzi Veiths Schicksal hat Arthur Schnitzler in seinem Stück »Comtesse Mizzi« verarbeitet.

69. Promintzer: 300 Jahre, S. 73

reits besaß, noch 70.000 Aktien von Eugen und 40.000 aus der Verlassenschaft von Anton Eugen. 40.000 Aktien besaßen damals die Familien Mautner und Meichl. Die Stimmrechte in der Hauptversammlung waren bis dahin so verteilt, dass die Familie Dreher einen Anteil von 48%, die Familie Mautner Markhof rund 25%, die Familie Meichl rund 12% und das Bankenkonsortium 14% besaß. Das änderte sich grundlegend: 1929 besaß das Bankenkonsortium nach einer Kapitalaufstockung und der Fusion mit anderen Brauereien, vor allem mit Hütteldorf, bereits 79% der Stimmrechte, die Familie Mautner Markhof hielt nur mehr 6% und Georg Meichl 5%.

Wie zu Alfons Erhards Zeiten war der wirkliche Chef der Brauerei weiterhin ein angestellter Generaldirektor, der nun Konrad Schneeberger hieß. Beschäftigen wir uns also noch mit diesen beiden Herren.

Erhard, dessen Vater mit der Familie Sedlmayer verschwägert war, kam als 24-jähriger 1886 nach Wien, wo er zuerst in St. Marx und bereits ein Jahr später in Klein-Schwechat als Nachfolger von August Deiglmayr als Betriebsleiter tätig war. Durch seine guten Kontakte zu den Familien Mautner und Meichl wurde er ein führender Experte des Wiener Brauwesens. Er schaffte es als erstes Nicht-Mitglied einer Brauherrenfamilie 1905 zum Vizepräsidenten und 1908 zum Präsident des Brauherrenvereins, 1911 auch zum Präsidenten des Zentralverbandes der österreichischen Brauindustriellen-Vereine gewählt zu werden. Mit ihm starb 1926 der letzte »Hüter der Dreher-Tradition«. In seinen letzten Lebensjahren dürfte er aber maßgeblich am Niedergang der Vereinigten Brauereien Schuld getragen haben und wurde auch größerer Unterschlagungen beschuldigt. Ob diese und/oder hohe Privatschulden die Ursache waren, dass er seinem Leben selbst ein Ende bereitete, wird sich wohl nie aufklären lassen.

Konrad Schneeberger wurde 1866 geboren, absolvierte die Brauakademie Weihenstephan in Bayern und begann in einer kleinen Brauerei in Mürzzuschlag. 1900 wechselte er in die Hütteldorfer Brauerei, von der er nach Erhards Tod nach Schwechat kam. Seine alte Brauerei brachte er sozusagen als Morgengabe mit, doch seine vordringliche Aufgabe war eine großzügige Anpassung seiner neuen Brauerei an die modernen Verhältnisse. Zwischen 1927 und 1930 wurde das Schwechater Brauereigelände generalrenoviert und die Produktion interimsmäßig nach Simmering verlagert, wo seit 1917 der Betrieb eingestellt war und wo Georg III. Meichl noch einmal das Kommando übernahm. Auch in Hütteldorf wurde wegen der Umbauarbeiten noch ein paar Jahre weitergebraut.

Alfons Erhard (1862–1926), Generaldirektor der Dreherschen Brauereien von 1887–1926. (Archiv der Stadtgemeinde Schwechat)

Konrad Schneeberger (1866–1936), Erhards Nachfolger als Generaldirektor bis 1936. (Archiv der Stadtgemeinde Schwechat)

Schon 1927 hatte die Jedleseer Brauerei, 1930 endgültig die Simmeringer und die Hütteldorfer Brauerei, sowie 1936 die St. Georgs Brauerei ihre Pforten geschlossen. Arbeitsplatzerhaltung hatte bei diesen Überlegungen keine sehr hohe Priorität. 1928 wurde außerdem eine Brauerei in Waidhofen an der Thaya erworben, nach dem Krieg auch die Brauerei Nussdorf. Insgesamt war die Schwechater Brauerei am Untergang von 15 Wiener und niederösterreichischen Brauereien beteiligt.[70]

70. Mautner Markhof: Von irgendwo in alle Welt, S. 147

Schneeberger arbeitete unter der Maxime »Modernisierung und Rationalisierung, größte Ökonomie und Betriebssicherheit bei Wahrung der Qualität« und ließ um rund 1,2 Mio. Schilling (ca. 3,4 Mio. Euro) eine moderne Faßwäscherei, Binderei und Pichanlage bauen. Nach ersten Versuchen kurz nach dem Krieg mit Betontanks und Erdpechauskleidung entstand 1928/29 ein neuer, etwa 40.000 hl fassender Gärkeller sowie ein 170.000 hl aufnehmender Lagerkeller. In den drei in den Schwechater Boden eingegrabenen Stockwerken gab es insgesamt 342 Betontanks mit je 450 bis 600 hl Inhalt. Das war damals die größte derartige Anlage Europas, ein Meilenstein in der Lagertechnik. Nun verschwanden endgültig die offenen Gärbottiche. Die Tanks aus rostfreiem Stahl setzten sich erst nach dem Zweiten Weltkrieg durch.

1932 bedeckte die Brauerei eine Fläche von 363.000 m2, beschäftigte ca. 1000 Arbeiter und Angestellte, hatte 225.000 Transportfässer zur Verfügung, die durch 100 Pferde, fast 200 Lastkraftwagen und der Privatbahn mit zwei Lokomotiven und 50 Güterwagen zu den Verbrauchern versendet wurden. Ohne diese Rationalisierungen hätte die Brauerei diese wirtschaftlich schwierigen Jahre kaum überlebt, denn der Bierkonsum ging nach der Wirtschaftskrise 1930 stark zurück. Das ökonomische Umfeld verschlechterte sich zunehmend, so dass es wieder zur Reduzierung des Aktienkapitals kam. Es gelang auch nicht, ein zweites Standbein mit antialkoholischen Getränken zu schaffen.

Am 12. Dezember 1935 konnte Schneeberger noch stolz verkünden, dass alle Darlehen an das Bankkonsortium zurückbezahlt wurden und die Aktiengesellschaft wieder schuldenfrei sei. Das war insofern eine wirtschaftlich beachtliche Leistung, als die Rationalisierung und Entschuldung in die Zeit der Weltwirtschaftskrise und des ständig sinkenden Bierkonsums fiel. Der Preis dafür war der Rückzug auf die Verkaufsgebiete in Wien, Niederösterreich und im nördlichen Burgenland sowie der Verkauf der Brauereien in Michelob und in Triest.

Sein Tod im Jahr 1936 war deshalb ein schwerer Schlag für das Unternehmen, sein Name blieb mit der Konzentration der österreichischen Brauindustrie und der Modernisierung der Brauerei Schwechat eng verbunden.

Da die Creditanstalt nach ihren Schwierigkeiten im Jahr 1931 nicht sonderlich an der Aktienmehrheit interessiert war und die Familie Mautner Markhof sich inzwischen nach ihren wirtschaftlichen Turbulenzen in der Nachkriegszeit erholt und finanziell saniert hatte, kam es zum nächsten Paukenschlag in der Geschichte der Brauerei in Schwechat. Diese Familie kaufte 50.000 Aktien und übernahm damit die Nachfolge der Familie Dreher, die sich endgültig aus dem Wiener Braugeschäft verabschiedete. »Dreher« und »Schwechat« waren für das 19. und beginnende 20. Jahrhundert untrennbare Begriffe, für die nächsten Generationen des 20. Jahrhunderts waren das dann »Mautner Markhof« und »Schwechat«. Wir verlassen deshalb nun in den nächsten 37 Seiten die Vereinigten Brauereien und werden uns wieder im Rahmen der Familiengeschichte der Familie Mautner Markhof im Jahr 1935 mit der weiteren Entwicklung des Braugiganten beschäftigen. Zuvor wollen wir uns noch kurz mit dem Schicksal der ausländischen Dreherbrauereien und mit Eugen Dreher beschäftigen, der endgültig nach Budapest zurückgekehrt war.

Eugen Dreher (1872 – 1949)

Die letzten Dreher in der Tschechoslowakei und Ungarn Katharina Wünschek-Dreher und Eugen Dreher

1919 wurden die Betriebe in der Tschechoslowakei kurzfristig vom tschechoslowakischen Staat beschlagnahmt und vom Militär besetzt. Die Familie Dreher erhielt erst 1922 wieder ein Verfügungsrecht unter der Auflage, dass sie nach tschechischem Recht nicht mehr als Filialbetriebe geführt werden durften. Daraufhin wurde Michelob aus den Vereinigten Brauereien ausgegliedert, in eine eigene Aktiengesellschaft umgewandelt und einige Jahre später im September 1928 von Katharina (Kitty) Wünschek-Dreher, der Tochter und Alleinerbin Anton Eugens, übernommen und stillgelegt. Kitty besaß aber auch die »Anton Drehers Exportbrauerei in Saaz«, wo weiterhin ein ausgezeichnetes Bier produziert wurde. In Michelob verwaltete sie weiterhin wie in Saaz die landwirtschaftlichen Flächen, die hauptsächlich dem Hopfenanbau gewidmet waren und der Brauerei in Schwechat die in der Zwischenkriegszeit so schwer erhältlichen Rohstoffe lieferten. Nach dem Intermezzo in der Nazizeit wurden Michelob und Saaz 1945 wieder Teil der Tschechoslowakei, alle »Deutschsprachigen« wie die Familie Wünschek wurden vertrieben, die Unternehmen 1948 vom kommunistischen Regime verstaatlicht. Kitty und Alfons Wünschek flüchteten mit ihren beiden Töchtern Katharina und Sofia nach Weyer in Oberösterreich, wo die Familie neben den Schwechater Gütern einen weiteren Grundbesitz in Österreich besaß. Ihre Nachkommen leben noch heute südlich von Wien in Achau und Himberg.

Die Triester Brauerei in der Via Giulia, die jährlich bis zu 56.000 hl produzierte und ihr Bier per Schiff bis Japan, Australien und Brasilien ausführte, wurde bis 1919 von den Söhnen des jüngeren Anton Dreher geführt. Nach dem Ersten Weltkrieg wurde sie vom italienischen Militär besetzt und erst 1923 nach einem Wirtschaftsübereinkommen zwischen Österreich und Italien als eigene Firma nationalisiert und im September 1926 in eine eigene Gesellschaft unter dem Namen »Società Anonima Birra Dreher Trieste« umgewandelt. Eugen Dreher verkaufte das Unternehmen 1928 an die Familie Luciani, die bereits Eigentümer der Pedavena-Brauerei war. Vom Dreherschen Brauereigebäude in der Via Giulia selbst gibt es nicht mehr viel zu sehen, nur in einem Einkaufszentrum, das an ihrer Stelle steht, wird noch mit einer Gedenktafel an sie erinnert.

Das ungarische Unternehmen in Budapest-Köbanya (früher Steinbruch), das bereits seit 1908 eine selbständige Aktiengesellschaft war, wurde von Eugen (in Ungarn nannte er sich Ernö) Dreher nach den Wirren der Nachkriegszeit erfolgreich geführt. Er eröffnete eine Kognakfabrik und bildete mit anderen ungarischen Brauereien eine Interessengemeinschaft. Dazu führten wieder zwei Hochzeiten mit der Budapester Brauherrenfamilie Haggenmacher, seinem größten Konkurrenten in Budapest. Eugen heiratete 1898 Luise (Lilly) Haggenmacher, die Tochter des Brauereichefs Henrik. Emma Aich, eine Cousine von Eugen Dreher, heiratete zugleich den gleichnamigen Erben Henrik Haggenmacher jun. Emma war eine Tochter jenes Franz Aich, der interimistisch die Brauerei in Klein-Schwechat bis zur Volljährigkeit des jüngeren Anton geleitet und der dessen Schwester Klara geheiratet hatte. Auch Emmas Bruder George Aich war im Aufsichtsrat tätig. Nicht nur Emmas und Georges Vater, sondern auch ihr Bruder Franz, der 1911 starb, hatten als Generaldirektor die Budapester Brauerei geleitet. In Budapest war auch ein Anton Widter als Braumeister tätig, der aus jener Familie stammte, in die Franz Anton Dreher 1804 eingeheiratet hatte und der den älteren Dreher nach 1842 während seiner Krankheit unterstützt hatte. Hier hat das dynastische Denken der Familie die größten Früchte getragen und am längsten überlebt.

Anlässlich der Hochzeit von Eugen hatte sein Vater in Martonvásár, 17 km südwestlich von Budapest den Brunswick-Landsitz gekauft, der aus einem im Tudor-Stil kurz zuvor umgebauten Schloss aus der Barockzeit und riesigen Gärten bestand. Dort errichtete Eugen einen Musterbauernhof mit Kühen und einer Reitsportanlage, mit deren Pferden sein Vater in Wien und er selbst in Ungarn viele Rennen gewannen. Im Jahr nach dem Tod seines Vaters siegte Lavendel II, Eugens bestes Pferd, sowohl im Ungarischen als auch im Österreichischen Derby. Eugen war auch Obmann der Rennleitung des Ungarischen Jockey-Clubs.

Das Schloss Martonvásár in Ungarn bekam Eugen anlässlich seiner Hochzeit von seinem Vater geschenkt. Er ist dort begraben.

Aus Eugens Ehe mit Luise entstammen drei Töchter, der einzige Sohn starb bei der Geburt. Erzsebet (Elisabeth), die älteste Tochter, starb 1919 mit 17 Jahren an Tuberkulose. So überlebten nur seine Töchter Maria und Anna Maria. Anna heiratete Belà Hardy, Anna Maria den ehemaligen Postminister Lászlo Baron Szalay und verloren damit den Familiennamen Dreher.

Eugen Dreher hatte durch den Verkauf der österreichischen Aktien ein großes Vermögen erworben, das er in den Kauf ungarischer Unternehmen investierte. Es begann mit der Zusammenarbeit zwischen seiner Brauerei mit den Haggenmacher, Steinbrucher und Budafoker Brauereien, die von den Schwagern Henrik, Oskar und Robert geleitet wurden. Die Erste Ungarische Aktienbrauerei wurde in den folgenden Jahren ebenso gekauft wie kleinere Brau-

Eine Biertafel, die man heute noch in Budapester Lokalen bewundern kann (Foto des Autors)

Mit Drehers Schwarzbier wollte die Brau AG vor einigen Jahren noch einmal mit dem Namen Dreher auf den Markt kommen.

ereien, eine Kakao- und Schokoladefabrik, drei Hotels in Budapest und die Haggenmacher Textilwerke. 1933 wurden alle diese Unternehmen unter dem Namen »Dreher-Haggenmacher Erste Ungarische Aktienbrauerei AG Budapest Köbanya« in einer gemeinsamen Aktiengesellschaft zusammengeschlossen, die den Zweiten Weltkrieg mit viel Mühe überstand. Vor dem Zweiten Weltkrieg hatte diese Brauerei jedoch 70% Marktanteil in Ungarn. 1946 versuchte Eugen Dreher einen Neustart, er gab frische Aktien aus, doch bei der Umwandlung Ungarns in eine Volksrepublik wurden seine Unternehmen verstaatlicht und er verlor auch seinen Wohnsitz in Martonvásár. Damit endete auch die Brauereitätigkeit der ungarischen Dreherfamilie. Eugen starb enteignet und mittellos 1949 in Budapest. Seine Gattin verließ mit ihren zwei Töchtern das Land und starb in hohem Alter von 94 Jahren in der Schweiz.[71] Beide wurden im Mausoleum von Martonvasar, das inzwischen in eine Landwirtschaftsschule umgewandelt wurde, bestattet.

71. Wiener Wochenausgabe Nr.19/1949, S.7.

1992 wurde die Brauerei wieder entstaatlicht und in eine Aktiengesellschaft umgewandelt, die 1997 das Recht erhielt, wieder den Namen Dreher führen zu dürfen. Die Familie Dreher war aber nicht daran beteiligt, das Unternehmen wurde vielmehr 2002 von einer südafrikanischen Brauerei übernommen. Ihr Dreher-Lager gilt als eines der besten Biere Ungarns und es wurde inzwischen auch ein Biermuseum eröffnet.

Während der Name Dreher-Bier in unserem östlichen und südlichen Nachbarland demnach noch allgemein bekannt ist, gibt es außer einem kurzfristigen Versuch, in Schwechat ein dunkles Dreher-Schwarzbier zu erzeugen, keine Reaktivierung dieses berühmten Namens. Das Recht hätte die Brau Union Österreich, die aber einen Markenkrieg mit einem Unternehmer in Pottenstein führt, der »Dreher-Brauanlagen« erzeugt, aber kein Bier mit diesem Namen erzeugen darf.

Die »anderen« Dreher in Währing und Oberdöbling Konrad Dreher und Leonhard Dreher

Zum Abschluss der Familiengeschichte Dreher kehren wir noch einmal an deren Beginn zurück und wollen uns mit zwei Nebenlinien beschäftigen. Wir wissen bereits, dass der Wiener Familiengründer Franz Anton Dreher 1760 bei seiner Ankunft in Wien von einem Johann Nepomuk Dreher, dessen Verwandtschaftsgrad nicht mehr zu ermitteln ist, unterstützt wurde. Verwandt waren sie mit hoher Wahrscheinlichkeit, weil Johanns Sohn Konrad (1805–1875) in der Familiengruft in Schwechat bestattet wurde. Deshalb wollen wir uns ein bisschen dieser Nebenlinie widmen.

Erinnern wir uns: Johann Nepomuk war viele Jahre als Braumeister in Klein-Schwechat tätig, weil sich Franz Anton Dreher mehr dem Leopoldstädter Brauhaus widmete und dann in Pension ging. Also war auch für seinen Sohn Konrad der Brauberuf vorgezeichnet. Er begann in Neudorf und gründete dann 1839 ein Brauhaus in Währing. Zuvor heiratete er 1830 Therese Girster, deren Bruder Franz der erfolglose Vorgänger von Adolf Ignaz Mautner in St. Marx war. Auch Konrad würde in einer Erfolgsskala der Wiener Brauherren mit seinem Brauhaus im ehemaligen Wiener Vorort Währing sehr weit unten stehen.

Die Geschichte des Währinger Brauhaus kennt Pech und Pleiten wie kaum ein anderes. Dabei waren die Voraussetzungen bei der Gründung sehr günstig. Konrad, der von seinem 1819 verstorbenen Vater ein ausreichendes Vermögen geerbt hatte, erwarb zwei Villen in der damaligen Herrengasse (heute Gentzgasse), ersteigerte 1844 das Halterhaus an der Ostgrenze zum Währinger Friedhof (heute Schubertpark) und ein Jahr später den angrenzenden Ackergrund bis zur Schulgasse. Durch sein Besitztum floss der Währinger Bach, damals angeblich so klar, dass »Fische herumschwammen und der Wasserbedarf der Brauerei gedeckt werden konnte.«[72] Sein Verwandter, der ältere Anton Dreher hatte kurz davor das untergärige Lagerbier erfunden, die Wiener begannen Ausflüge über den Linienwall zu machen und genossen dort das gegenüber der Stadt billigere Bier. Konrad Dreher produzierte 1845 bereits fast 11.000 hl Bier, alle Zeichen standen eigentlich auf Erfolg. Was machte jedoch dieser Dreher? Er ging in den Konkurs und die Brauerei stand bis 1847 still. Dann wechselten die Besitzer unter meist unglücklichen Vorzeichen mehrmals, bis sie unter den damals bekannten Brauherren Carl Wilhelm und seinem Sohn Ludwig Schwarz sowie unter Josef Wünsch eine Blütezeit zwischen 1859 und 1907 erlebte. Nach einigen Bränden und Beschwerden der Bevölkerung wegen der Luftverpestung musste sie aber 1907 für alle Zeiten geschlossen werden.

Ein zweiter erfolgloser Dreher war Leonhard, dessen Verwandtschaftsgrad zu Franz Anton unbekannt ist. Er gründete 1821 oder 1826 ein Brauhaus in Ober-Döbling, das ihm wie Konrad kein Glück und keinen Erfolg brachte. Er verkaufte es 1856 unter wirtschaftlich schwierigen Umständen an Jakob Kuffner, der daraus einen erfolgreichen Zweigbetrieb der Ottakringer Brauerei formte, auf den wir noch eingehen werden.

72. Papouschek: In Währing stand ein (Hof)Brauhaus, S. 2

Carl Wilhelm Schwarz

Die Währinger Brauerei in der äußeren Währinger Straße um 1860
(Quelle: Bezirksmuseum Währing)

Die Familie Mautner Markhof

Wir haben die Vereinigten Brauereien zum Zeitpunkt des Verkaufes der Aktienmajorität durch die Creditanstalt an die Familie Mautner Markhof verlassen. Damit kommen wir zu einer der bekanntesten Wiener Familien. Sie lebt nun bereits in der siebenten Generation in der Bundeshauptstadt und ihr Name ist fast allen Österreichern durch die von ihr produzierten Lebensmittel, vor allem durch den Senf und die Fruchtsäfte geläufig. Dass ihr unternehmerischer Ursprung wie bei der Familie Dreher im Braugewerbe liegt, wissen nur wenige. Viele ältere Mitbürger werden sich aber noch daran erinnern, dass sie jahrezehntelang die bekanntesten Brauherren des Landes stellte und die Schwechater Brauerei ziemlich genau 100 Jahre nach ihrer Ankunft in Wien übernommen hat.

Ihr Wiener Urahn, Adolf Ignaz Mautner, stammte aus Böhmen. Dieser Adolf Ignaz gehört auch zu jenen Brauern, mit denen das goldene Wiener Bierjahrhundert begonnen hat und der bereits einige Male als großer Konkurrent des älteren Anton Dreher erwähnt wurde. Mit seinen zehn Kindern und den hunderten Enkeln, Urenkeln und Ururenkeln wird er eine Familiengeschichte einleiten, die auch ein Stück faszinierende österreichische Geschichte geworden ist. Wir werden in der Folge die Familienmitglieder nur mit ihrem Vornamen bezeichnen, und um nicht zu verwirren, dabei wie bei Monarchen nummerieren, weil es allein unter den Brauherren vier Georgs und zwei Manfreds gab.[73]

Adolf Ignaz Mautner, später Ritter von Markhof (1801–1889)

73. Es gab eine zweite jüdische Familie Mautner, die von Isaak Mautner abstammte und seit 1874 als Textilgroßhändler auch in Wien lebte. Sie ist mit unserer Familie Mautner nicht verwandt.

Der »Ahnherr« der größten Unternehmerfamilie Österreichs Adolf Ignaz Mautner von Markhof

Der Gründer der österreichischen Dynastie kam als Abraham Isaak Mautner im heutigen Tschechien, und zwar 1801 in Smiřice (Smirsitz) an der Elbe auf die Welt. Da er und seine Familie 1846 zum katholischen Glauben konvertierten, wollen wir jedoch gleich die späteren Taufnamen verwenden, um das Lesen einfacher zu machen. Seine Vorfahren waren also Juden, deren Geschichte bis 1690 zurückverfolgt werden kann und die vor allem als Pächter des Smiřicer Branntweinhauses, aber auch als Bierbrauer ihr Geld verdienten.[74] Die Familie hatte es vor allem unter den judenfeindlichen Gesetzen Maria Theresias nicht leicht und konnte oft nur durch die Toleranz der Grundherren, der Grafen von Sternberg, überleben.[75]

Im Gegensatz zur Familie Dreher wissen wir über diesen Adolf Ignaz vieles aus Broschüren seiner Nachkommen, die jedoch nur familienintern kursierten und nie an die Öffentlichkeit gelangten. Da diese den Familiengründer idealisierten und beinahe wie einen Heiligen verehrten, muss man ihre Aussagen mit Vorbehalt betrachten.[76] Der wichtigste Familienchronist war sein Ururenkel Georg IV., der anlässlich des 100. Todestages von Adolf Ignaz im Jahr 1989 eine ausführliche Familienchronik schrieb. Diese ist wesentlich objektiver geschrieben, stand aber bisher ebenfalls nur Familienmitgliedern zur Verfügung. Man hat den Eindruck, dass die Familie ihre Geschichte gerne für sich behalten wollte, und von Adolf Ignaz existiert keine ausführliche Biografie, die nicht von einem Familienmitglied stammt. Es gibt zwar viele veröffentlichte Berichte über die Familienunternehmen, aber da hat man das Gefühl, dass die biografischen Teile von den Büchern dieser Familienmitglieder abgeschrieben wurden. Nach außen hin bemühte sich die Familie aber immer um eine gute, heute würden wir sagen Public Relation, was sich in einem für die Öffentlichkeit ausführlich dokumentierten Mäzenatentum, einem Engagement in öffentlichen Verbänden, einer engen Verbindung zum Adel und auch später vor allem bei Manfred I. im äußerlichen Eindruck »superreich« zu sein, äußerte. Dadurch unterschieden sie sich von der Familie Dreher.

Kommen wir zu seiner Lebensgeschichte: Am Beginn seiner Karriere begab sich Adolf Ignaz wie Anton Dreher sen. vorerst ebenfalls auf die Walz, nachdem er 1831, ein Jahr nach dem Tod seines Vaters Israel, die 11 Jahre jüngere Julie Kadich (oder Kadisch) geheiratet hatte. Es entwickelte sich rasch große Zuneigung zwischen den beiden und es folgte eine 56jährige kinderreiche Ehe.

Im Gegensatz zu Dreher konzentrierte er sich bei seiner beruflichen Ausbildung auf die Kronländer der Monarchie und wir kennen viele Geschichten aus der Slowakei und aus Ungarn, wo er schon als Jugendlicher sein Bestreben, ungewöhnliche Lösungen zu suchen, und sein technisches Können bewies. 1839 kam er das erste Mal nach Wien und er scheint sich rasch in die Stadt verliebt zu haben. Er gewann das Vertrauen des Wiener Bürgermeisters Ignaz Czapka, der auf der Landstraße seinen Wohnsitz hatte und der ihm die Brau-

74. Die jüdische Geschichte der Familie wird im Buch »Von irgendwo in alle Welt« ausführlich geschildert. Bis dahin wurde dieser Aspekt unterdrückt, wahrscheinlich aufgrund der negativen Erfahrungen, die die Familie nach 1938 gemacht hatte. Georg IV. Mautner Markhof schildert in seinem Buch, dass das Branntweingewerbe in Böhmen damals ausschließlich Juden offen stand.

75. Es war fast eine Ironie der Geschichte, dass nach dem Prager Frühling 1968 ein Nachkomme der Sternberg nach Österreich flüchtete und von der Familie in Simmering als Mitarbeiter aufgenommen wurde.

76. Die folgenden Geschichten stammen zum Teil aus den Büchern seiner Enkelin Maria von Waechter »Fleiss und Wille« und seines Enkels Theodor Mautner von Markhof »So war's«, zum Teil aus der ausführlicheren Familienchronik von Georg IV., der ab 1995 auf mehreren hundert Seiten »Informationen« über alle Familienzweige und 1998 die komprimierte Familiengeschichte »Von irgendwo in alle Welt« schrieb. Alle diese Werke sind nie im Buchhandel erschienen und in den wissenschaftlichen Bibliotheken nicht erhältlich. Das Buch von Theodor wurde nur in einer Auflage von 25 Stück (!) gedruckt. Das Buch »Fleiss und Wille« dürfte überhaupt verschollen sein, es gibt nur mehr eine maschinengeschriebene Abschrift, wobei alle Absätze weggelassen wurden, die auf die jüdische Vergangenheit hinweisen.

erei St. Marx gegen ein geringes Pachtentgelt vermittelte. Mit dem in seiner Heimat erworbenen Vermögen von 65.000 Gulden (mehr als 1 Mio. Euro) kam er durchaus wohlhabend im Sommer 1840 vorerst allein nach St. Marx und übernahm die bis dahin erbärmlich geführten Brauerei.

Großfamilie Mautner von Markhof im Jahr 1886. Sitzend von rechts Dr. Ludwig, Maria Willner, Julie Marceline, Adolf Ignaz, Cölestine von Oppolzer, stehend von rechts: Georg Heinrich, Theresia von Reinighaus, Johanna Mittag von Lenkheym, August, Eleonora von Waechter, Carl Ferdinand, Emilie Reinighaus (Familienarchiv Mautner Markhof)

Es gibt eine gute Beschreibung des damaligen Betriebes durch einen Zeitzeugen[77]: »Ein Pferd, das stets im Kreise geht und eine Maschine thätig macht, die das Bier kühlt. Vier Ochsen die immerfort die nämlichen Tritte treten und damit eine Maschine treiben, wodurch das Malz geschrotet und das Wasser vier Klafter hoch getrieben wird«. Das Bier dürfte entsprechend geschmeckt haben. »Die Brauerei konnte die Brauerfamilie kaum genügend ernähren und auch das Publicum kam bei dieser Production gar schlecht weg.« So wird es vor 1840 wohl bei allen Wiener Brauereien ausgesehen haben, denn auch aus Schwechat wissen wir, dass Franz Anton Dreher bei der Übernahme dieser Brauerei nur eine Kuh als Zugkraft verwendete.

77. Waechter: Fleiss und Wille, S. 7 und Wiener Salonblatt vom 3. August 1873, S.404

Die Einfahrt in die Brauerei von St. Marx um 1870.
Sie stand an der Ecke Rennweg / Landstraßer Hauptstraße
(Familienarchiv Mautner Markhof)

Dieses Brauhaus lag in einem historisch sehr interessanten Gebäudekomplex. Schon 1303 ist an dieser Stelle das Siechenhaus von Sankt Lazar nachgewiesen, das an der Einfahrtsstraße aus Ungarn Personen mit ansteckenden Krankheiten aufnehmen konnte. Im Spital gab es eine gotische Kapelle, die dem Heiligen Markus geweiht war und die dem Komplex den Namen St. Marx gab. 1706 übernahm das schon erwähnte Bürgerspital die schon lange zuvor gegründete Kleinbrauerei. Das im gleichen Gebäude befindliche Siechenhaus diente als Krankenhaus für die ärmeren Bevölkerungsschichten, dem auch eine Art Gefängnis für psychisch Kranke und ein Gebärhaus als Zufluchts- und Rettungsort für ledige Mütter angeschlossen war. Unter Josef II. wurden 1784 alle physisch und psychisch Kranken in das Allgemeine Wiener Krankenhaus abgesiedelt, St.Marx wurde bis 1861 ein Versorgungshaus, heute würde man Altenheim sagen. Prominentester Insasse war Josef Madersberger, der verarmte Erfinder der Nähmaschine, nach dem die Wohnhausanlage benannt ist, die heute an der Stelle dieses Gebäudekomplexes steht.

Die Brauhauspächter gingen meist sang und klanglos in den Konkurs und Adolf Ignaz war ihr sehr mutiger Nachfolger: »Als Mautner die Brauerei übernahm und bei verschiedenen Wirten Anfragen hielt, ob sie nicht sein Bier beziehen wollten, erhielt er zur Antwort, dies könne nur geschehen, wenn die Bierfässer zur Nachtzeit eingelagert würden, damit es die Gäste nicht erfahren, dass man ihnen St.Marxer Bier vorsetze.«[78]

Wir wissen schon, dass vor Dreher und Mautner die ganze Wiener Bierbranche in einer Krise war. »Damals war für das Bier eine trübe Zeit. Das Braugewerbe lag darnieder, das Wiener Bier zählte zu den qualitativ schlechtesten Mittel-Europas und als natürliche Folge dessen war der Bier-Consum ein äußerst geringfügiger, der überdies durch die Concurrenz der so außerordentlich billigen österreichischen Weine noch weiter nachtheilig beeinflusst wurde.«[79]

Adolf Ignaz hatte sein Handwerk in Böhmen gelernt und erkannte bald, dass die fehlende Kühlung und die Holzgefässe ein Infektionsherd waren und das Bier verdarben. Er stellte wie Dreher nach einigen Versuchen mit obergärigem Bier nur mehr untergäriges Bier, aber nach einem anderen Verfahren, her. Bei seinem »St. Marxer Bier« handelte es sich um ein sogenanntes »Abzugbier«, das er von den Gärbottichen in große Lagerfässer pumpen (»abziehen«) ließ, wo der Gärprozess beendet wurde. Damit blieb den Wirten das Nachgären in den Kellern erspart und er konnte ihnen ein Bier liefern, das »hefefrei, klar und eiskalt, also unmittelbar consumfähig« war.[80] Durch Eis, das an die Au-

78. Waechter: Fleiss und Wille, S. 7

79. Wiener Weltausstellungs-Zeitung vom 13. Juli 1873, S. 2

80. Kapitel Adolf Ignaz Mautner Markhof. In: Österreichische Naturforscher, Ärzte und Techniker, Wien 1957, S. 216

ßenseiten der Fassdauben angebracht wurde, konnte er sein Bier schon 1842 bis in den Mai haltbar machen.

Sein Ziel war es jedoch, das untergärige Bier während des ganzen Jahres hindurch liefern zu können. Die Anlage großer mit Eis gekühlter Lagerkeller, wie es Dreher machte, war für ihn damals noch zu teuer und er hatte dazu auch keinen Platz in St. Marx. So versuchte er ab 1843 Kühlmethoden anzuwenden, die auch eine Produktion im Sommer ermöglichten. Er erfand einen in die Hauptwasserleitung eingebauten Wasservorkühlapparat, mit dem er das Brunnenwasser auf 10 Grad Celsius abkühlte. Anschließend floss das Wasser in dünnen Röhrchen durch einen Eiskühlapparat, in dem sich Eiswasser befand, wodurch die Anfangstemperatur für die Gärung in den Bottichen erreicht wurde. Außerdem konstruierte er Eisbehälter, die sich zylinderhutförmig in Schwimmschüsseln befanden. Diese Eisschwimmer wurden auch von anderen Brauereien übernommen und waren noch lange im Braugewerbe im Einsatz. Er ließ sich das System patentieren und sicherte dem Bier damit eine gleich bleibende Lagertemperatur, verringerte den Eisbedarf, konnte ab 1843 den ganzen Sommer hindurch mit dem Natureisvorrat auskommen und die Wirte mit untergärigem Bier beliefern. Das Eis entnahm er dem heute noch Mautner-Wasser genannten Donauarm im Prater.

Er baute auch von der Donau eine eigene Nutzwasserleitung in seine Brauerei. 1858 verbesserte er die Kühlverhältnisse in seinen Lagerkellern, indem er die Eisgruben so platzierte, dass sie eine maximale Kühlung ermöglichten und die Erdwärme weitgehend isoliert wurde. Auch diese Erfindung ließ er sich als »Normal-Bierlagerkeller System Mautner« patentieren und stellte sie der gesamten Brauwirtschaft zur Verfügung. Somit benötigte er das Eis sowohl zur Abkühlung der Bierwürze, für das Kalthalten während der Lagerung als auch für die Konservierung im Lagerkeller.

Noch vor Dreher experimentierte Mautner mit einer Vacuumeismaschine für die Kälteerzeugung, die sich aber nicht bewährte. Nicht Dreher, sondern er arbeitete erstmals mit einer Dampfmaschine, allerdings nur mit einem kleinen Modell der Marke »Specker«, die er 1845 bei der Wiener Gewerbeausstellung erwarb und beim Wasserschöpfen, Malzputzen und Schroten verwendete. Beim Einsatz der Dampfmaschinen lagen die Brauherren zwar hinter anderen Branchen, dafür sollten sie später zu den ersten beim Einsatz des Elektro-Antriebes gehören.[81] 1872 setzte er bereits 12 Dampfkessel zu je 30 PS ein, mehr als Dreher in Klein-Schwechat. 1886 kaufte Adolf Ignaz seine erste Linde-Maschine für die Würze- und Gärkellerkühlung und 1888 eine zweite für die Lagerkühlung.

81. Österreichische Industriegeschichte, S. 252

Der Gesamtkomplex der St.Marxer Brauerei um 1900 (Familienarchiv Mautner Markhof)

Inwieweit Mautner und Dreher ihre Produktionsmethoden abstimmten, ist nicht mehr nachvollziehbar. Im 1846 gegründeten Brauherrenverein galten jedenfalls keine Zunftregeln mehr und die beiden werden sich dort häufig getroffen und miteinander gesprochen haben. Adolf Ignaz wurde auch 1848 zum dritten Vorsteher dieses Vereins gewählt, nachdem er schon 1846 als Letzter an der Spitze der altehrwürdigen Zunft gestanden war. Da bis 1850 die Nachfrage eindeutig höher als das Angebot war, gab es sicher noch keine Kämpfe um die Märkte und keine erbitterte Konkurrenz.

Bier wurde durch die beiden zum Volksnahrungsmittel. Adolf Ignaz steigerte die Produktion von 36.000 hl in seinem ersten Braujahr auf 370. 000 hl im Jahr seines Todes. Allerdings hatte Drehers Klein-Schwechater Lagerbier stets eine höhere Qualität als sein »St. Marxer Bier«.

1846 folgte eine weitere wichtige Entscheidung. Mit seiner Gattin und neun damals schon lebenden Kindern sowie einem Neffen trat er aus Überzeugung, wie er seinen eigenen Lebenserinnerungen anvertraute, zum christlichen Glauben über. Er durfte bis dahin zwar in Wien leben und die Brauerei pachten, als Jude hatte er aber bis zur Dezemberverfassung des Jahres 1867 noch nicht das volle Bürger-, vor allem Grunderwerbsrecht. So wird wohl auch die Möglichkeit, die Brauerei in St. Marx kaufen zu können, mitgespielt haben. Die Taufe fand in der Pfarre Maria Geburt am Rennweg statt und er spendete zu diesem Anlass eine wertvolle Monstranz. Sein Taufpate war sein Förderer, der Wiener Bürgermeister Ignaz Czapka, von dem er auch seinen zweiten Taufnamen übernahm.[82]

82. Die Taufe fand am 18.April 1846 statt. Siehe Staudacher: Jüdische Konvertiten in Wien 1782–1868, S.315–317.

Bei der Taufe seiner Familie in der Kirche Maria Geburt am Rennweg spendete Adolf Ignaz Mautner diese schöne goldene Monstranz mit einer Widmung (Foto des Autors)

Der Firmenname wechselte damit von Abraham Mautner auf Adolf Ignaz Mautner. Damit sollte er, ohne es im Entferntesten zu ahnen, seiner Familie 1938 das Unternehmen und vielleicht sogar das Leben retten. Die damals in Österreich an die Macht gekommenen Nationalsozialisten betrachteten die Familie Mautner Markhof nur mehr als 1/4 Juden, was einen Unternehmensbesitz gerade noch möglich machte. Doch darüber später.

Sein Verhalten bei der März-Revolution 1848 war entscheidend für sein späteres hohes Ansehen vor allem bei Kaiser Franz Josef. Adolf Ignaz hatte ein so gutes Einvernehmen mit seinen Arbeitern, dass diese sich bei Ausbruch der Revolution nicht den plündernden Banden anschlossen. Vielmehr stellten sie sich in Unterzahl den bewaffneten Revolutionären entgegen und konnten diese vom Bürgerspitalkomplex und vom Haus seines Nachbarn, des Bürgermeisters Czapka, vertreiben. Dieser war in den ersten Revolutionstagen geflüchtet, kehrte aber bald wieder nach Wien zurück. Sozusagen als Anerkennung besuchte der junge Kaiser bereits 1849 St. Marx und seine Brauerei.

Mautner wollte 1856 große Investitionen in Höhe von 130.000 Gulden vornehmen und verlangte von der Bürgerspitalswirtschaftskommission einen Zuschuss von 80.000 Gulden. Widrigenfalls hätte er St. Marx verlassen, weil ihm die Gebäude, die ihm zur Verfügung standen, schon zu klein waren. Die Kommission schlug ihm jedoch den Kauf des gesamten Gebäudekomplexes samt den Betrieben vor. So erwarb er am 1. April 1857 »das Bräuhaus mit Braugerechtigkeit, das Wirtshaus mit Schankgerechtigkeit, das Backhaus mit Backgerechtigkeit, die Schmiede, das Versorgungshaus, die Gärten und Äcker« um 297.000 Gulden (ca. 3,3 Mio. Euro). Sofort begannen umfangreiche Umbau- und Ausbauarbeiten, denen neben dem gesamten Baumbestand leider auch die gotische Markuskapelle, die aber bereits seit 1784 entweiht war, zum Opfer fiel. An Stelle der Kapelle wurde das neue Verwaltungsgebäude errichtet, die ehemalige Gruft wurde stark erweitert und zum »Hausbierkeller« umgebaut.[83] Die Kapelle wurde einige Jahrzehnte später in ähnlicher Form einige hundert Meter entfernt wieder im Mautnerschen Kinderspital aufgebaut.

83. Die Umbauarbeiten und das Aussehen von St. Marx vor 1856 wird in Kisch: Straßen und Plätze, Band VII, S. 432 beschrieben

Durch diese Erweiterungen war es ihm möglich, innerhalb des nächsten Jahrzehnts den Bierausstoß von 97.000 (1860) auf 287.000 hl (1870) fast zu verdreifachen und damit fast schon drei Viertel der Leistung der Dreherschen Brauerei zu erreichen.

Vor 1857 stand rechts nach der Einfahrt die gotische St. Markuskapelle, die dann dem Verwaltungsgebäude Platz machen musste (Familienarchiv Mautner Markhof)

Im Jahr 1891 ließ Karl Ferdinand Mautner von Markhof nach dem Vorbild dieser Kapelle die Elisabethkapelle im Kinderspital errichten, die noch heute steht (Foto des Autors).

Das Geld für den Kauf und Ausbau der Brauerei stammte zu einem großen Teil aus der Hefeerzeugung, die für Adolf Ignaz genau so wichtig war wie die Bierproduktion. Sie warf auch zumindest ebenso hohe Gewinne ab. Gemeinsam mit den späteren Grazer Brauherren Johann und Julius Reininghaus, die er mit zwei seiner Töchter verheiratete, war es ihm 1859 nach langen Versuchen gelungen, eine industriell umsetzbare Methode zur Erzeugung von Kunsthefe zu entwickeln. Dafür gewannen er und Reinighaus den dafür ausgeschriebenen Wettbewerb samt goldener Medaille des Gewerbevereins. Dieser Wettbewerb wurde ausgeschrieben, weil durch den Umstieg von obergärigen zu untergärigem Bier keine Bierhefe mehr zur Verfügung stand, so dass den Bäckern plötzlich ein wichtiger Rohstoff für ihre Produktion fehlte.

So konnte er als vielfach ausgezeichneter Erfinder der Preßhefe in die österreichische Wirtschaftsgeschichte auf gleicher Augenhöhe eingehen wie Dreher als Erfinder des neuen Wiener Biertyps. Da die Kapazitätsgrenzen der Hefeproduktion in St.Marx bald erreicht wurden, musste die Familie 1861 auf dem Simmeringer Rosenhof (heute Mautner-Markhofgasse 50) und 1864 in Floridsdorf in der Pragerstraße 20 zwei weitere Produktionsstandorte eröffnen.

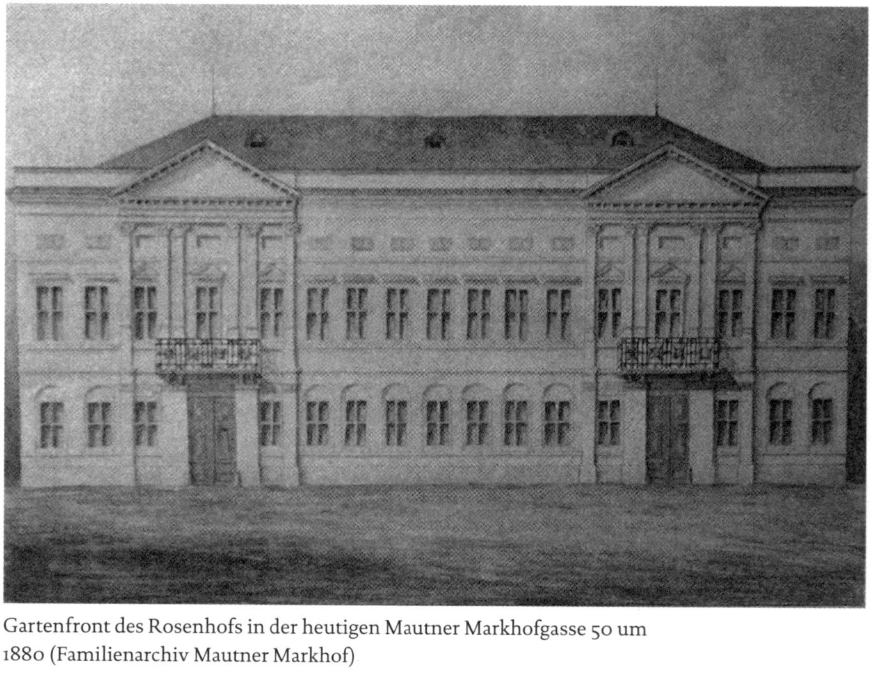

Gartenfront des Rosenhofs in der heutigen Mautner Markhofgasse 50 um 1880 (Familienarchiv Mautner Markhof)

1876 ging Adolf Ignaz 75jährig in den Ruhestand und übergab die Betriebe seinen Söhnen Georg und Karl Ferdinand. Georg I. leitete bereits den Betrieb in Floridsdorf und Karl Ferdinand war schon 1858 als Kompagnon in die Brauerei eingetreten, die sich nun »Ad.Ign.Mautner Ritter von Markhof & Sohn, Brauerei St.Marx« nannte. Zugleich wurde das Familienprinzip begründet, nach dem Familienmitglieder ohne Interesse an der Unternehmensführung in Erbfällen ausbezahlt und jene mit Interesse in einem der zahlreichen Unternehmen nach verpflichtender umfangreicher Ausbildung mit Führungsaufgaben betraut werden mussten. Dabei war es Pflicht, sich sozusagen von der Picke auf in der Hierarchie hinaufzudienen. Bis in die 1930er Jahre waren die Eigentümer und Leiter der Unternehmen ausschließlich Mitglieder der Familie.

Die bedeutendste gemeinnützige Tat eines Wiener Brauherren war sicher der Bau des Kinderspitals in der Baumgasse, das nach 1923 auch nach der Familie benannt wurde (Familienarchiv Mautner Markhof)

Es gibt keinen Brauherren, der eine ähnlich große Rolle als »Wohltäter« spielte, vor allem weil er im Gegensatz zur Familie Dreher nachhaltiger spendete und »eine bessere Presse« hatte. So stiftete er 150.000 Gulden (ca. 1,5 Mio. Euro) seiner Bezirksvertretung Landstraße »behufs Erbauung eines Kinderspitals in diesem Bezirke mit der an diese Widmung verknüpften Bedingung, dass das zu errichtende Kinderspital allen Bewohnern des Bezirkes ohne Unterschied der Konfession zugänglich sein sollte« und stellte auch den Grund zur Verfügung. Das Spital wurde 1875 unter dem Namen »Kronprinz-Rudolf-Kinderspital« eingeweiht, hatte 48 Betten und eine moderne medizinische Ausstattung. Ob er den reicheren Salomon Rothschild nachahmen wollte, der 1873 ebenfalls ein Spital, und zwar in Währing, eröffnete, kann man nur vermuten.

1921 wurde das Spital nach der Familie benannt, doch vier Jahre später musste wegen finanzieller Probleme die Spitalserhaltung der Gemeinde Wien übertragen werden. Die Stadt kümmerte sich weiterhin im Sinne der Familie um die Anstalt. Die Familie Mautner Markhof verlor »ihr« Spital nie aus den Augen, besonders als es ihr nach 1945 finanziell wieder besser ging. Nach der Eröffnung des SMZ Ost im Jahr 1998 schloss die Stadt Wien jedoch das Spital und ließ 2003 die Gebäude abreißen. Vor dem Haus Baumgasse 75 erinnert auf einem Sockel ein Relief von Karl Kundmann noch an das Spital.

Dazu kommt noch eine Vielzahl anderer Spenden, die ihm den Beinamen »Adolf der Schenker« eintrugen. Seine Frau pflegte, »wenn er von irgendeinem Besuche nach Hause kam, ihn mit der Scherzfrage zu empfangen: Was hast Du heute versprochen?«[84] Jedenfalls wird in der Literatur der damaligen Zeit oft Anton Dreher als der große Industrielle und Adolf Ignaz Mautner als der große Wohltäter dargestellt.[85]

Auch in Baden bei Wien, wo die Familie in der heutigen Marchetstraße einen drei Häuser umfassenden Sommersitz besaß, gibt es viele Beweise ihrer Spendenfreudigkeit. 1881 stellte Adolf Ignaz dem Berggasthaus Rudolfshof, der nach der Hochzeit von Kronprinz Rudolf erbaut wurde, den Großteil der Einrichtung zur Verfügung. Als in den frühen 1880er Jahren die Stadtpfarrkirche regotisiert wurde, spendete das Ehepaar zwei Glasfenster, das ihre, allerdings kaum bekannten Namensheiligen Adolf und Julia, sowie den Namensheiligen ihres früh verstorbenen Sohnes August, den Heiligen Augustinus, zeigt. Außerdem spendete Julie Marceline den Grund für ein Waisenhaus und Adolf Ignaz gründete eine Stiftung für die Versorgung armer Kinder der Stadt.

Adolf Ignaz Mautner, dessen »Markenzeichen« der prägnante Backenbart war, galt als Exponent des Großbürgertums, das gegen die angestammten Rechte des Großadels kämpfte. Es ist anzunehmen, dass er mit der gleichen Barttracht wie der Kaiser seine Sympathie zu ihm dokumentieren wollte. 1867 erhielt er von Kaiser Franz Josef das Ritterkreuz des Franz-Josef-Ordens und 1872 wegen seiner »industriellen und humanitären Verdienste« den Orden der

84. Waechter: Fleiss und Wille, S. 26–28

85. Besonders deutlich wird das in den Schilderungen des Zeitgenossen Wilhelm Kisch in seinem Werk »Die alten Straßen und Plätze« von Wien, wo er im Band VII beiden Herren einige Seiten widmet.

Eisernen Krone III.Klasse. Damit wollte der Monarch nicht nur seine bedeutende Leistung auf diesen Gebieten anerkennen, sondern zugleich auch einen Beitrag zur Anerkennung der jungen, aufstrebenden Privatwirtschaft leisten.

Diese Villa in der Badener Berggasse (heute Marchetstraße 76) bewohnte Adolf Ignaz mit seiner Familie ab dem Jahr 1860. Die Kinder zogen später in zwei benachbarte Villen. (Foto des Autors)

Nach den Statuten dieses Ordens hatte er nun das Recht, um die Erhebung in den Adelsstand anzusuchen. Er bat deshalb sofort das k.k.Ministerium des Inneren, beim Kaiser für sich und seine Nachkommen die Erhebung in den Ritterstand mit dem Namenszusatz »Ritter von Markhof« sowie die Führung des Familienwappens zu erwirken. Markhof wurde dabei von Markus abgeleitet, der der Heilige von St. Marx war. Das Familienwappen zeigt neben dem Wahlspruch »Fleiss und Wille« den Turm der Bürgerspitalskapelle und die Kleeblätter, die seine vier Söhne und sechs Töchter symbolisieren. Darauf findet man auch Teile der Wappen der Heimatgemeinden der Familie Smiřice und Horsic. Die Kleeblätter befinden sich noch immer auf den Maut-

Mautner Markhof

ner-Markhof-Produkten. In dieser Eingabe, die von Franz Josef befürwortet wurde, führte er auch detailliert seine Verdienste während der Revolutionstage 1848, die Einrichtung der Militärspitäler nach den Kämpfen der Jahre 1859 und 1866, die Unterstützung des Baus des Badener Rudolfshofes sowie seine Stiftungen in Wien, Baden und Smiřice an.[86] Es gelang ihm auch, sechs seiner Kinder mit Adeligen zu verheiraten. Damit brachte er die Familie in höher geachtete Gesellschaftsschichten und legte die Basis für eine bis heute reichende Verbindung der Familie mit vielen mitteleuropäischen Adelshäusern. In den folgenden hundert Jahren gab es dann familiäre Verbindungen mit den bekannten Familien Hardegg, Karajan, Rohan, Thun-Hohenstein und Windischgrätz.

1881 wurde er als einziger Brauherr und einer der ganz wenigen Industriellen anlässlich seiner Goldenen Hochzeit zum »Ehrenbürger der Stadt Wien« ernannt und er durfte sich ins Goldene Buch der Stadt eintragen.[87] Außerdem wurde er für seine Unterstützung des Bezirks Landstraße, zu dem St. Marx gehörte, vom Wiener Gemeinderat mit der großen goldenen Salvator-Medaille ausgezeichnet.

Ohne Zweifel war Adolf Ignaz gegenüber seinen Arbeitern im Vergleich zu seinem Konkurrenten Dreher sozialer gesinnt. Im »Wiener Salonblatt« konnte man anlässlich der Weltausstellung 1873 dazu lesen: »Adolf Ignaz Mautner von Markhof ist ein wahrer Vater seiner Arbeiter und löst die soziale Frage im Bereich seines Wirkens in wahrhaft eminenter Weise. Der Arbeiter erhält bei ihm in Krankheitsfällen bis zu drei Monaten der Krankheitsdauer volle Lohnbezahlung nebst Arzt und Apotheke; er erbaute bereits ein Arbeiterzinshaus für zwölf Familien, wo der Zins für Zimmer, Kabinett und Küche im Maximum von 60 Gulden (600 Euro, natürlich jährlich Anm.d.A.) bis zur Zinsfreiheit wechselt. Weiters gründete er daselbst ein Invalidenhaus, wo ebenfalls circa zwölf Familien unentgeltlich untergebracht sind und sechs darunter förmliche Pensionen genießen.«[88] Bei dieser Weltausstellung präsentierte er die Rohstoffe für seine Bier- und Hefeerzeugung in einem der graziösesten und geschmacksvollsten Bauten auf der Wiener Rotunde, dessen hohe Glasfenster das Innere völlig erschlossen. »Plakate künden den beliebten ›Märzenquell‹ an, doch auch, dass man an den Tischen mitgebrachte Speisen verzehren kann, wofür allerdings 25 Kreuzer ›Stoppelgeld‹ einkassiert werden.«[89]

Im gleichen Artikel konnte man lesen, dass er täglich 20 Stunden arbeitete und nur vier Stunden schlief und dass er »außer seiner geschäftlichen Tüchtigkeit und der unendlichen Güte seines Herzens auch noch mit einer Be-

86. Eine Abschrift dieser Eingabe liegt im Familienarchiv der Familie Mautner Markhof.

87. Diese Ernennung schafften bis dahin nur drei Industrielle in Wien, neben Mautner Markhof waren dies der Lokomotivenerzeuger Georg Sigl und der Glasfabrikant Ludwig Lobmeyr. Siehe Jäger-Sunstenau: Die Ehrenbürger und Bürger, S. 60 und auch Die Presse vom 25.12.1889, S.10

88. Zitiert nach Krauchenberg: Adolf Ignaz Mautner Markhof, S. 146

89. Mautner Markhof bei der Wiener Weltausstellung 1873. In: Mosaik Juli/August 1980

scheidenheit ausgezeichnet (ist), die wohl seinesgleichen sucht.« Das wurde natürlich im idealisierenden Stil dieser Zeit und wahrscheinlich auch von der Familie nicht unbeeinflusst geschrieben, aber ein wahrer Kern muss dabei gewesen sein.

Der Mautner Markhof Pavillon bei der Wiener Weltausstellung 1873
(Familienarchiv Mautner Markhof)

Seit 1840 wohnte Adolf Ignaz mit seiner Familie in der Brauerei in St. Marx, wo er 31 Jahre blieb. Dann war für ihn die Zeit des standesgemäßen Domizilwechsels gekommen. Nach einer schönen Villa in der Berg(heute Marchet) straße in Baden, wo das Ehepaar die Sommer verbrachte, erwarb Adolf Ignaz im Jahr 1869, also einige Jahre nachdem sich die Familie Dreher ihr Ringstraßenpalais bauen ließ, ein barockes Stadtpalais auf dem Franziskanerplatz Nr. 1.

Adolf Ignaz Mautner Ritter von Markhof starb am Heiligen Abend 1889 im hohen Alter von 88 Jahren. Wie Anton Dreher sen., den er 26 Jahre überlebte, hatte auch er »a schöne Leich«. Die Leichenfeier fand bereits am Stefanitag im Stephansdom statt, an der neben der großen Familie auch viele Repräsentanten der Residenzstadt, u.a. Bürgermeister Johann Prix teilnahmen. Anschließend wurde der prächtige Metallsarg in einem mit acht Rappen bespannten prunkvollen Galawagen in die Familiengruft auf dem Zentralfriedhof gebracht.

Julie Marceline und Adolf Ignaz bei ihrer Goldenen Hochzeit im Jahr 1881
(Illustrirtes Wiener Extrablatt vom 27. Juni 1881, S. 1)

Wenn man das Leben dieses ersten Wiener Mautner Markhof zusammenfasst, so muss man ihm einen epochalen Aufstieg von einem armen, in seiner Berufswahl diskriminierten Juden in einer kleinen böhmischen Stadt zu einem der größten und meist ausgezeichneten Unternehmer der Residenzstadt zugestehen. In seiner Jugend war es schon ein riesiger Fortschritt, dass er aus dem Judenghetto von Smiřice nach Wien ziehen durfte. Zuletzt residierte er als Adeliger in einem feudalen Haus mitten in der Wiener Innenstadt. Wo er sein

Wissen erworben hat, bleibt schleierhaft. Hochschulen und Akademien wie andere Brauer hat er jedenfalls nie besucht. Seine technische und soziale Intelligenz war jedenfalls überragend, wie es sich bei seinen Erfindungen zur Lösung vieler Produktionsprobleme gezeigt hat. Wir haben schon bei Anton Dreher angemerkt, dass er die Technologie- und Forschungsfeindlichkeit der Wirtschaft in den ersten Jahrzehnten unter der Herrschaft Kaiser Franz Josefs völlig konterkariert hat. Adolf Ignaz war hier ein kongenialer Partner des Schwechater Brauherren und ein ebenso untypischer Großindustrieller dieser Zeit.

Familiengruft auf dem Wiener Zentralfriedhof (Foto des Autors)

Das schwere Erbe des Vaters Karl Ferdinand und Viktor Mautner von Markhof

Wenn Adolf Ignaz vielleicht einen nachhaltigen Fehler machte, dann bei der Beurteilung seiner Söhne. Die Geschichte der Mautnerschen Brauereien wäre nämlich anders verlaufen, wenn sie nach dem Tod von Adolf Ignaz nicht automatisch sein ältester Sohn Karl Ferdinand, sondern gleich sein drittältester Georg Heinrich, oder zumindest beide gemeinsam geerbt hätten. Dabei war Adolf Ignaz sicher kein unbedingter Verfechter der Erstgeborenen-Theorie, weil er in Smiřice als viertgeborener Sohn von seinem Vater das Unterneh-

Karl Ferdinand Mautner Ritter von Markhof (1834–1896), der älteste Sohn von Ignaz Adolf (Familienarchiv Mautner Markhof)

men und die Rechte des Familienoberhauptes übernommen hatte, die u.a. Voraussetzung für eine Heiratserlaubnis waren.

Vielleicht hat er Karl Ferdinand überschätzt oder Georg Heinrich unterschätzt. Andererseits muss man zugeben, dass Karl Ferdinand bereits ab seinem 14. Lebensjahr auf die Unternehmensnachfolge vorbereitet wurde und dies nur schwer widerrufbar gewesen wäre. Schließlich war auch nicht so sehr er, sondern sein Sohn Viktor der typische Anti-Unternehmer. Georg I. Heinrich hat sich jedenfalls bei der zweiten Familienbrauerei in Floridsdorf zum innovativeren Brauer entwickelt und sein Sohn musste St. Marx drei Jahrzehnte später nach einem Beinahe-Konkurs übernehmen und sanieren.

Karl Ferdinand war also von seinem Vater immer als Brauherr vorgesehen und arbeitete schon seit 1856 als Prokurist in St.Marx mit. Zuvor besuchte er im Vorort und späteren Bezirk Landstraße die örtliche Schule und unternahm wie der jüngere Anton Dreher ausgedehnte Studienreisen zu den bayrischen und englischen Brauereien und genoss im Gegensatz zu seinem Vater bereits eine umfangreiche Ausbildung zum Brauherren. Am 75. Geburtstag von Adolf Ignaz übernahm er 1876 die Leitung von St. Marx und war dort vorerst durchaus erfolgreich, wenngleich er kein so dynamischer Unternehmensführer wie sein Vater und der 15 Jahre jüngere Anton Dreher war. Unter ihm näherte sich St. Marx ab 1895 mit einem konstanten Jahresausstoß von einer halben Million hl immer mehr den Ausstoßzahlen seines Schwechater Konkurrenten und war die drittgrößte Brauerei des europäischen Festlandes. Sein Bier wurde zwar als »Bierhansel« oder »Fensterschwitz« verspottet, es wurde aber das Bier der Arbeiter und deren Bierkonsum war in diesen Jahren besonders hoch. Das nach der Verfassung von 1867 mögliche Vereinswesen und das sich daraus ergebende »kollektive Saufen«, aber auch die in Arbeiterhaushalten schrecklichen Wohnverhältnisse, bei denen das Wirtshaus die zweite Wohnstube wurde, erhöhten den Absatz beträchtlich. Im Gegensatz zu Drehers Lagerbier oder gar zu den »vornehmen« Pilsner Bieren war das St. Marxer Abzugsbier für die unteren Bevölkerungsschichten leistbar. Abzugsbier hatte in der Monarchie einen sehr hohen Anteil am gesamten Wiener Bierkonsum.

Die bei erfolgreichen Brauherren üblichen ganz großen Ehrungen durch den Kaiser fehlten jedoch. So war der Höhepunkt seines Lebens wahrscheinlich der Vorsitz im Brauherrenverein von 1887 bis 1889 und die in diese Zeit fallende Organisation der Jubiläums-Gewerbeausstellung 1888 zu Ehren des 40jährigen Regierungsjubiläums Franz Josefs. Zumindest dafür erhielt er einen ehrenden Dank des Kaisers.

Wie sein Vater war Karl Ferdinand ein wichtiger Mäzen und widmete sich vor allem dem Gesundheitswesen. Neben namhaften Unterstützungen anderer Krankenhäuser übernahm er von seinem Vater den Vorsitz im Stiftungsrat des Kinderspitals, das er großzügig durch den Neubau eines Scharlach- und Diphterie-Isolierpavillons erweiterte. Im Garten ließ er 1891 an Stelle der 1857 abgebrochenen Markus-Kapelle die Elisabeth-Kapelle errichten, die sich heute noch neben einem Ausgang der U-Bahnstation Schlachthausgasse befindet. An deren Außenmauern erinnern noch heute einige Tafeln an die Gründung des Spitals und ihr Innenraum wird von zwei großen Glasfenstern dominiert, die über den ordensgeschmückten Bildern von Adolf Ignaz, Marceline und Karl Ferdinand deren Namensheilige Adolph, Marceline, Karl Borromäus zeigen.

In dieser Kapelle erinnert ein Glasfenster an Adolf Ignaz und Marceline. Über ihnen sind deren eher unbekannte Namensheilige dargestellt
(Foto des Autors)

Auch die heilige Edith findet man dort, weil Karl Ferdinand in zweiter Ehe Editha Sunstenau von Schützenthal, eine bekannte Philanthropin und Förderin der Mädchen- und Frauenbildung, geheiratet hatte. Nach seiner biederen ersten Frau Johanna Kleinoschegg veränderte Editha den bislang eher bürgerlichen Haushalt grundlegend. Neben Hauslehrern kamen nun auch adelige Gouvernanten ins Haus, die sich auch um die künstlerische Ausbildung der Mädchen kümmerten. Zwei der Töchter Franz Ferdinands heirateten wahrscheinlich auch deshalb keine Adeligen, sondern die noch heute bekannten Künstler Kolo Moser und Josef Engelhart.

Büste Karl Ferdinands Mautner Ritter von Markhof, die früher im Kinderspital stand (Familienarchiv Mautner Markhof)

Karl Ferdinand erkannte wie sein Vater auch das soziale Elend der Arbeiter und bemühte sich, etwas dagegen zu tun, besonders nachdem dies in der Enzyklika Leos XIII. als ausdrücklicher Auftrag an Großindustrielle formuliert wurde. Wenn man die Berichte über Streiks in der damals vom Arbeitskampf intensiv geprägten Zeit liest, so fällt auf, dass St. Marx zu seiner Zeit dort nur selten als Streikort erwähnt wird.

Er blieb zwar 20 Jahre an der Unternehmens-, aber nur sieben Jahre an der Familienspitze. Während sein Vater noch in der liberalen Ära lebte, fiel die Unternehmensführung Karl Ferdinands in die Epoche Karl Luegers, die zunehmend antisemitisch und kapitalistenfeindlich wurde. Als Großindustrieller mit jüdischen Wurzeln hat er das Pech, in jenem Bezirk tätig zu sein, in dem Lueger seine politische Hausmacht hatte. Damit geriet er natürlich rasch in dessen Schussfeld, besonders nachdem es im Juni 1896 in der Brauerei zu einigen Verhaftungen von Brauereiarbeitern gekommen war. Diese hatten unversteuertes Bier entweder an Kollegen weitergegeben oder – was wahrscheinlicher ist – auf eigene Rechnung verkauft. Obwohl Karl Ferdinand sicher nichts davon gewusst hatte, wurde er vor allem von Luegers antisemitischer Zeitung, der »Reichspost«, für mitschuldig erklärt.[90] Wenige Monate später tötete er sich durch einen Schuss mit einer Schrotflinte in den Kopf. Die »Neue Freie Presse« nannte die Angriffe der Reichspost als Grund für seinen Freitod.[91] Laut den Aussagen seines Sohnes Viktor war er allerdings psychisch den ganzen Sommer hindurch schon in einem sehr schlechten Zustand gewesen. So konnte man den Selbstmord auf eine Medikamentenvergiftung durch Trional zurückführen, womit auch ein katholisches Begräbnis möglich war.

90. Reichspost vom 18. Juni 1896, S. 4.

91. Neue Freie Presse vom 2.September 1896, S.6

Sein damals 41jähriger Sohn Viktor erbte die Brauerei in St. Marx, in der er schon rund 20 Jahre mitgearbeitet hatte. Im Gegensatz zu seinem Großvater und seinem Vater war er bereits im Wohlstand aufgewachsen. »Er lernte rasch das Leben der Privilegierten kennen, die ihren Lebenspol weniger in Arbeit und Aufbau, als in Genuss und Verbrauch fanden«, erzählt seine Nichte Almuth Mautner Markhof.[92] Auf den Adelstitel, den er seit seinem siebenten Lebensjahr führte, war er immer sehr stolz. Deshalb war seine zunehmend zum Adel gehörende Familie mehr als erstaunt, als er mit einer ehemaligen Soubrette in das Palais Sternberg in der Ungargasse zog. Bei neun Schwestern war er trotzdem »Hahn im Korb«, hatte aber gegen sie sicher keinen leichten Stand. Als Firmenchef und Patriarch wie seine Vorfahren war er in der Familie aber automatisch etwas Besonderes. Man erwartete von ihm eine außergewöhnliche Leistung, denn ein paar Kilometer stadtauswärts agierte höchst erfolgreich Anton Dreher jun., der ewige Konkurrent der Familie und dessen Produktionsziffern sollte er einholen.

92. Gespräch mit dem Autor am 2. Mai 2013

Das waren alles große Erwartungen und die dürfte er nicht verkraftet haben, denn er entwickelte sich zum »schwarzen Schaf der Familie«. Seine Ausbildung war noch konventionell, denn er studierte an der Technischen Universität in Wien und absolvierte die Brauerei- und landwirtschaftliche Hochschule in Weihenstephan in Bayern. Von 1906 bis 1909 war er wie sein Vater Präsident des Brauherrenvereins und man kann auf keinen Fall behaupten, dass er vom Braugeschäft nichts verstand. Aber er hatte aber offensichtlich wenig Interesse daran und widmete sich lieber großen Reisen, die ihn viele Wochen nicht nur in andere europäische Länder, sondern auch nach Afrika und Amerika führten. 1910 hatte er die Schwechater Zahlen fast erreicht und produzierte mit 560.000 hl nur 2% weniger als Anton Dreher. Aber die technische Ausstattung veraltete immer mehr, denn St. Marx hatte nicht wie seine Konkurrenten moderne Fabriksanlagen, sondern war nur ein altes Klostergebäude. Wegen des schlechten Zustandes der Anlagen wurde die Brauerei auch noch während des Ersten Weltkriegs geschlossen.

Viktor Mautner Ritter von Markhof (1865–1919), der einzige Sohn von Karl Ferdinand

Sein noch größeres Manko aber war seine Spielsucht. Als »Viktor der Spieler«, wie er gerne genannt wurde, war er eine populäre Wiener Erscheinung, ein eleganter Lebemann und erfolgreicher Rennstallbesitzer. In der Vorkriegs- und Kriegszeit besaß er neben Anton Dreher und Viktor Springer den größten und erfolgreichsten Rennstall in der Freudenau und da konnte er mit seinem großen Konkurrenten fast mithalten. Wie Dreher konnte er sich einmal als Derbysieger in der Freudenau feiern lassen, und zwar 1917 mit San Gennaro. Auch die kaiserliche Gunst war ihm hold: 1902 erhielt er das Komturkreuz des Franz-Josefs-Ordens und den Orden der Eisernen Krone 3. Klasse.

Hauptsächlich wegen der Spielleidenschaft hatte er bald einen zweifelhaften Ruf und das wirkte sich auf die Geschäftsgebarung aus. Bei ihm kam dazu, dass er nach dem Familienprinzip seine neun Schwestern auszahlen musste. Das gelang ihm nur mit viel Mühe, teilweise durch Aktienweitergaben nach Kapitalerhöhungen. Es soll hier nur angemerkt werden, dass fast alle Schwestern ihre Aktien in den 1930er Jahren wegen ihrer privaten Notsituationen zu einem Spottpreis[93] verkaufen mussten. Das sahen die anderen, damals selbst nicht sehr finanzkräftigen, Familienmitglieder nicht gerne, weil dadurch erstmals fremde Aktionäre Anteile an ihren Unternehmungen erwarben.

93. Laut Lebenserinnerungen von Georg III. bekamen sie für ihre Aktien nur 24% des Nominales, obwohl damals 70% durchaus angemessen gewesen wären.

1913 war er mit seinem Unternehmensteil bankrott und musste die Presshefefabrik Simmering, auf die sein Großvater so stolz war, an seine Cousins in Floridsdorf verkaufen. Wäre es nicht zur Fusion der Vereinigten Brauereien gekommen, wäre auch St. Marx in ärgste Geldnöte geraten. Die Familie Mautner Markhof hielt aber im neuen Braugiganten nur mehr eine untergeordnete Position gegenüber der Familie Dreher und stellte nach dem 1. Weltkrieg einige Jahre lang nicht einmal mehr ein Mitglied im Verwaltungsrat.

Erinnerung an das St. Marxer Lagerbier aus der Zeit nach 1913 (Familienarchiv Mautner Markhof)

Vorerst wurde Viktor noch Vizepräsident der neuen Aktiengesellschaft und konnte sich kurzfristig gegen seine Cousins durchsetzen, die kräftig an seinem Sessel als Familienoberhaupt sägten. Sie hätten liebend gern die Brauerei in St.Marx mit ihrer St. Georgsbrauerei vereinigt und weitergeführt.

Viktor war sicher die unglücklichste Figur der Wiener Brauherrengeschichte. Er scheiterte an den fast unbewältigbaren Vorgaben, in die er hineingeboren wurde. In Schwechat wurde das hoch gelobte Lagerbier erzeugt, Viktor produzierte das eher minderwertigere Abzugsbier und das nach nicht

allzu modernen und wirtschaftlichen Braumethoden. Dreher war Präsident der Vereinigten Brauerei, Mautner nur Vizepräsident. Beide wurden vom Kaiser mit Orden geehrt, aber der aufmerksame Leser wird bemerkt haben, dass Viktor immer eine Stufe tiefer gesetzt war als Anton Dreher. Sie hatten beide sehr erfolgreiche Rennställe in der Freudenau, wo sie sicher auch gute Freunde waren. Anton gewann zweimal das Derby, Viktor nur einmal. Anton war im feudalen Jockeyclub Direktionsmitglied, Viktor schaffte – trotz seines »von« vor dem Familiennamen – erst knapp vor seinem Tod gerade die Aufnahme als einfaches Mitglied. Anton strotzte vor Gesundheit und starb zwei Jahre nach Viktor eines plötzlichen Todes, während Viktor lange Zeit schwer krank war. Anton hatte drei Söhne, über deren späteres Schicksal man damals ja noch nichts wusste. Viktors Ehe war kinderlos, und in Floridsdorf saßen seine Cousins, die mit erhobenen Zeigefinger auf den »Versager« zeigten. Vielleicht ist daraus seine Spielsucht erklärbar, er wollte Erfolg haben und im Casino gewann er ja gigantische Summen – nur verlor er die mehrfache Summe wieder.

1919 wurden die Adelstitel in Österreich abgeschafft und als eine von nur drei Familien konnten sie das Adelsprädikat Markhof, zwar ohne »von«, aber doch erhalten. Es ergab sich eine lange Diskussion, ob zwischen den Namen ein Bindestrich zu schreiben wäre. Man einigte sich auf das Weglassen, aber manche meinten, dass ein Bindestrich den Vorteil gehabt hätte, dass Mautner im Ausland nicht als zweiter Vorname betrachtet worden wäre.

Die Retter der Familie
Georg I. Heinrich und seine Söhne
Theodor und Georg II. Anton Mautner von Markhof

Thomas Mann hätte sein Buddenbrook-Syndrom »Der Vater erstellt's, der Sohn erhält's, dem Enkel zerfällt's«[94] durchaus auf die St. Marxer Linie der Mautner Markhof übertragen können. Die »Georgslinie« hätte ihn aber sofort widerlegt, denn dort waren die Kinder drei Generationen lang erfolgreicher als die Väter. Nach Viktors Tod zeigte sich, wie wichtig es war, dass Adolf Ignaz so viele Söhne hatte. Die »Georgslinie« übernahm nicht nur das Familienkommando, sondern auch die finanzielle Sanierung nach dem Viktor-Konkurs. Diese Linie geht auf Georg I. Heinrich zurück, der als dritter Sohn des Familiengründers 1840, also noch knapp vor dessen Übersiedlung in Smiřice geboren wurde. Georg I. verbrachte seine Jugend in St. Marx, war dann der

94. Siehe Baus: Die Familienstrategie, S.43

Der Floridsdorfer Unternehmenskomplex in der Pragerstraße 30 mit der St.Georgsbrauerei um 1900 (Bezirksmuseum Floridsdorf)

»Mautner Schlössl« in der Pragerstraße 33 um 1910. (Familienarchiv Mautner Markhof). Heute befindet sich dort das Bezirksmuseum Floridsdorf.

erste Hausherr auf dem Rosenhof in Simmering und wurde dann der Stammvater des Floridsdorfer Zweiges der Familie.

1864 übersiedelte er von St.Marx in das neue Betriebsgelände in der Pragerstraße 20, wo ab diesem Jahr Kunst- bzw. Presshefe und Spiritus produziert wurden. Neben Simmering war das der zweite Zweigbetrieb, den Adolf Ignaz bauen ließ, weil er in St. Marx an die Kapazitätsgrenzen gestoßen war. Ab 1872 erweiterte dort Georg Heinrich gemeinsam mit seinem Schwager Otto Waechter die Fabrik und gründete auf dem Grundstück zur Gerichtsgasse eine Malzfabrik, die bald eine der größten in Österreich-Ungarn wurde. Sie firmierte unter »Waechter&Mautner«, bis sie 1890 von Karl Ferdinand gekauft wurde und bis 1913 ausschließlich für die Brauerei in St. Marx arbeitete. Im Jahr 1900 wurde dann in der Pragerstraße 33 ein zusätzliches Wohnhaus für die große Familie gebaut.

Georg I. Heinrich Mautner Ritter von Markhof (1840 –1904), der Gründer der Georgs-Linie (Familienarchiv Mautner Markhof)

Georg I. war von seinem Vater nicht für das Braugeschäft vorgesehen gewesen, er musste seinem Bruder Karl Ferdinand sogar vertraglich versprechen, nicht in diese Branche einzusteigen. Als echter Mautner von Markhof konnte er aber ohne Bierbrauen nicht leben. Er war noch in der väterlichen Brauerei in St. Marx eingeschult worden und hatte sich in den Kopf gesetzt, auch in Wien ein Bier zu brauen, das mit dem berühmten Pilsner Urquell keinen Vergleich zu scheuen brauchte. So entschied er sich 1892 trotz wirtschaftlicher Mahnungen und gegen das brüderliche Versprechen für den Bau einer eigenen neuen Brauerei in Floridsdorf. Er musste deshalb an die andere Familienlinie eine Konventionalstrafe von 200.000 Gulden bezahlen. So streng waren die Familienregeln. In der Familienchronik wird diese Zahlung aber keineswegs als wirkliche »Strafe« gesehen, die zu einem Zerwürfnis der Brüder führte, sondern als eine »normale geschäftliche Zahlung«.

Die Floridsdorfer lebten in dieser Zeit natürlich nicht »ohne Bier«, denn es gab dort das recht erfolgreich agierende Jedleseer Brauhaus. Von einem Zeitgenossen der Biedermeierzeit wird es sogar als »vielleicht das größte, sicher aber eines der besten im Lande« bezeichnet. »An Sonntagen sieht man eine ganze Wagenburg, welche aus Wien des köstlichen Bieres wegen heraus pilgern.«[95]

Ab 1893 braute die Familie neben dem St. Marxer auch das untergärige St.Georgs Märzenbier, das bald eines der berühmtesten Biere Europas wurde. Georg Heinrich arbeitete nur mit besten Zutaten und erreichte bald die gleiche Qualität wie sein Vorbildbier in Pilsen. Die Besonderheit war der oberirdische Lager- und Gärkeller im 1. Stockwerk »mit den allerbesten Eis- und an-

95. Schmidl: Wien's Umgebungen, Vierter Band, Seite 61

deren Maschinen«. Dabei hatten die Besitzer anfangs mit großen finanziellen Schwierigkeiten zu kämpfen. Georgs Sohn Theodor erinnerte sich, dass mit dem letzten Gulden aus ehemaligen Stallungen Lagerstätten für das Bier gebaut wurden. Es gab drei Grundsätze: »Erstens darf es kein besseres Bier geben als das unsrige, zweitens Pflege und Schätzung der Kundschaft, und drittens bestes Einvernehmen und ein warmes Herz für Angestellte und Arbeiter.«[96]

96. Mautner Markhof Th.: So war's, S. 20 ff.

Die dritte Familiengeneration der Mautner von Markhof: Theodor, Kuno, Georg II., Otto (Familienarchiv Mautner Markhof)

Auch Georg I. besaß wie sein Vater bei der Bevölkerung großes Ansehen und kümmerte sich um soziale Probleme seiner Zeit. Er subventionierte großzügig Kinderheime, war Obmann des Ortsschulrates und Mitglied des Bezirksschulrates. Zwischen 1897 und 1900 bekamen auf seine Initiative täglich 600–1000 arme Schulkinder ein warmes Mittagessen. 1889 wurde er von der Gemeindevertretung Groß-Jedlersdorf zum Ehrenbürger ernannt. Auch in Baden war er Ehrenbürger, weil er gemeinsam mit seiner Gattin Charlotte die Stiftungen, die sein Vater für das Waisenhaus und für die Versorgung armer Kinder errichtet hatte, immer wieder auffüllte und so weiterführte.

Theodor August Mautner Ritter von Markhof (1869–1947) (Familienarchiv Mautner Markhof)

Nach seinem Tod ging sein Unternehmen nicht an seinen ältesten Sohn Otto, sondern an die jüngeren Söhne Theodor und Georg II. über. Wie Viktor mussten diese aber jenen Geschwistern, die nicht in der Unternehmensführung tätig waren, in zehn Jahresraten insgesamt 4 Mio. Kronen bezahlen, was sie aber wirtschaftlich besser als ihr Cousin Viktor verkrafteten und trotz einer 4prozentigen Verzinsung des Kapitals auch bis 1914 erledigt hatten. Allerdings hatten sie nicht neun, sondern nur zwei Schwestern sowie die Brüder Otto und Kuno.

Georg II. und Theodor waren von ihrem Naturell grundverschieden, trotzdem arbeiteten sie gut zusammen. »Theodor ist der fröhlichere, er liebt das Leben und die Pferde; ein vorbildlicher Vater und Großvater. Georg ist ernster und von Skrupeln geplagt, ein Patriarch und dennoch bemerkenswert tolerant«, heißt es in der Familienchronik.[97] Nach dem Konkurs von Viktor führten die beiden eine Neuorganisation des gesamten Konzerns durch. Dabei wurden die drei Produktions-Standorte in St.Marx, Floridsdorf und Simmering zu den »Vereinigten Mautner-Markhofschen Presshefefabriken GmbH« verschmolzen und von Georg II. geführt, der wie sein Bruder Theodor 50% der Gesellschafteranteile besaß. Daneben gab es noch die »Th & G Mautner Markhof GmbH«, die vor allem Senf, Essig und Spirituosen erzeugte und in der ebenfalls die Brüder als gleichberechtigte Gesellschafter agierten.

97. Mautner Markhof G.: Von irgendwo in alle Welt, S. 136.

Georg II. Anton Mautner Ritter von Markhof (1875–1934) (Familienarchiv Mautner Markhof)

Der »Viererzug« und die unbekannten Mautner Markhof Georg III. Heinrich und seine Cousins Gerhard und Gustav Mautner Markhof

Georg II. starb im September 1934 während seines Sommerurlaubs in seinem erst sechs Jahre vorher erworbenen Landsitz Gaaden an einem Herzschlag. Er hinterließ sieben Kinder, darunter die Söhne Georg III. Heinrich und Gustav. Sein Bruder Theodor war damals 65 Jahre alt und durchaus bereit, auch seinen Söhnen Gerhard und Manfred die Verantwortung zu übergeben. Er starb erst 1947 und war während der beiden letzten Lebensjahre noch Aufsichtsratsvorsitzender der Schwechater Brauerei, ohne operativ tätig zu sein.

Gerhard Mautner Ritter von Markhof (1901–1971) (Familienarchiv Mautner Markhof)

Damit erfolgte um 1934 ein Wechsel zur vierten Generation. Diese vier Cousins waren fast gleich alt und teilten sich das Imperium. Um eine Abstimmung der Geschäfts- mit der Familienpolitik zu sichern, wurde damals der so genannte »Viererzug« eingerichtet, dessen erste Mitglieder die genannten Herren waren. Er bestand auch in den folgenden Jahren meist aus vier, kurzfristig auch aus sechs männlichen Vertretern der Familie. Man wurde nicht durch Wahl, sondern durch die Erbfolge Mitglied. Der »Viererzug« stand damit an der Spitze der rund 700 Nachkommen von Adolf Ignaz, tagte meist im Wiener Grand Hotel und seine Entscheidungen wurden von allen anerkannt.[98] »Alle vier Herren waren in jeder Hinsicht gleichberechtigt und konnten nur einstimmige Beschlüsse fassen. Obwohl bis 1947 nicht einmal Protokolle geführt wurden, gab es nie auch nur eine Diskussion über einen einmal gefassten Beschluss.«[99] Der Viererzug bestimmte, welches Familienmitglied einen Posten in einem Familienunternehmen bekam und er koordinierte die einzelnen Betriebe wirtschaftlich sozusagen als Holding. Es wurde vereinbart, dass Gerhard und Gustav sich um den Brauereibetrieb, Manfred um die Th & G Mautner Markhof GmbH und Georg III. um die Vereinigten Spiritus- und Hefefabriken kümmern sollten. Als primus inter pares fungiert aber Georg III., der von seinem Vater große Vorschußlorbeeren bekommen hatte, denen er beim praktisch im Alleingang durchgeführten Erwerb der Vereinigten Brauereien auch gerecht werden sollte. Dass dann ein paar eher weniger ertragreiche Geschäfte auf sein Konto gingen, steht auf einem anderen Blatt.

Die Familie Dreher rekrutierte ihre Führungskräfte durch Heirat oder wie im Fall von Alfons Erhard und Konrad Schneeberger durch Anstellung. Bei der Familie Mautner Markhof gab es hingegen immer genügend Familienmit-

98. Freitag: Die Unternehmerfamilie, S. 42 f. Er beruft sich dabei auf ein Gespräch, das er am 21.2.1977 mit Dkfm. Georg Mautner Markhof geführt hat.

99. Mautner Markhof G.: Das industrielle Erbe, S. 7

glieder, um alle Positionen an der Spitze der Unternehmen zu besetzen. Trotzdem griff man in Einzelfällen auf externe Experten zurück, doch waren dies eher Ausnahmen. Bei Familienmitgliedern galt der Grundsatz »Erst etwas ordentliches studieren, dann gibt es einen ordentlichen Spitzenjob.«[100]

Mit dem »Viererzug« änderte sich auch die Einheit von Kapitalträgerschaft und Geschäftsführung in der Familie grundlegend. Bei Adolf Ignaz, Franz Ferdinand, Viktor und Georg I. Heinrich gab es einen patriarchalischen Führungsstil und ihre Unternehmen wurde autonom geführt, was die Unternehmensweitergabe enorm erleichterte. Nun gab es aber keine Einzelunternehmer, sondern jeweils eine Gruppe von Eigentümern, mit denen alle Entscheidungen ausverhandelt werden mussten. Das betraf sowohl die Brauereien als auch die übrigen Unternehmen.

100. Persönliche Aussage von Manfred I. Mautner laut Freitag: Die Unternehmerfamilie, S. 45

Die St. Georgsbrauerei um 1900 (Familienarchiv Mautner Markhof)

Gustav I. Mautner Ritter von Markhof (1909–1970) (Familienarchiv Mautner Markhof)

Bevor wir uns ausführlich mit Manfred I., dem heute wohl bekanntesten Mitglied der Familie beschäftigen, wollen wir uns noch Georg III. und der Zeit bis zum Beginn des Zweiten Weltkriegs widmen. Während sich Gerhard und Gustav freiwillig in die zweite Reihe begaben, wurde der primus inter pares im Viererzug Georg III. Wie kein anderer seiner Familie war er Zeit seines Lebens voll von neuen Ideen. Er gründete eine spanische Hefefabrik, Brauereien in Äthiopien und Brasilien, führte Gespräche über Brauereiübernahmen in Österreich und war im Ständestaat einer der wichtigsten Wirtschaftsexperten. Sein größter Erfolg war aber die Übernahme der Aktienmehrheit an den Vereinigten Brauereien.

DDr. Dipl.Ing. Georg III. Mautner Ritter von Markhof (1904–1982) (Familienarchiv Mautner Markhof)

Somit kommen wir wieder zu diesem Braugiganten zurück, der sich – wie wir seit der Seite 77 wissen – 1926 im Besitz eines Bankenkonsortiums befand. Ein Jahr nach dem Tod von Georg II. im Jahr 1934 nahm sein Sohn Georg III. Heinrich praktisch im Alleingang mit dem holländischen Generaldirektor der Creditanstalt Bankverein, Adrianus van Hengel, Gespräche über die Übernahme der Aktienmehrheit der Brauerei auf. Van Hengel war nach der Zahlungsunfähigkeit und der Sanierung der Bank im Jahr 1931 an die Spitze der Creditanstalt getreten und war durchaus bereit, die riesigen Unternehmensbeteiligungen zu reduzieren. Gemeinsam mit der Industriekredit-Bank besaß diese Bank rund 60% des Aktienbesitzes. Georg III. konnte über 30% der Aktien verfügen, die seiner Familie und den befreundeten Altaktionären Schöller, Meichl und Co. gehörten.

Georg III. übernahm 1935 den Vorsitz im Verwaltungsrat und begann mit den langen Verhandlungen mit van Hengel. Zugleich musste er das Geld für den geplanten Aktienkauf zusammenkratzen – das ist wohl der richtige Ausdruck dafür. Dabei wurden alle Reserven der Fabriken in Simmering verwendet und zahlreiche Auslandsbeteiligungen in Polen und Jugoslawien verkauft. Das sollte später den Vorteil haben, dass sie nach 1945 nicht mehr von den kommunistischen Regierungen enteignet werden konnten. Das Zünglein an der Waage wurde schließlich die St. Georgsbrauerei, die Georg III. anfangs gegen den Willen von Theodor und Gerhard im Juni 1936 stilllegen und in die neue Brauerei einbringen konnte.

Die Übernahme wurde formell erst mit Jahresbeginn 1937 vollzogen, denn sie war eine »äußerste komplizierte Konstruktion, die detailliert dazustellen nahezu ein eigenes Buch füllen würde«.[101] Dann war es soweit. Die Familie Mautner Markhof erwarb 50.000 Aktien bzw. 30% des Unternehmens und war damit mit 57,5% Mehrheitseigentümer der Vereinigten Brauereien. Der Kaufpreis betrug 4,2 Mio. Schilling (12 Mio. Euro). Dazu sicherte sich die Familie auch eine Option auf die Anteile der Industriekredit und damit deren Stimmrechte im Verwaltungsrat. Es gab nun eine Umbenennung in »Mautner Markhof Brauerei Schwechat AG« und das Unternehmen mit dem Firmenna-

101. Mautner Markhof G.: Das industrielle Erbe, S. 7

menungetüm war damit Geschichte. Eine der letzten Biertafeln der Vereinigten Brauereien ziert das Gasthaus Gmoakeller am Wiener Heumarkt.

Georg III. als primus inter pares im Viererzug wurde als Familienchef Präsident des Verwaltungsrates der Brauerei, als Vizepräsidenten fungierten Gerhard, Generaldirektor Schneeberger, Georg III. Meichl und der Bankier Richard Schöller, der mit seiner Privatbank durch den Verkauf seiner Hütteldorfer Brauerei ein großes Aktienpaket erworben hatte. Der Wert des Unternehmens hatte allerdings drastisch an Wert verloren. Der Ausstoß war nach dem Überschreiten der ein Mio. hl-Grenze 1925 kontinuierlich gesunken und erreichte trotz des Zusammenschlusses mit anderen Brauereien 1937 nicht einmal 380.000 hl. Das »goldene Bierjahrhundert«, das wir mit 1836 beginnen ließen, muss nach dem kurzen Aufschwung der 20er Jahre endgültig als beendet erklärt werden. Trotzdem war man nach wie vor mit einem Marktanteil von über 18% Marktführer vor der Brau AG. Alle diese Probleme waren aber unbedeutend gegen das, was nach dem Einmarsch der Deutschen im März 1938 folgte.

Kaum waren die Nationalsozialisten in Österreich an die Macht gelangt, setzte eine Übernahmeschlacht um die Wiener Brauereien ein. In Berlin gab es Pläne für eine Verschmelzung mit deutschen Unternehmen, besonders weil die Familie Mautner Markhof jüdische Wurzeln hatte und Eigentümer der Ottakringer Brauerei eine volljüdische Familie war. Nun war von großer Bedeutung, dass Urgroßvater Adolf Ignaz mit der gesamten Familie zum katholischen Glauben übergetreten war und ihr dadurch das Schicksal vieler volljüdischer Familien erspart hat. Trotzdem galten die vier Herren des Viererzuges als 1/4 Juden. Das war »zu wenig Jude«, um enteignet werden zu können, aber auch als »zu viel Jude«, um als deutscher Unternehmer voll handlungsfähig zu sein. Für die Nationalsozialisten zählten die Mautner Markhof als nicht jüdische, aber auch als nicht arische Familie – so kompliziert war damals die Rassengesetzgebung.

1938 konnte die Familie jedenfalls noch ihre Selbständigkeit behaupten und im September in Anpassung an das deutsche Aktienrecht erstmals einen Aufsichtsrat bestellen, der von Georg III. bis zum Jahresende geführt wurde. Seine Stellvertreter waren Gerhard sowie Georg III. Meichl und Richard Schöller. Sein Cousin Manfred I. wurde Vorsitzender des Vorstandes und dort von Gustav I. unterstützt. Bald nach dem »Anschluss« gab es aber wie in fast allen anderen österreichischen Unternehmen politische Umbesetzungen. Zentraldirektor und formeller Unternehmensleiter wurden in Schwechat bis 1945 Wolfgang Widter, dessen Vorfahren mit Franz Anton Dreher verwandt waren, und in Simmering Otto Wanke. Beide zeigten gegenüber der Familie große Loyalität. Vorsitzender des Aufsichtsrates wurde Carl Dittl-Wehrberg, ein Schwager des 1919 verstorbenen Viktors, und damit ein zumindest entferntes Familienmitglied, das schon lange Mitglied des Verwaltungsrates war. Georg III. hatte im Dezember 1938 den Vorsitz aus Protest gegen die Übernahmepläne seitens der Nationalsozialisten zurückgelegt.

1938 wurde noch gejubelt, dass »im ersten Geschäftsjahr nach der Wiedervereinigung Österreichs mit dem Deutschen Reich« Schwechat mit mehr als einer Mio. hl die »größte Einzelbraustätte des Reiches« sei. Damit hatte sich der Ausstoß gegenüber 1937 fast verdreifacht. Der »Anschluss« hat den Bierkonsum der Wiener offensichtlich explodieren lassen.

Bereits im März 1939 machte Georg III. mit der Gestapo unliebsame Bekanntschaft und wurde zuerst eine Woche und dann nochmals neun Wochen wegen seiner (wirtschafts)politischen Vergangenheit im Ständestaat eingesperrt. Als ihn dann Gauleiter Bürckel vor die Wahl »Dachau oder Ausscheiden aus dem Unternehmen« stellte, verzichtete er aus verständlichen Gründen auf jedwede unternehmerische Tätigkeit in Wien und begann jahrelang durch die halbe Welt zu ziehen.

Gleichzeitig wurde auch sein Cousin Manfred nach Berlin zitiert, in »Schutzhaft« genommen und sollte dadurch zum Verkauf seines Unternehmens erpresst werden. Drei Monate später rettete ihn der berühmte Komponist Richard Strauss. Die beiden kannten sich von langen Skat-Abenden in der Mautner-Markhof-Villa. Dieser intervenierte bei einem seiner Konzerte in Wien persönlich bei Goebbels und erreichte innerhalb von zwei Tagen seine Freilassung. Manfred I. erinnerte sich, dass er schon »einen von Heydrich unterschriebenen Fahrschein ins KZ Dachau besaß«.[102] Auch er musste Wien verlassen, hielt sich monatelang in Berlin auf und konnte erst im Mai 1940 wieder nach Wien und in den Aufsichtsrat seines Unternehmens zurückkehren, wo er als stellvertretender Vorsitzender aus dem Hintergrund das Unternehmen leitete. Der Familienname war damals schon seit einem Jahr aus der Unternehmensbezeichnung entfernt worden. Der neue Name »Brauerei Schwechat Aktiengesellschaft« überlebte allerdings das Kriegsende und existierte noch bis zum Verkauf des Unternehmens 1978.

Grund für die Verhaftung war auch der Versuch von Manfred, sich im Verlauf der Arisierung der Ottakringer Brauerei in dieses Unternehmen einzukaufen. Dort musste der Jude Moriz Kuffner rasch sein Unternehmen an Gustav Harmer, einem guten Bekannten der Mautner Markhof verkaufen. Dieser

102. Mautner-Markhof M.: Haltestellen und Stationen, S.65. Der SS-Mann Reinhard Heydrich war damals Chef des Reichssicherheitshauptamtes und damit auch der Polizei.

war an deren Hefefabrik als Gesellschafter beteiligt und mit beiden Familien befreundet. Am Brauereigeschäft hatte er kein Interesse und davon auch keine Ahnung. Die Mautner Markhof wollten ihm einen Teil des Kapitals vorstrecken und gleichzeitig Teilhaber werden. Gerhard und Manfred waren bereits in den Ottakringer Verwaltungsrat eingetreten und führten de facto 1938 bereits das Unternehmen. Aus diesem Plan wurde jedoch wegen der jüdischen Vergangenheit der Familie nichts. Doch davon werden wir noch lesen.

Georg III. verbrachte die Kriegsjahre in Werder bei Potsdam und durfte einige Male berufsbedingt nach Spanien, Schweiz und Italien reisen. Die Nationalsozialisten hofften jedes Mal, dass er nicht zurückkommen würde und man dann die Schwechater Brauerei leichter an eine deutsche Brauerei verkaufen könnte.[103] Er kam aber immer wieder zurück und flüchtete erst 1945 vor den Russen nach Brasilien. In einem Brief an seine Wiener Verwandten schrieb er, dass »er nicht die Absicht habe, zurückzukehren, zumindest so lange nicht, als ein Russe in Europa steht.« 1949 kehrte er trotzdem nach Österreich zurück, weil er schwer damit zu kämpfen hatte, dass er die Rolle des primus inter pares an Manfred I. abgeben musste.

103. Mautner Markhof G.: Schwechat und die Familie, S. 39

Bald darauf nutzte er seine Kontakte nach Brasilien und gründete dort die Brauerei »Companhia Paulista de Cervejas«, an der die Brauerei Schwechat 55% der Aktien hielt. 8 Mio. Schilling benötigte man für die Organisation des Transportes der Anlagen, die in 62 Eisenbahnwaggons verpackt und in zwei Hälften zerlegt wurden, von denen eine über Triest und die andere über Hamburg transportiert wurde. Georg III. glaubte nur so zur Zeit der russischen Besatzung sicherzustellen, dass die Maschinen wirklich in Südamerika und nicht in Russland aufgestellt werden würden. Der Transport gelang, das Bier hieß einige Jahre wirklich »Vienense«.

Die schlechte Wirtschaftslage in Brasilien und die Geldentwertung hätten das Projekt in den Folgejahren wieder fast scheitern lassen. Erst als der große brasilianische Brauereikonzern Cervejaria Brahma eine große Kapitalerhöhung übernommen hatte und aktiv in die Geschäftsführung eingriff, konnte man sich aus dem Projekt »mit einem blauen Auge« zurückziehen und den Aktienanteil bis 1959 zur Gänze der Cervejaria Brahma verkaufen. Man tröstete sich: »Bei einem Investitionsvolumen im Werte von 9,5 Mio. Schilling erfolgten Geldrückflüsse von 16 Mio. Schilling.« [104] Anzumerken ist, dass Georg schon vor dem Krieg in Äthiopien eine Brauerei gegründet hatte und auch dieses Abenteuer nur mit einem blauen Auge für die Familie beendet werden konnte.

104. Krepp, Petzelbauer, S. 35 bis 39

In Wien führte er zwar noch pro forma den Ehrenvorsitz im Aufsichtsrat der Schwechater Brauerei, aber er verstand die Zeichen der Zeit und übersiedelte in den Tessin, weil er mit einer Schweizerin verheiratet war. Zu erwähnen ist noch, dass Georg III. 1954 auf die Universität zurückkehrte und 1959 sub auspiciis praesidentis zum Doktor der Philosophie promovierte und deshalb in der Familiengeschichte als DDr. Georg im Gegensatz zu seinem Sohn Dkfm. Georg (IV.) geführt wird. Vielleicht hätte er noch das begonnene Theologiestudium abgeschlossen, aber für dieses Doktorat fehlte ihm die Zeit.

Der »reichste« Österreicher Manfred I. Mautner Markhof (1903–1981)

Schon in den Kriegsjahren ging die de-facto-Führung im Viererzug langsam auf Manfred, den Sohn Theodors über, der nach der Flucht Georgs III. nach Brasilien auch endgültig Familienoberhaupt wurde. Manfred I. wurde in den folgenden Jahrzehnten nicht nur das bekannteste Familienmitglied der Geschichte, sondern einer der bekanntesten Österreicher überhaupt, vor allem weil er in der 2. Republik viele Jahre als der »Reichste« im Lande galt. Man kann es vorwegnehmen: Der bekannte Wirtschaftsjournalist Georg Wailand hat noch vor Manfreds Tod in seinem Buch »Die Reichen und Superreichen in Österreich« diesen Superlativ eindeutig widerlegt und ihn gerade bei den reichen Österreichern, sicher aber nicht bei der Superreichen eingereiht, weil diese neben Industriebetrieben auch über umfangreiches Grundvermögen verfügen müssen.[105]

105. Wailand: Die Reichen und Superreichen in Österreich, S. 82

Manfred wuchs mitten im Floridsdorfer Brauereigelände an der Pragerstraße auf und hat diese Zeit in zwei kleinen Broschüren der Nachwelt sehr anschaulich geschildert.[106] Bevor er seine berufliche Karriere beginnen und eine Familie gründen durfte, verlangte sein Vater, dass er ein akademisches Studium mit dem Titel eines Diplom-Brau-Ingenieurs abschließen musste. Dann konnte er 1926 seine große Liebe Maria Kupelwieser, die Urenkelin des berühmten Biedermeiermalers und Tochter eines Stahlindustriellen, heiraten. Die Hochzeit fand auf der Insel Brioni statt, die damals der Familie Kupelwieser gehörte. Maria soll angeblich immer trotz ihrer geringen Größe der »starke Mann« in dieser Familie gewesen sein. Außerdem machte sie aus ihrem Gatten einen überzeugten und bedeutenden Mäzen für die österreichische Kunst und Kultur.

106. Diese beiden Broschüren mit den Titeln »Mit euch, ihr Großen, zu spazieren« und »Haltestellen und Stationen« sind im Gegensatz zu den anderen Familienbüchern in den wissenschaftlichen Bibliotheken entlehnbar.

Manfred bewährte sich aber auch ausgezeichnet, als er das Familienunternehmen durch die schwierigen Kriegsjahre führte. Schon im September 1940 war ein Viertel der Brauereiarbeiter eingerückt, es wurden wie im 1. Weltkrieg wieder Frauen und zunehmend auch ausländische Arbeiter vor allem für die schweren Arbeiten eingesetzt. Bis zuletzt versuchte der ostmärkische Gauleiter durch »Auskämmaktionen« die letzten Reserven an kriegsverwendungsfähigen Leuten zu aktivieren, so dass im Februar 1945 der Personalstand nicht einmal mehr die Hälfte von 1939 umfasste.

Manfred I. Mautner Ritter von Markhof (1903–1981) (Familienarchiv Mautner Markhof)

In den ersten Kriegsjahren wollte man mit einer Investitionswelle die Kapazität immer weiter erhöhen. Die Brauerei besaß bereits 2.600 Waggons für den Transport der Gerste und des fertigen Bieres, das Kühlleitungsnetz hatte eine Länge von 9 km. Für den kleinräumigen Transport gab es 150 Pferde und 200 Lastkraftwagen. Noch bis 1942 wurden ein neues Silo und eine neue Mälzerei gebaut, obwohl der Absatz bereits gedrosselt werden musste.

1941 wurde »100 Jahre Lagerbier« gefeiert und sofort gab es wieder Angriffe aus dem Altreich, weil man Anton Dreher nicht als Erfinder dieses Biertyps anerkennen wollte. Generaldirektor Widter berichtete im Aufsichtsrat: »Die Zeitungsanzeigen, welche im Zusammenhang mit der vor 100 Jahren erfolgten Einführung des Lagerbiers in Schwechat auf unsere ehemalige Stellung als Exportbrauerei hinwiesen, waren Gegenstand von Angriffen aus dem Altreich, die uns Veranlassung gaben, die geschichtlichen Grundlagen unserer in den Inseraten aufgestellten Behauptungen weiter erforschen zu lassen. Diese Forschungen haben nun eindeutig erwiesen, dass im Jahre 1841 das erste helle Lagerbier der Welt von Schwechat seinen Ausgang nahm. Diese für uns bedeutsame Tatsache wird in einer demnächst erscheinenden Werbeschrift festgehalten und damit zur Festigung des Rufes von Schwechat weiteren Kreisen bekanntgemacht werden.«[107] Diese Werbeschrift mit dem Namen »Schwechater Lager« wurde in einer großen Auflage produziert und ist heute insofern interessant, weil sie das Aussehen der Brauerei in diesen Jahren zeigt.

107. Krepp, Petzelbauer: Geschichte der Brauerei Schwechat, S. 23

In Schwechat wurde ab Dezember 1939 nur mehr neungrädiges Bier und ab Mai 1940 auch sechsgrädiges Bier erzeugt, wobei das neungrädige bis in die letzten Kriegstage nur an bevorzugte Institutionen geliefert wurde. Es gab ab Oktober 1940 zwar auch ein zehngrädiges Hopfenperle Spezialbier, das aber im freien Verkauf nicht erhältlich war und der Partei zur Verfügung stand. Außerdem erzeugte man ein bierähnliches Malzgetränk namens »Soma« und andere Limonaden. Ab 1941 wurden die Auslieferungskontingente beim Bier stufenweise beschränkt, vorerst für Flaschenbier, und ab 1944, als alle Autos der Brauerei eingezogen wurden, auch das Fassbier. 1942/43 hatte es zwar noch einmal einen Ausstoßrekord mit 1,048.000 hl gegeben, aber Ende 1944 durften gerade noch 25% der Biermenge des Jahres 1938 erzeugt und verkauft werden. Die Qualität war aber wesentlich besser als in den Kriegsjahren 1916 bis 1918, weil keine Ersatzrohstoffe verwendet wurden.

Mit diesen schrittweisen Erschwernissen in der Produktion musste auch der Vertrieb reduziert werden und fast sämtliche Kraftfahrzeuge wurden eingezogen, ohne allerdings im Krieg jemals verwendet zu werden. Ab 1944 wurde von den Nationalsozialisten ein Teil der Schwechater Kelleranlagen für kriegswirtschaftliche Betriebe verwendet. Zuerst wurde ein KZ-Nebenlager von Mauthausen angelegt und rund 400 Häftlinge arbeiteten in einem unterirdischen Werk der Flugmotorenwerke Ostmark. Dann musste die Schwechater Betriebsführung widerwillig weitere Kellerräume an die Steyr Werke verpachten, die – was nicht ganz gesichert ist – mit Zwangsarbeiterinnen ein Kugelmotorenwerk betrieben. Das Lager der Arbeiterinnen war streng vom übrigen Betriebsgelände abgetrennt. Ab Mitte 1944 kam es zu einigen Bombenangriffen mit rund 80 Treffern auf die Braustätten und sonstigen Gebäude in Schwechat.[108] Simmering blieb trotz ebenso großer Kelleranlagen von Einquartierungen der Kriegsbetriebe verschont, weil sich auf dem Gelände hochexplosive Spiritustanks befanden. Dafür wurden in Floridsdorf KZ-Häftlinge gezwungen, einen neben dem Unternehmen angelegten Hochbunker zu bauen.

108. Ezsöl: Das Geheimnis der Brauereikeller. In: Niederösterreichische Nachrichten, Schwechater Ausgabe vom 25. Jänner 2012

Manfred agierte betriebswirtschaftlich sehr geschickt und konnte bis zum Kriegsende eine 7 bis 8prozentige Dividende ausbezahlen. Er verwendete während des Krieges die Überschüsse der Brauerei nicht – wie es die Nationalsozialisten gerne gesehen hätten – für die Kriegsfinanzierung, sondern für den Erwerb einer gegen Geldentwertungen abgesicherten Gemäldesammlung. Dabei achtete er genau darauf, keine arisierten Bilder zu erwerben. Das bewährte sich nach 1945 nicht nur durch die Werterhaltung seiner Sammlung sehr. Die Gemälde sollten noch wertvolle Dienste leisten und später auch für eine entsprechende Ausstattung der Repräsentationsräume sorgen. Im Mai 1950 konnte er stolz vermelden, dass der Wert dieser Bilder 4,7 Mio. Schilling betrage und gegenüber einer anderen Anlage so den dreifachen Wert erreicht hätte.

Manfred verbrachte unter Lebensgefahr die letzten Kriegstage auf dem Simmeringer Gelände und verhinderte durch einige wagemutige Aktionen weitere Zerstörungen. Nach dem Einmarsch der Russen verhielt er sich ganz anders als sein Cousin Georg III. Er hat keine Angst vor ihnen und übernahm einige Wochen nach Ende der Kampfhandlungen auch de jure wieder die Betriebsführung, nachdem er vom Staatsamt für Industrie, Gewerbe, Handel und Verkehr als öffentlicher Verwalter seines eigenen Unternehmens bestellt wurde. Sofort begann er mit dem Wiederaufbau der Schwechater Brauerei und konnte schon am 28. Juni 1945 erstmals wieder brauen, wenngleich fast das gesamte siebengrädige Bier an die Besatzungsmächte ging. Am 1. September gab es für die gleiche Zielgruppe schon 12grädiges Lagerbier. Dabei musste er sich auch unorthodoxer Mittel bedienen. So verkaufte er aus seiner inzwischen schon beträchtlichen Gemäldesammlung ein Werk von van Dyck an einen Schweizer Unternehmer, um mit der Gegenleistung von 96 LKW-Reifen den Fuhrpark wieder flott machen zu können. Auch die Gebäude und die Brauanlagen wurden rasch wieder notdürftig hergestellt, es mangelte aber noch lange an den notwendigen Baumaterialien. Die Beseitigung aller Kriegsschäden dauerte bis 1956.

Da sich 92% der Aktien in österreichischen Händen befanden, konnte leicht bewiesen werden, dass die Brauerei nicht dem »deutschen Eigentum« zugerechnet und von den Russen besetzt werden konnte. Erst 1948 kam es zu einer weitgehenden Normalisierung der Verhältnisse, obwohl der Rohstoffmangel nach wie vor deutlich zu spüren war. Manfred I. entschied deshalb Mitte 1948, den Flaschenbierverkauf wieder aufzunehmen, und brachte erstmals wieder 7,5grädiges Bier für die Bevölkerung auf den Markt. Nach wie vor lag Schwechat deutlich vor den Mitbewerbern, weil Gustav I. eine mustergültige Vertriebsorganisation aufgebaut hatte. Der Fassumschlag konnte auf vier Tage für den Weg von der Brauerei und zurück beschränkt werden. Das schaffte keine andere Großbrauerei.

Am 4. Oktober 1949 rief Manfred I. nach der Rückkehr Georgs III. nach Wien wieder einen »Viererzug« zusammen, der sich vor allem mit der Zukunft der nächsten Generation beschäftigte. Seine Schwägerin Almuth charakterisiert das Verhältnis zwischen Manfred I. und Georg III. so: »Manfred war nicht besonders ehrgeizig, er wurde sehr von seiner Frau Pussy gepuscht, aber er war wesentlich charmanter und kontaktfreudiger als Georg. Georg war der intelligentere und ehrgeizigere, aber er tat sich im Kontakt mit anderen Menschen schwerer. Manfred hat aber nichts gemacht, ohne es vorher mit Georg abzusprechen. Umgekehrt war es nicht immer so.«[109]

109. Almuth Mautner Markhof im persönlichen Gespräch mit dem Autor am 2. Mai 2013

1959 konnte noch eine weitere Brauerei erworben werden. Das Brauhaus der Stadt Wien, seit Drehers Zeiten ein ungeliebter Konkurrent, wurde von der Stadt Wien an ein Brauereikonsortium verkauft, bei dem die Brauerei

Schwechat mit 55,2% den höchsten Anteil besaß. Die Gemeinde Wien erhielt 800 Mio. Schilling in bar und 30 Mio. Schilling von der familiennahen Oppolzer KG, die die Liegenschaft verwertete. Damit war der vorletzte Mitbewerber aus dem Wiener Raum beseitigt, so dass die Ottakringer Brauerei als letzte Wiener Brauerei überblieb.

Manfred I. Mautner Markhof als Oberkurator der Ersten österreichischen Spar-Casse bei einem Weltspartag mit Bundespräsident Franz Jonas (Privatarchiv des Autors)

Anfang der 1960er Jahre konnte erstmals seit den Kriegsjahren wieder die 1 Mio.-hl-Grenze überschritten werden, zugleich deuteten sich große Marktumschichtungen an. Während in Wien durch das Gasthaussterben, die längeren Sommerurlaube, die auch sonst veränderten Freizeitgewohnheiten der Städter sowie durch die zunehmende Konkurrenz der steiermärkischen Brauereien der Absatz zurückging, profitierten vor allem die westösterreichischen Brauereien mit der Brau AG an der Spitze vom zunehmenden Fremdenverkehr. Die Marktanteile verschoben sich von Osten nach Westen. Manfred I. konnte aber vorerst nach wie vor mit der Entwicklung der Schwechater Brauerei sehr zufrieden sein. Es gab einige erfolgreiche Beteiligungen wie am Mineralwasserproduzenten Güssinger, der damals bekannte Limonaden wie Sinalco und Soma erzeugte, und der SKOL International Ltd., unter deren

Mantel die neue Biersorte SKOL erzeugt wurde. SKOL sollte einen internationalen Flair ins Biergeschäft bringen.

Außerdem wandelte Manfred auf den Spuren der Drehers und engagierte sich im Gastronomiebereich. Mit der Steffl Braugaststätten GmbH konnte er alteingeführte Gaststätten, wie z.B. das Wiener Kupferdachl und das Coq d'Or erhalten und über eine Schachtelbeteiligung auch neue Hotels wie das Holiday Inn in Innsbruck errichten.

Manfred I. trug wie sein Urgroßvater Adolf Ignaz und einige seiner anderen Vorfahren einen markanten Backenbart, der ihm einen patriarchalischen Eindruck vermittelte. Dieser brachte ihm den wenig schmeichelhaften Beinamen »Senf-Tegetthoff« ein. Er war in ganz Österreich und weit über die Landesgrenzen hinaus auch unter dem Kürzel MMM bekannt. Bei seinem 65. Geburtstag und gleichzeitigen 40jährigen Betriebsjubiläum am 17. September 1968 konnte er auf eine sehr erfolgreiche Unternehmensentwicklung zurückblicken. Es war sein letztes Jahr als Vorsitzender des Vorstandes und er erreichte mit einem Ausstoß mit 1,286.000 hl noch einen Rekordwert, ein so genanntes »all time high«. Sein Bier hatte wie das St. Marxer Bier seiner Vorfahren allerdings unter Bierkennern als Billigbier nicht den allerbesten Ruf. Er übergab den Vorstandsvorsitz an seinen langjährigen Mitarbeiter Gustav I., der aber zwei Jahre später starb. Danach trat sein gleichnamiger Sohn Manfred (II., auch Prof. Manfred genannt) ab 1970 an die operative Unternehmensspitze. Manfred I. wurde Präsident des Aufsichtsrates und löste dort Georg III. ab. Für ihn schuf man den Titel »Ehrenvorsitzender« und er hatte nun Zeit, sich auf seine zahlreichen Zusatzgeschäfte in der Hefeindustrie zu konzentrieren.

Man sollte glauben, dass die Führung eines so großen Konzerns ein Fulltimejob sein müsste. Doch Manfred I. war ein Mann, für den der Tag mehr als 24 Stunden haben sollte, damit er seine zahlreichen sonstigen Verpflichtungen auf wirtschaftlicher, kultureller und sportlicher Ebene erfüllen hätte können. Er bezeichnete sich als echten 1945er und zählte sich damit zu jener Handvoll Männer, »die 1945, als Österreich wiedergeboren wurde, hocherhobenen Hauptes einhergehen konnten, weil sie nie auch nur das geringste getan hatten, was die Ehre ihres Vaterlandes oder ihre persönliche Ehre befleckt hätte.«[110] Peter Weiser, der langjährige Generalsekretär des Musikvereins und Mitarbeiter Manfreds auf kultureller Ebene, meinte, dass seine Initiativen außerhalb des eigenen Unternehmens »nicht Produkte des Zufalls, sondern Resultate einer sehr glücklichen Mischung aus zielgerichtetem Wil-

110. Weiser: Beitrag über Manfred Mautner Markhof. In: NÖB 21, S.18

len, plötzlicher Intuition und Mut zur Entscheidung waren«. Wahrscheinlich gibt es keinen anderen Österreicher, der so viele Ämter bekleidete und dort auch wirklich aktiv tätig war.

Als Vorsitzender des Brauereiverbandes war er auch Präsident der Bundessektion Industrie der Wirtschaftskammer und 1947 Mitbegründer der Industriellenvereinigung und deren Vizepräsident. Er erfüllte hier eine extrem wichtige Stellung als Verbindungsmann zwischen diesen beiden Organisationen, die sich anfangs ambivalent bis feindlich gegenüberstanden und später Träger der für Österreich so wichtigen Sozialpartnerschaft wurden. Leopold Figl soll einmal gewitzelt haben, dass die Wiederherstellung eines geordneten Wirtschaftslebens in Österreich nur möglich gewesen sei, »weil Manfred Mautner Markhof dem Gewerkschaftspräsidenten Johann Böhm im richtigen Moment das Du-Wort angeboten hat.«

Manfred I. Mautner Markhof mit Bundeskanzler Julius Raab in den 1950er Jahren (Familienarchiv Mautner Markhof)

Seine übrigen Titel können hier nur beispielsweise aufgezählt werden: Er war Präsident des ÖAMTC, des Männergesangsvereins, der Wiener Konzerthausgesellschaft und des Wiener Trabrennvereins sowie Oberkurator der Ersten österreichischen Spar-Casse (heute wäre das der Aufsichtsratsvorsitzende). Besonders auf kultureller Ebene war er – gemeinsam mit seiner ebenso begabten Gattin Maria »Pussy« – ein Mitentscheidungsträger, der sogar an der Ernennung Karl Böhms zum Staatsoperndirektor entscheidend mitgewirkt hatte. Er schaffte es zwischen den Größen seiner Zeit zu vermitteln und er beseitigte u.a. Konflikte zwischen den großen Dirigenten Karajan, Furtwängler und Böhm. Mit Egon Seefehlner und Peter Weiser prägte er bis zu seinem Tod die Wiener und österreichische Kulturszene. So hat er sich als Regierungskommissär bei der Brüsseler Weltausstellung bemüht, den dortigen Österreich-Pavillon in Wien wieder aufzubauen. Daraus wurde das bekannte Zwanziger Haus im Schweizer Garten neben dem alten Südbahnhof, ein Museum für moderne Kunst. Er war mit vielen Künstlern befreundet und Richard Strauss sowie Gottfried von Einem haben ihm je eines ihrer Werke gewidmet.

MMM war auch von 1947 bis 1969 Mitglied des Internationalen Olympischen Komitees (IOC). Vor Beginn der Olympischen Spiele in Sapporo wurde Anfang 1972 der damals sehr bekannte Skisportler Karl Schranz wegen einer – aus heutiger, und eigentlich auch aus damaliger Sicht lächerlichen – Übertretung des Amateurparagraphen vom Internationalen Olympischen Komitee (IOC) disqualifiziert. Die Disqualifikation wurde damals in der Bevölkerung und bei den Medien als extrem ungerecht angesehen, weswegen man Karl Schranz einen triumphalen Einzug in Wien vor 100.000 Schaulustigen bot. Zuvor hatte aber Manfred an den IOC-Präsidenten Avery Brundage, dem man die Schuld an der Disqualifikation gab, ein Telegramm geschickt. Manfred war in die Entscheidung des IOC in keiner Weise eingebunden und er äußerte sich in diesem Telegramm keineswegs zur Disqualifikation, sondern bezeichnete – was zu diesem Zeitpunkt sicher nicht geschickt war – nur seinen Freund Brundage »als letzte Säule der olympischen Idee«[111]. Nun genügte ein Bericht in der sicher nicht Mautner-freundlichen Arbeiterzeitung über diese »Schanddepesche«[112] sowie ein in anderen Medien zitierter Leserbrief aus der Kleinen Zeitung[113] und die Österreicher boykottierten einige Tage alle Lebensmittelprodukte der Mautner-Firmen und das waren nicht wenige. Sie merkten großteils zum ersten Mal, dass es beispielsweise beim Senf und Essig auch andere Anbieter gab. Hauptsäch-

111. Der Originaltext lautete »Greatest respect and sympathy for the last pillar of the olympic ideas« und enthielt keinen Bezug auf Karl Schranz

112. Arbeiterzeitung vom 2. Februar 1972, S. 13

113. Leserbrief von Franz Kreuzberger in der Kleine Zeitung vom 5. Februar 1972, S. 23,

lich richtete sich der Boykott gegen das Schwechater Bier, das man als »Judas-Bier« bezeichnete.[114] Manfreds Enkel wurden in der Schule verprügelt. Es war für die Bevölkerung die einzige Art, ihren Unwillen zu zeigen und ihr war es egal, ob das Telegramm ein Missverständnis war und welchen Inhalt es hatte. In der Familie war er kurze Zeit sehr angefeindet, aber der Name Mautner Markhof war wieder einmal in aller Munde. Manfred und die Firma Mautner Markhof haben den Boykott wirtschaftlich natürlich überlebt und er hatte keine Schuld, dass die Firma heute anderen Eigentümern gehört. Allerdings zog sich die Familie in den folgenden Jahren zunehmend aus der Öffentlichkeit zurück.

114. Der Standard vom 14. August 2009, S. 12

Manfred I. starb im Jänner 1981 im Alter von 78 Jahren an den Folgen seines zweiten Autounfalls. Den ersten hatte er rund dreißig Jahre zuvor unverschuldet und knapp überlebt, aber mit Dauerfolgen für seine Gesundheit. Er verwendete seitdem einen Gehstock. Den zweiten Unfall verschuldete er hingegen selbst, weil er auf der vereisten Simmeringer Hauptstraße auf die Gegenfahrbahn geraten war und das Auto des italienischen Botschafters gerammt hatte – genau vor dem Haus seines Chauffeurs, dem er an diesem Tag freigegeben hatte. Bei seinem Begräbnis gingen hinter der Familie Bundespräsident Kirchschläger und Bundeskanzler Kreisky in der ersten Reihe. Die Einsegnung nahm Kardinal König vor.

Eine gute Charakteristik hat sein Neffe Georg IV. zu seinem 75. Geburtstag geschrieben, die aber – weil für die Betriebszeitung verfasst – nur die positiven Seiten beschreibt. Für ihn war demnach »Beruf und Vergnügen, Arbeit und Erholung, Geld und Geist stets eine Einheit gewesen.« Man bezeichnete ihn als letzten Repräsentanten eines patriarchalischen Systems, was Georg IV. insofern einschränkt, als er ihn als »Autorität«, nicht aber als »autoritär« bezeichnet.[115] Seine Prinzipien waren Distanz bewahren und über den Dingen zu stehen, Mut zum Delegieren haben und selber nur große Entscheidungen zu treffen, um damit einer Überlastung des organisatorisch tätigen Unternehmens vorzubeugen. Georg III. überlebte ihn ein Jahr. Dann übernahm bereits die fünfte Familiengeneration mit den Cousins Manfred II., Georg IV. und Gustav II. sowie später auch Michael endgültig das Ruder.

115. Siehe sein Beitrag zum 75. Geburtstag von Manfred I. in: Mosaik Oktober 1978

Untergang eines Unternehmens
Manfred II. und Georg IV. Mautner Markhof

Manfred II. wurde 1927 geboren und trat 1949 in den Familienkonzern ein. Nach dem Studium an der Wiener Universität und der Hochschule für Welthandel war er erster österreichischer Austauschstudent in den USA. Er schaffte zwar keinen akademischen Abschluss, aber trotzdem eine solide Ausbildung für seine Tätigkeit. Dieser Manfred war kein typischer Unternehmer wie sein Vater, sondern hatte zur Betriebswirtschaft einen anderen Zugang. Wahrscheinlich lernte er aus der Familiengeschichte und erkannte, dass man die Erwartungen eines so übermächtigen Vaters und der anderen Familienmitglieder nur dann erfüllen konnte, wenn man sich auf einem anderen Gebiet erfolgreich die Sporen verdienen würde.

Prof. Dr.h.c. Manfred II. Mautner Markhof (1926–2008) (Familienarchiv Mautner Markhof)

So konzentrierte er sich auf das Marketing des Unternehmens. Er kreierte mithilfe einer Werbeagentur das Logo »Ein Glas voll Schwung«, das als stilisiertes Bierglas jahrelang unter anderem auf der Spitze des 1964 erbauten Donauturms zu sehen war. Bereits die ersten Fernsehübertragungen von Fußball-Länderspielen in den späten 1950er Jahren wurden mit dem Spruch »Die Übertragung dieses Länderspieles widmet die Brauerei Schwechat allen Freunden des Schwechater Bieres und jenen, die es noch werden wollen ...« eingeleitet. In Erinnerung geblieben ist er auch als Präsident des World Life Founds (WWF) und des Fußballvereins Austria Wien, der als einer der ersten in Europa ein Sponsorlogo, und zwar sein Bierglas, auf den Leibchen trug. Laut Wikipedia hat er sechs österreichische und zehn Orden anderer Staaten erhalten.

Reklametafeln der Schwechater Brauerei aus den 1960er Jahren (Archiv der Brauerei Schwechat)

Manfred II. kam 1970 gemeinsam mit Georg IV. an die Konzernspitze und wurde Vorstandsvorsitzender der Schwechater Brauerei, während sein Vater an der Spitze des Aufsichtsrats stand. Er bekleidete wie Manfred I. bald hohe Ämter in den Interessenvertretungen der Wirtschaft, war auf Grund dieser Funktionen von 1983 bis 1999 Mitglied des Bundesrates und trug die stolzen Ehrentitel eines Konsuls sowie eines Ehrendoktors der University of Redlands. Es waren nicht so honorige Titel wie die seines Vaters, aber sein Bekanntheitsgrad war kaum geringer.

Schon ab 1969 gab es Bestrebungen, österreichische Großbrauereien zusammenzulegen, weil es zunehmende wirtschaftliche Probleme in der Brauwirtschaft gab. Die Frage war, wer als Partner für eine Fusion in Frage kommen könnte. Nach dem Scheitern eines Versuches, mit den Verwandten aus der Brauerei Reinighaus zu fusionieren, widmeten sich Manfred II. und Georg IV. ihrem persönlichen Wunsch, das Unternehmen der Brau AG zu verkaufen. Nach einigen Schwierigkeiten gelang das 1977 und die weitere Strategie wurde ab diesem Zeitpunkt in deren Hauptsitz Linz vorgegeben. Die Familie Mautner Markhof beschränkte sich auf ihre Rolle als größter Kernaktionär und die Marke »Schwechater« blieb aus steuerlichen Gründen als eigene Marke bestehen. Familienchronist Georg IV., der damals stellvertretender Aufsichtsratschef war, meinte dazu: »Emotionell betrachtet, mag dieser Schritt bedauerlich sein, aber vom Verstand her gesehen, den Geschäftsleute nie außer acht lassen sollten, ist er der einzig vernünftige Weg.«

Dkfm. Georg IV. Mautner Markhof (1926–2008) (Familienarchiv Mautner Markhof)

Als Georg IV. 1982 von Handelsminister Josef Staribacher das vom österreichischen Staat verliehene Staatswappen in Empfang nehmen konnte, wurde in Schwechat nur mehr Bier der Brau AG gebraut. Die Marke »Schwechater Bier« hat sich bis heute erhalten und hält in Wien und Teilen von Niederösterreich noch einen beachtlichen Marktanteil, mit der Marke Hopfenperle wollte man den Billig-Bier-Geruch ablegen. Das Schwechater Bier hatte noch bis 1979 eine Aluminiumkapsel mit einer seitlichen Lasche, so dass die Flasche ohne Flaschenöffner aufgemacht werden konnte. Legendär wurde die Flasche durch die Fernsehserie »Ein echter Wiener geht nicht unter«, bei der »Mundl« Sackbauer unzählige dieser Flaschen öffnete.

So ganz können sich die Mautner Markhof aber nicht vom Braugewerbe trennen. Der Enkel von Gerhard, der den eigentlich verpönten Namen seines Urgroßonkels Viktor trägt, war von 1994 bis 2003 in Brünn Vorstandsvorsitzender der Starobrno-Brauerei. Dieses in Wien häufig getrunkene Bier, wird in einer Brauerei erzeugt, die der Brauunion, der Nachfolgerin der Brau AG, gehört. Marcus, der Sohn von Georg IV., hat 2013 die Grieskirchner Brauerei erworben. Der Vorbesitzer war übrigens Gustav Harmer jun., dessen Vater wir bei der Ottakringer Brauerei noch als Nachfolger der Familie Kuffner kennenlernen werden. So brauen 1 ¾ Jahrhunderte nach Adolf Ignaz noch immer Mitglieder seiner Familie Bier.

Aufsichtsrat des Simmeringer Unternehmens 1994 mit Mitgliedern der 5. und 6. Generation, 2.v.l. Heinrich, 4.v.l. Diana, 5.v.l. Manfred II., 7.v.l. Georg IV., 8.v.l. Manfred Leo, 9.v.l. Marcus (Familienarchiv Mautner Markhof)

Von den riesigen historischen Brauhausanlagen in Schwechat, die drei Hektar Fläche bedeckten, gibt es nicht mehr viel zu sehen. Das alte Sudhaus mit den historischen kupfernen Maisch-, Läuter- und Sudgefäßen wurde rasch abgerissen und die Brauunion hätte am liebsten das ganze Areal einer neuen Nutzung zugeführt. Glücklicherweise scheiterte das aber am Widerstand der Bevölkerung. Zudem wurden 1990 drei Gebäude unter Denkmalschutz gestellt:

das zweistöckige alte Wohn- und Bürogebäude der Familie Dreher mit den Rund-Erkern in der Brauhausstraße, zu dem auch der Festsaaltrakt gehört, die ehemalige Dieselzentrale und der barocke maria-theresianische Gartenpavillon. Das Wohnhaus Drehers wurde aber nicht – wie man wünschte – das Heimatmuseum, sondern gehört heute dem Fruchtsafterzeuger Pago und einem Bienenhof. Auch die Dieselzentrale ist nicht mehr im Besitz der Brauerei.

2008 starben Manfred II. und Georg IV. In diesem Jahre begannen Buntmetalldiebe, alles was auf dem Gelände der Brauerei aus Kupfer war, zu demontieren und die Leitungen sogar aus der Erde herauszugraben, so dass oft nur offene Gräben blieben. Deshalb entschloss sich die Brauunion als Besitzer der Anlagen, auch die restlichen Gebäude im Jahr 2012 aus Sicherheitsgründen abzureißen. Sie werden nun Wohnhausanlagen weichen.

Schwechater Brauerei im Jahr 1955 vom gleichen Blickpunkt wie Foto auf Seite 31 (Familienarchiv Mautner Markhof)

1989 machte der ehemalige Unterrichtsminister Theodor Piffl-Percevic, ein Ururenkel von Adolf Ignaz, Georg IV. den Vorschlag, den 100. Todestag des Familiengründers würdig zu begehen. Die Einladungen gingen in 22 Staaten und an die bekannten österreichischen Familien Reininghaus, Rhomberg, Attems, Hardegg, Karajan, Rohan, Thun-Hohenstein, Thonet, Waechter und Windischgrätz. Viele von jenen, die kamen, konnten kein Deutsch und wussten gar nicht wer Adolf Ignaz Mautner Markhof war. Gemeinsam besuchten sie eine ihm gewidmete Gedenkmesse und waren bei der Festveranstaltung auf dem Gelände in Simmering dabei. Es wird wohl keine österreichische Industriellenfamilie geben, die ähnliches schaffen würde – nicht einmal die Familien Schöller und Meinl, deren Wirken in Österreich ebenfalls weit ins 19.Jahrhundert zurückreicht.

Straßenfront des Rosenhofs um 2010 vor dem Umbau zu einem Jugendhotel
(Foto des Autors)

Ein Spaziergang durch die Mautner Markhof-Gasse in Simmering vermittelt noch einige Erinnerungen an alte Brauherrenzeiten, obwohl dort viele Gebäude(teile) der Spitzhacke zum Opfer gefallen sind. Vis a vis des heutigen Mautner Markhof-Betriebsgeländes sieht man auf Nummer 50 den lang gestreckten Rosenhof als klassizistisches Herrenhaus und eine Gedenktafel auf dem Vorgängerbau. Er wurde 2012 in ein Hotel umgewandelt, das sich besonders um junge Familien kümmert. Auf der riesigen Fläche zur Simmeringer Hauptstraße entsteht der große »Wohnpark Mautner Markhof-Gründe«. Das historische Betriebsgelände wird damit zur gleichen Zeit verbaut wie der Großteil des Areals der alten Schwechater Brauerei.

Neben dem Rosenhof sieht man auf Nummer 40 den Thurnhof, der die Simmeringer Brauerei beherbergte und dessen breit gewölbte Einfahrt mit dem steinernen Wappen, das mit dem Lamm Gottes und der Jahreszahl 1777 an das Frauenkloster zur Himmelpforte erinnert. Dort war die Brauherrenfamilie Meichl tätig, die uns im nächsten Kapitel beschäftigen wird.

Die Familie Meichl

Die Familie Meichl ist nur mehr Simmeringer Lokalhistorikern ein Begriff. Dabei betrieb sie nicht nur selbst über einige Generationen im Herzen dieses Bezirkes eine erfolgreiche Brauerei, sondern schrieb – wie wir schon gelesen haben – durch ihre Verwandtschaft zur Familie Dreher und als späterer Aktionär der Schwechater Brauerei bis 1978 einen Teil der Wiener Brauereigeschichte mit. Es war beachtlich, dass sich diese Brauerei zwischen jener der Familie Mautner Markhof am Beginn und der Familie Dreher am anderen Ende der Simmeringer Hauptstraße so lange unter den zehn größten in Wien während des Großteils des »goldenen Bierjahrhunderts« behaupten konnte.

Georg I. Meichl (1791–1834)

Theodor I. Meichl (1820–1869)

Beginnen wir aber wieder mit den historischen Anfängen ihrer Brauerei. Am ersten Sitz der Grundherrschaft Simmering befand sich ein Meierhof, der 1405 erstmals als Thurnhof erwähnt wurde. Im 17.Jahrhundert brauten dort die Nonnen des Klosters Zur Himmelpforte ein Märzenbier. Als sich 1683 die Türken Wien näherten, sind diese aber Hals über Kopf in die Stadt geflüchtet, haben ihren Besitz zurückgelassen und das bereits fertig gebraute Bier großmütig dem Orden der Barfüßer geschenkt. Am 12. Juli 1683 fuhren deshalb zwei Pater mit einem Fuhrwerk nach Simmering und holten 50 Eimer Bier und 15 Maß Branntwein in die Stadt. Ganz gefahrlos dürfte dieses Unternehmen nicht gewesen sein, denn einen Tag später besetzte das osmanische Hauptheer bereits Schwechat. In den folgenden Jahrzehnten wechselten die Besitzer rasch bis zum Jahr 1806. In diesem Jahr kaufte Johann Georg Dittmann die Brauerei und verpachtete sie 1821 an Georg Meichl sen., womit wir zu dieser bedeutenden Wiener Brauerfamilie kommen.

Sein Vater Josef stammt aus einer Brauerfamilie, die wie die Familien Dreher und Aich aus dem schwäbischen Bodenseeraum nach Wien kam. Sein ursprünglicher Familienname war Meichle, das »e« scheint in Österreich verschwunden zu sein. Er führte bis zu seinem Tod im Jahr 1791 eine kleine Brauerei im niederösterreichischen Gablitz. Georg kam im Todesjahr seines Vaters zur Welt und scheint bereits als 18-Jähriger Pächter der Figdor-Brauerei in Schwechat auf, wo sich seit einigen Jahren Franz Anton und Johann Nepomuk Dreher bemühten, das wesentlich kleinere Klein-Schwechater Brauhaus über die Runden zu bringen. Als sich Meichl 1822 die Chance bot, nach Sim-

Georg II. Meichl (1849–1919)

Georg III. Meichl (1878–1939)

mering zu wechseln, griff er zu und entkam dadurch der späteren direkten Ortskonkurrenz des älteren Anton Dreher, dessen Lehrherr er wegen der Bekanntschaft mit dessen Vater wurde und der dem um 20 Jahre Jüngeren – wie wir schon erzählt haben – jede Eignung zum Bierbrauer absprach.

Bereits ein Jahr später musste Dittmann die Brauerei an Meichl verkaufen, das »Simmeringer Märzenbier« wurde durch ihn und seine Söhne rasch ein ernstzunehmender Konkurrent der beiden benachbarten Brauereien von Adolf Ignaz Mautner und des ehemaligen »Lehrbuben« Anton Dreher. Nach seinem Tod 1834 übernahm vorerst ein Kurator für seinen noch minderjährigen Sohn Theodor (I.) die Betriebsleitung. Genau in jenem Jahr 1840, in dem Dreher und Mautner mit ihrer großen Erfolgsstory begannen, trat er an die Spitze der Brauerei. Er konnte den Ausstoß zwar bis zu seinem Tod kaum steigern, aber mit 47.000 hl lag er 1850 durchaus auf »Augenhöhe« mit St. Marx und den anderen größeren Wiener Brauereien. Er wurde auch 1846 zum ersten Vorsteher des Brauherren-Vereins und 1853 nochmals gewählt. Als an einigen Tagen des Jahres 1864 Fürst Otto von Bismarck bei seinen Fahrten von der Stadt nach Alt-Kettenhof immer in der Brauerei Station machte und ein Krügerl Bier trank, schaffte er es sogar in die Klatschspalten der Zeitungen zu kommen. Im Schloss Alt-Kettenhof fanden damals die Gespräche über die Aufteilung Schleswig-Holsteins nach dem Krieg gegen Dänemark statt.

Eine Produktionssteigerung gelang erst den Söhnen Theodors I., dem gleichnamigen Theodor II. Karl und vor allem Georg II. Sie erhielten schon eine für Brauherren der damaligen Zeit übliche Ausbildung inklusive Reise in diverse europäische Brauereien. Sie übernahmen 1869 das Unternehmen und holten rasch alles nach, damit ihre Simmeringer Brauerei mit ihren Nachbarn in St. Marx und Schwechat mithalten konnte. Durch die Einführung der fabriksmäßigen Produktion und der Kühlanlagen sowie durch die Erweiterung der Lagerräume erreichten die Brüder noch vor 1880 die 100.000 hl-Marke. Zur Jahrhundertwende lag Simmering an der 7. Stelle der 13 damaligen Brauereien im engeren Wiener Umland und mit 188.029 hl wurde knapp vor der Fusion mit Dreher und Mautner Markhof der Produktions-Spitzenwert erreicht. Die Brauerei beschäftigte damals 250 Beamte und Arbeiter.

Theodor heiratete am 11. August 1870 Anna Aich, die Schwester des uns schon bekannten Franz Aich aus der Dreher-Dynastie, und zwar einen Tag bevor seine Schwester Katharina (Käthe) das nunmehrige Familienoberhaupt Anton Dreher jun. zum Traualtar geführt hatte. Maria, die Schwester der beiden, heiratete dann noch Franz Aich, so dass die Familienbande dreifach abgesichert war. Wenngleich die Vereinigung der Brauereien aus wirtschaftlichen Gründen erst 43 Jahre später erfolgte, wurde hier sicher schon die erste Voraussetzung dafür gelegt.

Neben der Brauerei betrieb die Familie eine Hefe-Reinzuchtsanstalt, deren Samenhefe von vielen in- und ausländischen Brauereien bezogen wurde. 1895 wurde neben der Brauerei ein großer Restaurationsbetrieb mit vielen Sälen und einem Garten gebaut. Das Gebäude steht noch heute neben den Mautner Markhof Gründen, Bier gibt es dort aber nur mehr im ebenerdigen Supermarkt.

Georg II. gehörte zu den Gründern und langjährigen Mitgliedern der Versuchsanstalt für Brauerei und Mälzerei, der späteren Brauer-Akademie, womit auch seine wissenschaftliche Ader dokumentiert wird. 1899 bezeichnete ihn der Redakteur der Brauer- und Hopfenzeitung »Gambrinus« zu seinem 50. Geburtstag »als personifizierte Liebenswürdigkeit und Urbanität«. Die Simmeringer Arbeitnehmervertreter waren ganz anderer Ansicht, gerade in seiner Brauerei gab es neben dem »Königreich Dreher« die meisten arbeitsrechtlichen Probleme.

Georg IV. Meichl (1919–1983)

Gebäude des Braugasthofes in der Simmeringer Hauptstraße 99
(Familienarchiv Mautner Markhof)

Klosterwappen der Himmelpförtnerinnen auf dem Haus Mautner-Markhof-Gasse 40

Familiengrab Meichl am Friedhof bei der Simmeringer Laurenzkirche (Foto des Autors 2010)

Mit Sicherheit begünstigt durch die familiären Bande zwischen den Familien Dreher-Aich und Meichl, aber auch wegen der wirtschaftlich schwieriger gewordenen Situation der Wiener Brauwirtschaft in den Jahren vor dem Ersten Weltkrieg kam es 1913 zur Fusion zu den »Vereinigten Brauereien Schwechat, St.Marx, Simmering – Dreher, Mautner, Meichl Aktiengesellschaft«. Georg II. und nach seinem Tod 1919 Georg III. wurden Vizepräsidenten dieser Großbrauerei mit dem langen Namen.

Im Kriegsjahr 1917 wurden nur mehr 2.000 hl produziert, es gab die gleichen sagenhaften Zutaten wie in den anderen Brauereien. Von einem Bier konnte bei diesem Kriegsgetränk wohl keine Rede mehr sein. Zwischen 1917 und 1927 ließen die Vereinigten Brauereien den Standort Simmering brach liegen, nach dem Ersten Weltkrieg verwendete das Volksernährungsamt die Keller als Gefrieranlage für die Wiener Fleischvorräte. Während der umfangreichen Renovierung der Schwechater Brauerei durch Generaldirektor Schneeberger wurde zwischen 1927 bis 1930 kurzfristig der Braubetrieb wieder aufgenommen, aber 1930 kam es zur endgültigen Stilllegung. Georg III.

Erinnerungsblatt des Brauherren-Vereins für Georg II. Meichl 1899
(Familienarchiv Mautner Markhof)

blieb auch nach der Übernahme des Braugiganten durch die Familie Mautner Markhof im Aufsichtsrat. Er starb 1939 an einem Motorradunfall, sieben Monate vor seinem kinderlos gebliebenen Cousin Theodor III., der aber seinen Anteil an der Schwechater Brauerei auf Grund seines teuren Lebenswandels bereits verkauft hatte. Damit erbte Georg IV. das letzte Aktienpaket und wurde dort bis zu seiner Pensionierung bei der Betriebsübernahme durch die Brau AG Direktor. Dann schieden die Meichls aus der Schwechater Brauerei und nach sechs Generationen aus dem Braugeschäft aus. Auf dem Gelände wurden bis ins 21.Jahrhundert Nahrungsmittel des Mautner-Markhof Konzerns erzeugt, es gab dort außerdem bis zur Fusion mit der Brau AG ein großes Bierlager der Brauerei Schwechat.

Außer dem Klosterwappen der Himmelpförtnerinnen über dem Torbogen des Thurnhofes in der Mautner Markhof Gasse 40 erinnert an den Namen Meichl in Wien nur Weniges. Auf dem Friedhof bei der alten Simmeringer Pfarrkirche findet man direkt an der Mauer des Chors noch das Familiengrab. Das Bezirksmuseum Simmering hat im vorigen Jahrhundert eine Bierflasche der Meichl-Brauerei aus dem Jahr 1900 erworben und ausgestellt.

Die Familie Kuffner

Wir wissen nun viel über die Brauereien und ihr Bier im Osten und Norden von Wien. Wie sah es im übrigen heutigen Stadtgebiet aus? In den Vorstädten Landstraße (Brauerei Neuling), Wieden, Margareten, Hundsturm, Rustendorf und Lichtental (Brauhaus Liechtenstein) gab es noch um das Jahr 1850 eine Reihe von kleinen, meist von der Grundherrschaft gegründeten Brauereien. Sie waren aber wahrscheinlich schuld an der schlechten Bierqualität der Stadt vor 1837, denn in den 1860er und 1870er Jahren mussten sie ausnahmslos zusperren. Jenseits des Linienwalls gab es im Westen neben den beiden kurz erwähnten Brauereien der Dreher-Nebenlinie in Währing und Ober-Döbling noch die Brauhäuser in Fünfhaus, Gaudenzdorf, Grinzing, Ottakring, Hernals, Hütteldorf und Nussdorf. Sie erzeugten meist besseres Bier und überlebten auch länger. Drei von ihnen wurden von der Familie Kuffner, auf die wir nun eingehen werden, übernommen. Hütteldorf und Nussdorf wurden nach 1918 von den Vereinigten Brauereien geschluckt. Fünfhaus und Gaudenzdorf sperrten vor 1880 zu, Grinzing schaffte den Betrieb bis in die 1930er Jahre. Eine Einzige überlebte alle Epochen seit dem Beginn des »Goldenen Bierjahrhunderts«, zu dem sie auch einen bedeutenden Beitrag leistete: die Ottakringer Brauerei.

Vorspiel in der Ottakringerstraße

Auf einem Gründerzeithaus in der Ottakringer Straße 93 sieht man noch heute Ornamente, die aus drei Rosen und drei Hopfenstangen gebildet werden. An diesem Ort errichtete Müllermeister Heinrich Plank 1837 sein »Drei Röserl Haus« auf einer Weinried namens Paniken, die der Stiftsverwaltung Klosterneuburg gehörte.

In dem seither mehrfach umgebauten Haus wurde mitten in den Weinbergen auf 8000 m2 eine Bierschank mit Tanzsaal und großem Biergarten eingerichtet. Im Brauhaussaal fanden Bälle, Theateraufführungen und Konzerte statt. Daneben befanden sich das eigentliche Brauhaus mit Wohn- und Wirtschaftsgebäuden, eine Lagerhalle sowie ein großer Obstgarten. In Ottakring gab es viele Heurige, aber noch keinen Biergarten. Der Bierausschank war in

Ottakring erst seit 1735 wegen der damals extrem schlechten Weinernte erlaubt, aber bis zur Gründung der Brauerei nicht allzu gern gesehen. Zum Trinken gab es allerdings in dieser Gegend immer schon genug. Schon um 1800 hatte der Lokalhistoriker Franz Gaheis die neben Ottakring liegende Vorstadt Neu-Lerchenfeld als »des heiligen Römischen Reiches größtes Wirtshaus« bezeichnet, weil dort von den 150 Häusern 102 die Schankgerechtigkeit besaßen. Außerhalb des Linienwalls war das Essen und Trinken nämlich billiger, weil die Verzehrsteuer erst beim Passieren von dessen Toren eingehoben wurde. In der Biedermeierzeit wurden außerdem die Landausflüge sehr populär, es gab erstmals dank des Zeiserlwagens regelmäßige Fahrgelegenheiten. Ottakring galt damals bereits als Landausflug.

Vier Jahre nach dem Beginn des Braubetriebes im Jahr 1839 vergrößerte Plank die Produktionsgebäude und rückte damit bald in den Mittelpunkt des geselligen Lebens im damaligen Ottakring. 1848 verfügte die Brauerei bereits über eine eigene Gärkellerei, Stallungen, erweiterte Lagerräume und Wohnungen sowie eine Malztenne. In diesem Jahr wäre sein Brauhaus allerdings bald zerstört worden: Im Laufe der März-Revolution wollten einige Maschinenstürmer, die von einer Demonstration in der Innenstadt zurückkehrten, in das Brauhaus eindringen. Sie wurden aber von den Ortsbewohnern und einigen Brauereiarbeitern vertrieben. Lesen wir dazu in der Ortschronik des Ottakringer Pfarrer Emmanuel Paletz: »Ottakring wurde schon frühzeitig in die Schicksale der Wiener Revolution hineingezogen. Es kam nämlich am 14.März eine kleine Abtheilung jener Räuber und Mordbrenner, welche ... mehrere Fabriken zerstört und geplündert hatten ... auch nach Ottakring, um da ihr schändliches Treiben zu wiederholen. Das stattliche Bräuhaus soll zunächst das Ziel ihrer bösen Absichten gewesen sein, allein sie hatten sich gewaltig verrechnet, denn kaum hatte sich die Nachricht von dem Heranrücken dieses Gesindels im Ort verbreitet, als sich eine Schaar rüstiger Männer mit Knütteln, Ochsenziemern und anderen Werkzeugen bewaffnet versammelte und dessen Ankunft erwartete. Angekommen, wurden die mit einer solchen Tracht Prügel begrüßt, dass sie unter Fluchen und Schelten retirirten.«[116]

116. zitiert nach Klusacek, Stimmer: Ottakring, S. 49

Der Müllermeister beherrschte offensichtlich sein Metier als Braumeister und Gastronom, leider fehlten ihm – wie einigen anderen Brauherren in den benachbarten Vororten – die kaufmännischen Kenntnisse. Schon 1850 war er mit 30.000 Gulden (ca. 325.000 Euro) überschuldet und musste sich nach einem Käufer umsehen. Am 8. März dieses Jahres unterschrieb er einen Vertrag, durch den Ignaz und Jakob Kuffner das ein Hektar große Anwesen samt aller Gebäude und Geräte erwarben. Mit dieser Familie, die aus Břeclav (Lundenburg) im südlichen Mähren stammte, betrat eine Familie, die bald zu den größten Brauherrenfamilien Wiens zählen sollte, die Residenzstadt.

Der soziale Bürgermeister von Ottakring Ignaz von Kuffner

Auch der Name dieser Familie ist in Wien weitgehend in Vergessenheit geraten, seit die wichtigsten Mitglieder wegen ihres jüdischen Glaubens 1938 noch im letzten Moment ins Ausland flüchten konnten. Dabei gehörte sie nicht nur zu den wirtschaftlich erfolgreichsten, sondern auch zu den am stärksten nachhaltig sozial agierenden Wiener Unternehmerfamilien. Der bekannte Familienforscher Georg Gaugusch hat ihr in seinem hervorragenden Buch »Wer einmal war« sogar eine Sonderstellung unter allen jüdischen Familien in Wien eingeräumt. Die Israelitische Kultusgemeinde hat bei der Feier ihres 150.Gründungsjubiläums 1999 im Wiener Burgtheater das Portrait von Ignaz Kuffner, der das bekannteste Familienmitglied war, im Bühnenhintergrund aufgehängt. In der Schweiz bewiesen die letzten Nachkommen durch die Gründung einer wohltätigen Stiftung auch noch nach 1945 ihr nachhaltiges soziales Engagement. In Wien ist der Name im Wesentlichen nur mehr durch die Sternwarte in Ottakring präsent. Angeblich wurde auch 2006 der Kleinplanet Nr. 12.568 nach dem Gründer dieser Sternwarte »Kuffner« benannt.

Ignaz Edler von Kuffner, Brauhausbesitzer und Bürgermeister von Ottakring (1822–1882) (Bezirksmuseums Ottakring)

Wer etwas über die Ursprünge der Familie Kuffner erfahren will, muss ein paar Kilometer über die österreichische Grenze nach Břeclav fahren. Dort gibt es in Schaukästen der als Museum umgebauten Synagoge Beschreibungen der Ahnenreihe und der wirtschaftlichen Erfolge der Familie bis 1938, leider nur in tschechischer Sprache. Dort findet man aber eine nette Geschichte, wie das Unternehmertum der Familie Kuffner begann: Ein Fürst von und zu Liechtenstein spielte Mitte des 18. Jahrhunderts in seinem Wiener Palais eine Schachpartie gegen einen französischen Diplomaten und hätte diese fast verloren. Aufgrund hämischer Bemerkungen wettete er mit diesem Marquis, dass er in Lundenburg einen Mann kenne, der diese Partie noch gewinnen würde. Das war der Kuffner-Stammvater namens Lob oder Löbl, der nach Wien kam und die Partie wirklich noch zugunsten des Fürsten entschied. Als Dank schenkte ihm dieser dafür ein Anwesen, das der Stammsitz der Familie wurde, und ließ eine Brücke nach ihm benennen. Außerdem durfte Lob das Bräuhaus der Stadt pachten.[117] 1805 war die Familie bereits so wohlhabend, dass sie auch das fürstliche Branntweinhaus pachten konnte und Handel mit Lebensmittel und Getränken begann. [118]

Sein Sohn Koppel, aus dessen Namen durch die Josefinische Umbenennung der Juden der Familienname Kuffner entstand, hatte vier Söhne. Der älteste von ihnen, Wolf, wurde Ahnherr einer erfolgreichen Familie. Seine Söhnen Karl und David waren vor allem in der Bier- und Branntweinerzeugung erfolgreich. Karl starb mit 47 Jahren an Typhus, hatte aber zuvor sechs Kinder, darunter als jüngsten den damals 13jährigen Ignaz in die Welt gesetzt. Ignaz musste nun wegen des frühen Todes seines Vaters seine Ausbildung in der Mittelschule von Nikolsburg (Mikulov) abbrechen und in den ererbten Betrieben arbeiten, bevor er nach Wien kam und Oberhaupt des Wiener Familienzweiges wurde.

David, auch Hirsch genannt, wurde Bürgermeister dieser südmährischen Grenzstadt und führte einen der ertragreichsten Landwirtschaftsbetriebe der Monarchie, seine Zuckerfabrik wurde unter seinem Sohn sogar die größte dieses Kronlandes. Der dritte Bruder Simon war der Vater von Gottlieb, Adolf und Wilhelm, die wir als Besitzer der Hernalser Brauerei wieder treffen werden, und widmete sich dem Wollhandel. Seine Tochter Fanny war einige Jahre mit Ignaz verheiratet, sie starb aber schon 1851. Diese verwirrenden Familienbeziehungen und Eheschließungen unter Verwandten waren bei jüdischen Familien üblich. Sie können auch im Stammbaum im Anhang dieses Buches nachgelesen werden.

Den jungen Familienmitgliedern wurde also bezüglich des Brauhandwerks schon vieles in die Wiege gelegt. Während Davids Sohn Hermann die Unternehmen in Lundenburg weiterführte, gingen die Cousins Ignaz und Jakob nach Wien. Gottlieb und Adolf folgten einige Jahre später. Ignaz heiratete nach dem Tod von Fanny in zweiter Ehe Rosalie Spitzer und bereits 1854 wurde ihr Sohn Moriz geboren. Die Söhne Jakobs, Wilhelm und Karl, wurden noch in Lundenburg geboren, so dass bereits eine große Familie nach Wien kam und sich in den nächsten Jahren noch weiter vermehren sollte. Sie bezogen zunächst die Wohnungen in den Brauereien.

Karl Kuffner zog weiter nach Ungarn, wurde als Erbe seines kinderlos gestorbenen Onkels Hermann Großindustrieller in der Landwirtschaft und erbte unter anderem die große Zuckerfabrik in Diószegh. 1904 wurde er als Baron Karl Kuffner de Diószegh Mitglied des ungarischen Kleinadels. Er wird

117. Gaugusch: Wer einmal war, S. 1572

118. Zur Familiengeschichte der Kuffner siehe Gaugusch: Die Familie Kuffner, S. 243 ff.

uns noch bei der Bildung der Aktiengesellschaft begegnen. Sein Sohn Raoul heiratete die inzwischen auch in Österreich bekannt gewordene Art-Deco-Malerin Tamara de Lempicka. Aus dieser Ehe stammen noch die letzten Kuffner-Erben, die unter anderen Namen in New York leben. Eine Enkelin von Jakob, Gertrud Schlesinger, war mit Hugo von Hofmannsthal verheiratet.

Zurück nach Wien und weg von den vielen verwirrenden Namen: Ignaz und Jakob kauften 1850 die Brauerei und nutzten damit die fünf Jahre nach der Revolution 1848, in denen Juden in Wien Eigentum erwerben konnten. Das wurde 1853 wieder verboten und endgültig erst mit den Staatsgrundgesetzen 1867 erlaubt. Die Kuffner-Brüder wandelten die Brauerei rasch in einen Großbetrieb um und verdreifachten den Ausstoß innerhalb von acht Jahren. 1858 rangierte die Brauerei nach einigen Erweiterungen mit 58.000 hl bereits an fünfter Stelle unter den Brauereien auf dem heutigen Wiener Stadtgebiet. Jakob widmete sich ab 1856 einer von ihm gekauften kleineren Brauerei in Ober-Döbling, Ottakring wurde fast ausschließlich von Ignaz geführt.

Ottakringerstraße mit der Brauerei im Jahr 1895 (Bezirksmuseum Ottakring)

Aufgrund seiner Erfahrungen in Lundenburg gelang ihm in denselben Jahren wie Anton Dreher sen. und Adolf Ignaz Mautner Markhof die Umstellung zur industriellen Produktionsweise.[119] 1856 wurde die erste Dampfmaschine eingesetzt und das Kleingewerbe, das sich rund um die Brauerei ansiedelte, profitierte bald von kleineren Aufträgen.

119. Seidl: Unser Bier, S. 280

Kuffner profitierte von der Mautnerschen Erfindung der Kunsthefe und errichtete 1862 eine Spiritus- und Presshefefabrik als zweites Standbein.[120] 1873 war er wie die anderen Brauherren mit einem eigenen Pavillon auf der Weltausstellung vertreten, wo auch Erzeugnisse aus den Kuffnerschen Spiritus- und Zuckerfabriken präsentiert wurden – ohne dort allerdings wie die Pavillons von Dreher und Mautner Markhof großen Eindruck gemacht zu haben.

120. Knapp zuvor hatte Adolf Ignaz Mautner ein Verfahren zur Erzeugung von Kunsthefe entdeckt.

Der Malzturm der Brauerei Ottakring 2012 (Foto des Autors)

Da man schon kurz nach 1850 das ganze Jahr hindurch zu brauen begann, war die Kühlung des Bieres vor allem im Sommer wichtig. Vis a vis vom Brauereigebäude gab es im 19. Jahrhundert entlang der Rosensteingasse den Ganstererteich, aus dem im Winter die Eisblöcke herausgeschnitten und in Kellern gelagert wurden. Natürlich ergaben sich mit der Natureiskühlung besonders in Jahren mit höheren Durchschnittstemperaturen Probleme, aber Kuffner wartete trotzdem rund 10 Jahre länger als seine Konkurrenten, bis er 1889 das erste Kühlanlagesystem der Firma Pictet aufstellte. Erst am Beginn des 20. Jahrhunderts kamen dann die ersten Linde-Kältemaschinen, die sich nach den erfolgreichen Versuchen in Schwechat im Jahr 1876 inzwischen als beste Lösung in allen Brauereien durchgesetzt hatten.[121]

121. Diese und viele folgenden Informationen sind einem Manuskript des ehemaligen Braumeister Heinz Schurz entnommen, das dieser 2009 ins Internet stellte.

Die alten Lagerkeller an der Ottakringerstraße wurden 1891 in Richtung Arnethgasse zugleich mit einer Vielzahl von weiteren Einrichtungen wie Maschinenhaus, Kesselhaus, Mälzerei und Dampfsudwerk erweitert. Damals entstand auch der imposante Turm der Malzdarre, der mit 30 m Höhe noch heute als ein Wahrzeichen des Bezirks gilt.

Inzwischen mussten bereits alle Brauereien das Bier solange in ihren Kellern lagern, bis man es ausschankfertig zu den Wirten führen konnte. Deshalb wurde 1913 auf dem Gebiet des seit 1880 zugeschütteten Ganstererteiches noch ein etwa 3.300 m² großer und 7 m tiefer Keller ausgehoben und mit Nebengebäuden überbaut, die später in einen Fest- und Tanzsaal umgewandelt wurden. Da ein Jahr später der Erste Weltkrieg ausbrach, wurde dieser Keller aber nicht mehr gebraucht und diente der Firma Meinl als Zwischenlagerung für Marmeladen. Er ist heute noch als »Meinl-Keller« bekannt und dort findet man neben Pulpefässern, die die Firma Meinl zur Erzeugung von Fruchtsäften und Marmeladen benötigte, noch einige alte Bierfässer aus Holz. Drei von ihnen sollen bereits in Südafrika in einem Brauereimuseum stehen. Der Keller ist durch einen Verbindungsgang mit der Brauerei verbunden und führt auch ins 1887 erbaute Stadtpalais der Familie Kuffner, heute Palais Harmer genannt.[122]

Ignaz Kuffner verbesserte aber nicht nur die Produktion, er versuchte auch für seine Arbeiter bessere Arbeitsbedingungen als in den anderen Betrieben des Vorortes zu schaffen. Ihre Verpflegung war ihm sehr wichtig und so richtete er eine eigene Werksküche mit nahrhafter und billiger Kost ein und bot eine Reihe anderer sozialer Leistungen, die nicht nur im damaligen Ottakring Seltenheitswert hatten. In anderen Brauereien sollen sich die Arbeiter manchmal hauptsächlich vom Deputatbier ernährt haben. Trotz der Werksküche verdienten die Brauereigesellen monatlich genauso viel wie ihre Kollegen in den anderen Unternehmen, nämlich 27 bis 45 Gulden. Das Existenzminimum des Jahres 1869 berechnete die NÖ Handelskammer für eine Einzelperson mit 34, für eine vierköpfige Familie mit 50 Gulden im Monat. Ein Krügel Bier und ein Kilo Brot kostete damals jeweils 8 Kreuzer, ½ Kilo Rindfleisch 25 Kreuzer (sechs Kreuzer entsprechen einem heutigen Euro). Über die Arbeits- und Lebensbedingungen der Brauereiarbeiter wollen wir uns aber noch in einem eigenen Kapitel beschäftigen.

Kuffner fiel oft aus der Rolle des »gewöhnlichen Fabrikanten«, wie es der Historiker Alfred Schiemer 1999 feststellte. Er hatte auch keine Berührungsangst mit den Bestrebungen der Arbeiter, ihre Arbeitsbedingungen zu verbessern. 1868 gründeten sie einen im Einklang mit den gerade verlautbarten Staatsgrundgesetzen in der Gansterergasse 5 einen »Arbeiter-Bildungsverein Ottakring« und Kuffner bot ihnen als Tagungsort sofort das Brauhaus an. Vielleicht wollte er so auch seine Arbeiter besser überwachen, weil man bald der Meinung war, dass diese Vereine auch »zum Erfahrungs- und Meinungsaustausch oder gar zu gemeinsamen Aktionen führen konnten.«[123] Tatsächlich war »Bildung« nur ein vorgeschobenes Vereinsziel.

Kuffners Biografie wäre unvollständig, wenn man nicht auf seine großen Verdienste beim Aufbau der Infrastruktur Ottakrings eingehen würde. Wie kein anderer Brauherr engagierte er sich in der Kommunalpolitik seines nunmehrigen Heimatortes, der noch bis 1890 eine selbständige Gemeinde war. Er erwarb sich dort den Ruf eines großen Wohltäters, weil er sich um das Schul- und Sozialwesen kümmerte, das ziemlich im Argen lag. Der Ort war sicher weit vom bürgerlichen Standard der nordwestlicher liegenden Vorstädte, wie

122. Anwander: Unterirdisches Wien, S. 287 ff.

123. Schiemer: Auf Ottakrings Spuren, S. 104

beispielsweise Währing und Döbling, entfernt, denn »man hauste hier mehr, als man wohnte, auf kleinstem Raum, unter unzulänglichen hygienischen Verhältnissen.«[124]

124. Wagner: Wiener Bier, S. 33

Blick auf die Ottakringer Brauerei um 1900 (Bezirksmuseum Ottakring)

In der Ortschronik von Pfarrer Paletz kann man jedenfalls lesen: »In der Regel half der Bräuereibesitzer Ignaz Kuffner aus der Klemme«, wenn es in den frühen 1860er Jahren Probleme gab. Ab 1865 engagierte er sich im Gemeindeausschuss, gab der Gemeinde zinsfreie Kredite und verlängerte diese auch bei abgelaufenen Zahlungsfristen widerspruchslos. Nach der Niederlage von Königgrätz 1866 richtete er ein kleines Spital für sechs Schwerverwundete ein und gab damit auch den Impuls für die Bereitstellung anderer Räume für die Verwundeten und für die Sammlung weiterer Spenden in der Gemeinde. Als kurz danach die Preußen Richtung Wien marschierten, organisierte er eine Bürgerwehr, die glücklicherweise nicht eingesetzt werden musste. Das Spital stellte er 1867 bei der Cholera-Epidemie den Behörden zur Verfügung und schuf die Basis für eine bessere lokale Krankenversorgung. Bis zum Bau eines größeren Spitals für die 25.000 Ortseinwohner, das dann Wilhelminenspital genannt wurde, musste man noch rund ein Vierteljahrhundert warten. Die

Vorstädte konnten sich wie bei vielen anderen kommunalen Einrichtungen lange nicht über einen Standort einigen.

Ein Herzensanliegen war für ihn die Unterbringung der ärmeren Kinder. Im Jahr 1867 berichtete ein anderer Ortschronist namens Karl Schneider: »Das Projekt zur Gründung einer Kinderbewahranstalt erlangte endlich Form und Gestalt, als Ignaz Kuffner aus Anlass des ihm verliehenen Franz Josephs Ordens hiezu den Betrag von 2000 fl. spendete und dadurch die Veranlassung zur Gründung des Vereins ›Communal-Kinderbewahranstalt‹ gab und im Gründungscomitee für die Sammlung weiterer Spenden sorgte.«[125] Nach einem heftigen Disput mit Pfarrer Paletz konnte er dort nur mit Mühe auch die Aufnahme nichtkatholischer Kinder durchsetzen. Er hatte gedroht, sich aus der Gemeinde zurückzuziehen, wenn der Pfarrer nicht nachgeben und bei der Beschränkung auf katholische Kinder bleiben sollte. Nun zog sich aber der Pfarrer aus dem Proponentenkomitee zurück und eröffnete eine eigene katholisch orientierte Anstalt, die aber von der Gemeinde keine Unterstützung bekam und keine lange Lebenszeit hatte. Kuffners Anstalt wurde von den Schulschwestern betreut. Sie war schon aus Prestigegründen notwendig, weil der Nachbarort Neulerchenfeld seit 25 Jahren eine solche Anstalt führte. Zwischen Neulerchenfeld und Ottakring herrschte eine intensive Rivalität.

125. Schneider: Geschichte der Gemeinde Ottakring, S. 444. Unter einer Kinderbewahranstalt ist eine Vorläufereinrichtung der heutigen Kindergärten für ärmere Kinder zu verstehen.

Kurz nach dieser Initiative wurde er zum Gemeinderat gewählt und vertrat bald den erkrankten Bürgermeister Sailler. Im gleichen Jahr gab er der Gemeinde wieder einmal einen zinsenfreien Kredit über 7000 Gulden. Nun betrieb er konsequent seine Wahlambitionen für das Bürgermeisteramt und setzte dabei bewusst seine finanzielle Macht ein. »Wenige Wochen vor der Wahl verzichtete er in großzügiger Weise auf die 700 fl. Entschädigung für die Dauer seiner Amtstätigkeit und stiftete darüber hinaus noch weitere 1000 fl. aus der eigenen Kasse.«[126] Von den Zinsen dieses Kapitals sollten alle Jahre zum Schulbeginn neue Lehrmittel gekauft und die schulische Infrastruktur der Gemeinde verbessert werden. Das Schulproblem war sicher eines der größten in Ottakring, weil durch den Bevölkerungszuwachs und die extrem hohe Kinderzahl die Schulen aus allen Nähten platzten.

126. Haas: Der Gemeinderat von Ottakring, S.22

Seit 1869 bestand durch das Reichsvolksschulgesetz Schulpflicht und deshalb waren Klassen mit über 140 Kindern keine Seltenheit. Allein in den Jahren nach Kuffners Bürgermeisterwahl wurden zusätzlich zur einzigen bestehenden Schule drei Volksschulen eröffnet, die aber auch gleich überfüllt waren. Als in der Abelegasse 29 die erste neue Schule und im gleichen Gebäude das Gemeindeamt eröffnet wurde, beschloss die Gemeindevertretung

»zum bleibenden Andenken der Verdienste des Bürgermeisters Ignaz Kuffner um Gemeinde und Schule … aus diesem Anlasse am 11. Dezember 1871 die Marmorbüste desselben im Sitzungssaale des neuen Gemeindeamtes anzubringen.«[127] Dieses Haus direkt an der Ecke zum Nepomuk-Berger-Platz gibt es aber nicht mehr.

127. Schneider: Geschichte der Gemeinde Ottakring, S.489

So war es kein Wunder, dass er 1869 zum dritten Bürgermeister in der Ortgeschichte gewählt wurde. Der damalige Gemeinderat Niernberger begründete die Wahl so: »Nicht nur durch Worte, sondern durch Taten haben Sie bewiesen, dass Ihnen das Wohl der Gemeinde am Herzen liegt, denn wer für die Schule sorgt, sorgt für die Zukunft.«[128] Wahlberechtigt waren damals nur ca. 10 Prozent der Bevölkerung, und zwar nur Männer mit einer Steuerleistung von 10 Gulden. So waren die zahlreichen Arbeiter der Gemeinde von der Wahl ausgeschlossen und der typische Arbeiterort musste aufgrund des damaligen Wahlrechts bis 1918 warten, bis ein Sozialdemokrat an seiner Spitze stand. Es gab auch keinen Gegenkandidaten bei dieser Wahl. Einerseits hatte Kuffner deutlich gemacht, dass ohne seine finanzielle Unterstützung Ebbe in der Gemeindekasse wäre. Anderseits war er wesentlich initiativer als sein Vorgänger und scheute nicht den Weg zu den Ministern in der Residenzstadt, wenn er für seine Gemeinde etwas erreichen wollte. Er bemühte sich beispielweise persönlich beim Unterrichtsminister, dass ein katholischer Religionslehrer bezahlt wurde. Im Gegensatz zu Lerchenfeld, das nur einen Beamten beschäftigte, saßen in seinem Gemeindehaus gleich deren sechs unter der Führung eines »leitenden Secretärs«. Ottakring hatte 1880 rund 40.000, Lerchenfeld rund 25.000 Einwohner.

128. Haas: Der Gemeinderat von Ottakring, S.22

Kuffner war ein typischer Liberaler dieser Zeit, wobei es damals noch keine Parteien im heutigen Sinn gab. Er galt als größter Steuerzahler der Gemeinde und fleißigstes Mitglied des Gemeinderates. In einer Vitrine des Ottakringer Bezirksmuseums kann man nachlesen, dass er 1873 6304 Gulden direkte Steuer bezahlt hat. Im gleichen Jahr ließ Anton Dreher allerdings in seinem Pavillon bei der Weltausstellung im Prater seinen gesamten Steuerbetrag mit 2,1 Mio. Gulden an die Wand schreiben.

Unter Bürgermeister Kuffner verbesserte sich auch die übrige Infrastruktur der Gemeinde. Am Beginn seiner Amtszeit wurde die erste Feuerwehr gegründet, 1872 folgte ein Polizeikommissariat und 1876 ein Postamt, was bei einem so starken Anstieg der Einwohnerzahl auch dringend notwendig war.

Als gläubiger Jude war er Gründer der israelitischen Kultusgemeinde der Gemeinden Ottakring, Hernals und Neulerchenfeld. Die erste Synagoge in den nordwestlichen Wiener Vororten wurde auf einem seiner kostenlos zur Verfügung gestellten Grundstücke gebaut. Sie befand sich in der Hubergasse 8 und wurde während der schrecklichen Tage der Novemberprogrome 1938 zerstört.

Er setzte sich schon vor seiner Zeit als Gemeinderat dafür ein, dass – vom missglückten Versuch der Brigittenauer Pferdeeisenbahn 1842 abgesehen – die erste Pferdeeisenbahnlinie der Wiener Tramway-Gesellschaft zu seiner Brauerei führte. Ab Oktober 1865 fuhr diese »Glöckerlbahn« (die Pferde trugen Glöckerln um den Hals) vom Schottentor durch die Alserstraße und, nach einen »Umweg« durch die Ottakringerstraße bis knapp vor der Brauerei, durch die Taubergasse wieder zur Hernalser Hauptstraße und weiter bis zur Wattgasse. Als offiziellen Grund für diesen Umweg nannte man das ungünstig gelegene Tor durch die Hernalser Linie.[129] Dadurch konnten die Wiener rasch zum Braugasthof fahren und solche Ausflüge machten sie auch nach der Biedermeierzeit noch sehr gerne. Alt-Ottakring war damals noch immer ein von der Landwirtschaft und dem Weinbau dominierter Ort, die Fabriken entstanden erst im neuen Ortsteil Neu-Ottakring und in Neu-Lerchenfeld.

129. Krobot, Slezak, Sternhart: Straßenbahn in Wien, S. 19 ff.

Kuffner war auch ein entschiedener Gegner des Anschlusses seiner Gemeinde an die Residenzstadt Wien, vor allem weil Ottakring genügend Einnahmen hatte, um die nötige Infrastruktur selbst zu schaffen. Die günstige Gemeindefinanzierung durch die Familie Kuffner war wahrscheinlich auch ein Grund, warum es in dieser Gemeinde keine Gemeindesparkasse wie in Rudolfsheim, Hernals, Währing oder Döbling gab, in denen Spareinlagen gesammelt und u.a. für Gemeindekredite verwendet werden konnten. Als es 1872 die ersten Gespräche für einen Anschluss an Wien gab, war nur Währing für die Vereinigung. Alle anderen waren dagegen. Auch sonst waren die Vororte selten einer Meinung. Beim Bau eines Spitals – wie schon erwähnt – und eines Schlachthofes gab es keine Einigung, so dass beide Einrichtungen nicht mehr unter Kuffners Amtsführung errichtet werden konnten. Die Anschlussdiskussion der Vororte endete erst durch ein Machtwort des Kaisers 1890. Seit damals ist Ottakring ein Wiener Bezirk. Da war aber Ignaz Kuffner schon tot.

Der neue Bezirk hatte als typischer Arbeiterbezirk die größte Einwohnerdichte der Vororte. Kuffner bemühte sich auch, durch die Verbauung der letzten freien Fläche Richtung Neulerchenfeld ein Zusammenwachsen der beiden Orte zu erreichen und eine sinnvolle Nutzung des aufgelassenen Exerzierfeldes auf der Schmelz zu erreichen. Ottakring und Neulerchenfeld bildeten 1890 den Kern des späteren XVI. Wiener Bezirks.

Kuffner bemühte sich bei Bürgermeister Felder auch um einen Anschluss seiner Gemeinde an die 1. Hochquellenwasserleitung. Als er nach zähen Verhandlungen eine Zusage erreicht hatte, ließ ihn die eigene Bevölkerung im Stich. Nur 153 der rund 700 Hausbesitzer zeigten Interesse, obwohl die Wasserversorgung eines der gravierendsten Probleme war und neben den Hausbrunnen nur der Ganstererteich für die Wasserversorgung der Bevölkerung zur Verfügung stand. Der gehörte aber der Brauerei. Dazu muss man aber sagen, dass die Ottakringer Brauerei seit jeher einen eigenen Brunnen besaß, der für das Bier verwendet wird. Auch heute wird dieses Bier nicht mit Hochquellwasser, sondern mit diesem Brunnenwasser gebraut und niemand denkt daran, daran was zu ändern.

Mausoleum von Ignaz Kuffner in Lundenburg
(Gemälde von Rudolf von Alt 1894)

Ein weiteres Problem war die Finanzierung der neuen Gemeindeeinrichtungen. Besonders der Schulbau benötigte hohe Summen. Nach dem Börsenkrach von 1873 fielen die bisherigen Kreditgeber, die Erste österreichische Sparcasse und die privaten Wiener Bankiers, aus und nur mit Mühe konnte Kuffner zwei Darlehen der schlesischen Sparkasse Teschen (an der böhmischen Nordgrenze) und der oberösterreichischen Sparkasse St. Florian bekommen. Kuffner war auch Verwaltungsrat der kleinen Wiener Vororte-Bank, die von 1871 bis 1876 ihren Sitz auf der Schottenbastei hatte und wahrscheinlich in Folge des Börsenkrachs in Konkurs ging.

Nach zwei Wahlperioden musste Ignaz Kuffner wegen seiner angegriffenen Gesundheit zurücktreten und bekleidete bis zu seinem Tod nur mehr den Posten eines Gemeinderates. 11 Jahre nach der Verleihung des Ritterkreuzes zum Franz Josefs Orden für seine Verdienste nach der Schlacht von Königgrätz wurde er 1878 von Kaiser Franz Josef als »Wohltäter der Armen« in den Adelsstand gehoben und durfte sich Edler von Kuffner nennen. Es war nicht sehr häufig, dass Juden geadelt wurden. Nur etwas mehr als 4% der zwischen 1701 und 1918 geadelten Familien gehörten dieser Religion an. Seit 1873 war er schon erster Ehrenbürger seiner Gemeinde. Als er 1882 starb, trug der Pfarrer ins Pfarrgedenkbuch ein: »Am 23. März starb der ehemalige Bürgermeister und Brauhausbesitzer Ignaz Edler von Kuffner, ein thätiger, einfacher, wohlthätiger Mann mit gesunden Ansichten.«[130] In der Neuen Freien Presse schrieb man: »An ihm verliert die Stadt Wien einen Wohltäter seltener Art, der mit voller Hand und ohne Rücksicht auf das Glaubensbekenntnis seine reichen Gaben vertheilte.«[131] Der Ortsrabbiner von Ottakring klagte: »Wir haben unseren Moses verloren, der uns das Manna des Lebens gesendet hat!« und nannte ihn »einen Vorposten der confessionellen Einigkeit«.[132]

Karl Ziak, ein sozialdemokratisch orientierter Chronist des Bezirks, vermerkte zwar rund 100 Jahre später, dass er »nur dank der Beziehungen und des Vermögens zu Amt und Ansehen gekommen war, ... dass er aber die Zeichen der Zeit verstand und bedacht war, den Ort der Entwicklung Wiens zur modernen Großstadt anzupassen.«[133] Kuffner wurde in seine Heimatstadt Lundenburg überführt und ist dort begraben. Das schöne Grabdenkmal kann man – wenn man ein bisschen herumfragt – auf dem dortigen jüdischen Friedhof besuchen. Dieser Friedhof wurde seit 1938 mehrfach geschändet und sogar einmal mit einem Bagger planiert. Trotzdem haben sich außer diesem Grabmal auch Grabsteine einiger anderer Familienmitglieder erhal-

130. Schneider: Geschichte der Gemeinde Ottakring, S. 596

131. Neue Freie Presse 24.3.1882, S. 4

132. Ignaz Edler von Kuffner: Biografie, S.32

133. Ziak: Von der Schmelz zum Gallitzinberg, S. 170

ten. In Wien wurde bald nach seinem Tod an der Rückseite der Brauerei eine Gasse nach ihm benannt, die zwischen 1938 und 1945 übrigens nach dem ursprünglichen Gründer der Brauerei Plankgasse hieß.

Vertrieben aus Österreich
Moriz Kuffner

Vom alten Dreher wissen wir, dass er ein Vermögen von ungefähr 10 Mio. Gulden hinterlassen hat. Auch Ignaz Kuffner war bei seinem Tod ein sehr reicher Mann. Sein Sohn Moriz wurde Universalerbe, aber sogar die anderen Kinder Victor, Karl und Katharina erbten jeweils mehr als eine Million Gulden (ca. 10 Mio. Euro). Sein Erbteil bestand nicht nur aus der Brauerei, sondern auch aus zahlreichen Häusern und Ländereien in Österreich, Böhmen, der Slowakei und Ungarn sowie aus einer Kunstsammlung. Als 1891 sein ebenfalls sehr reicher Onkel Jakob starb, wurde Moriz nochmals Universalerbe und vermehrte sein Millionenvermögen.

Moriz Edler von Kuffner (1854–1939), der einzige Sohn von Moriz Kuffner

Moriz wurde bald ein würdiger Nachfolger seines Vaters, sowohl als Brauherr als auch als hervorragendes Mitglied der Wiener Gesellschaft. Er war allerdings wesentlich feinsinniger veranlagt und galt als »Philosoph« und Experte der englischen und französischen Literatur sowie der Nationalökonomie. Von 1900 bis 1903 stand er einige Jahre an der Spitze des Brauherren-Vereins. Auch er wurde nach dem Tod seines Vaters in den Ottakringer Gemeinderat gewählt, spielte aber dort bei weitem keine so einflussreiche Rolle. Die antisemitischen Kräfte wurden damals immer stärker und das spürte er besonders bei den Teuerungsunruhen im Jahr 1911 deutlich. Dazu kommen wir gleich. Er wollte sich in keinen Kampf gegen den als Brauherrengegner bekannten Karl Lueger einlassen und verlegte seine Interessen – soweit sie außerhalb der Brauerei lagen – auf völlig andere Gebiete.

Er verwaltete aber die zahlreichen Stiftungen seines Vaters, aus denen 1885 erstmals Zinsen in Höhe von 6400 Gulden an arme Ottakringer Bürger und deren Kinder ausgeschüttet wurden. Er setzte auch die Bemühungen seines Vaters für die Communal-Kinderbewahranstalt fort und finanzierte anlässlich der Heirat seiner Schwester Katharina den Bau einer zweiten Anstalt, die auch seinen Namen trug. Für diese Katharina und auch als eigene Gedächtnisstätte hatte ihr Vater am Beginn des Liebhartstals in der Gallitzinstraße einen kleinen Park errichten lassen. Dieser heißt nach einer kurzzeitigen Umbenennung in Liebhartsruhe während und nach der Nazi-Zeit jetzt wieder Katharinenruhe und besteht noch immer.

Schon 1887 übersiedelte die Familie aus ihrer Wohnung in der Brauerei in ein vis-a-vis gelegenes, neu erbautes Stadtpalais in der Ottakringer Straße 118–120: »Das Doppelgebäude trägt durch seine Fassadengliederung (mit Risaliten, Dachgiebeln, Erkern und Fensterumrahmungen), das rustizierte Sockelgeschoss, die in der Raumhöhe deutlich abgesetzte Bel-Etage und seine qualitätsvollen Schmiedeeisenarbeiten alle Merkmale eines vornehmen Stadtpalais der späthistorischen Bauperiode des ausgehenden 19. Jahrhunderts.«[134] Es hat unzweifelhaft Ähnlichkeiten mit dem wesentlich größeren, inzwischen verschwundenen Palais der Familie Rothschild in der heutigen Prinz-Eugen-Straße. Die Familie Rothschild war das große Vorbild aller reichen jüdischen Familien und man wollte zumindest ein bisschen wie sie leben. Bei den Empfängen der intellektuellen Oberschicht von Wien in dieser Bel-Etage war es durchaus möglich, dass der Kardinal-Erzbischof dort auf den Oberrabbiner und den Ottakringer Sozialistenführer Sever traf, zu dem Kuffner offensichtlich keine Berührungsängste hatte. Im Gegensatz zu den Familien Mautner und Dreher, die auf den Franziskanerplatz und auf den Opernring in der City zogen, blieb er so seiner Heimatgemeinde treu.

Die Katharinenruhe in der Gallitzinstraße, die erst 2002 ihren alten Namen zurückbekam. Von 1944 bis 2002 hieß sie Liebhartsruhe. Sie erinnert an die einzige Tochter von Moriz Kuffner (Foto des Autors 2011).

Kuffner hat auch beträchtliche Beiträge in die Arbeiterheime von Ottakring und Favoriten investiert bzw. zinsenfreie Kredite vergeben. Das tat er sicher nicht ganz ohne Hintergedanken, denn niemand trank so gerne Bier wie Arbeiter. Ein anderes Bier durfte dort nicht ausgeschenkt werden. 1902 ließ er im Nobelbezirk Hietzing auf den Gründen der eben geschlossenen »Neuen Welt« ein Restaurant bauen, das lange den Namen »Hietzinger Bräu« trug und damals sowie heute als Plachutta-Betrieb nicht nur ein Gourmet-Tempel für Ottakringer Bier, sondern auch für Rindfleisch ist.

Moriz war einer der ersten Autobesitzer Wiens, war Gründungsmitglied im »Wiener Automobilclub« und besaß ein Oldsmobil. Wesentlich aktiver als für die Ottakringer Gemeindevertretung war er für die Wissenschaft und Kultur tätig. Als Gründungsmitglied des Wiener Musikvereins ließ er dem Bau von Theophil Hansen namhafte Summen an Bauunterstützung zukommen und sein Name ist im Eingangsbereich in Stein gemeißelt.

Das wesentlichste nachhaltige Projekt war jedoch die von ihm gegründete »Kuffner-Sternwarte«, die lange das einzige private Observatorium Österreichs war. Kuffner war auch an den mathematischen Wissenschaften sehr interessiert und lernte an der Technischen Universität Norbert Herz kennen,

134. Czeike: Ottakring, S. 44

Ehemaliges Palais Kuffner (heute Palais Harmer) in der Ottakringerstraße 120 (Foto des Autors).

Kuffner Sternwarte in Ottakring (Foto des Autors).

der Pläne für eine solche Sternwarte ausgearbeitet hatte und ihn von seinem Projekt überzeugen konnte. Da er auf dem Osthang des Gallitzinberg ein geeignetes Grundstück besaß, begannen 1883 die Bauarbeiten nach Plänen von Franz von Neumann, einem Schüler von Siccardsburg und van der Nüll. 1884 wurde die Sternwarte von Kuffner mit vorzüglichen Geräten und einer umfangreichen Bibliothek ausgestattet.[135] Der laufende Betrieb verschlang ein Fünftel seines Jahreseinkommens, er war allerdings selbst ein begeisterter Astronom und Nutzer der Sternwarte. Bedeutende Astronomen wie Karl Schwarzschild, Leo de Ball, Samuel Oppenheim oder Gustav Eberhard arbeiteten dort und machten sie bald nach ihrer Inbetriebnahme durch überaus bedeutende wissenschaftliche Leistungen auf sich aufmerksam. Sie wurde nach dem 1. Weltkrieg für lange Jahre geschlossen und 1928 der Österreichischen Akademie der Wissenschaften zur Nutzung überlassen. 1947 wurde sie als öffentliche Einrichtung wieder eröffnet. Diese Sternwarte hat jedenfalls den Namen der Familie bis heute im Bewusstsein der Menschen gehalten.

135. Weiss: Die Kuffner-Sternwarte, S. 3

Er war ein bedeutender Alpinist, der zahlreiche Viertausender der Alpen bezwang. So gilt er als Erstbesteiger des Teufelshorns in der Großglocknergruppe und vieler Berge in der Schweiz und in Frankreich, wo es einen Kuffnerpfeiler am Piz Palü und einen Kuffnergrat auf dem Mont Maudit gibt. Darüber hielt er viele Vorträge und im Alpenmagazin 1888 findet man eine seiner Aussagen über das Gefühl der Müdigkeit in den Bergen u.a. wegen des Sauerstoffmangels: »Erst in solchen Momenten erkennt man recht, welcher außerordentlicher Reiz im Leben der Berge liegt, denn trotz großer Entbehrungen fühlt man sich in derartigen Situationen so froh und wohl, wie dies zu Hause vielleicht nie in diesem Maße der Fall ist und wenn sich die Leute darüber wundern, dass uns der Aufenthalt in diesen eisigen Einöden so sehr anzieht, so könnte man darauf vielleicht erwidern, dass es denn doch kein schlechtes Leben sein muss, bei welchem man so vieles entbehren kann und so wenig braucht, um sich glücklich zu fühlen.« Wenn man dies liest, versteht man, warum sich die spätere Stiftung seiner Söhne so sehr um die Menschen in den Bergregionen kümmerte.

Seine Bergtouren beschrieb er in der Zeitschrift des Alpenvereins, der aber 1921 einen Arierparagraphen einführte und ihn aus dem Verein ausschloss. Nicht nur er, sondern auch die Stadt Wien stellten damit sofort alle Subventionen ein.

Zurück zu seinen wirtschaftlichen Aktivitäten. Gemeinsam mit seinen Cousins Wilhelm und Karl war Moriz Kuffner auch an den Zucker-, Spiritus- und

Presshefefabriken in Ungarn (Diószegh, heute in der Slowakei) und Mähren beteiligt und vereinigte alle Unternehmen in einer Familien-Gesellschaft, heute wäre es eine OHG. Im April 1905 gründete er die »Ign.&Jac.Kuffner A.G., Ottakring-Döbling« mit einem Gründungskapital von 10 Mio. Kronen. Moriz von Kuffner besaß 56,25% der Aktien, Karl von Kuffner 25%, seine Gattin Maria 6,25% und Wilhelm Kuffner 12,5%. Auch im Verwaltungsrat saßen nur Familienmitglieder, neben den genannten Aktionären und den Gattinnen von Moriz und Wilhelm auch Georg Holitscher, der Schwager von Moriz. Zu dieser Aktiengesellschaft gehörten alle seine Betriebe und Immobilien, so auch die von seinen Verwandten geführte Hernalser und Oberdöblinger Brauerei.

Aktie der Ignaz & Jacob Kuffner Aktiengesellschaft – Brauerei, Spiritus- und Presshefe-Fabrikation aus dem Jahr 1905. Die Aktien befanden sich ausschließlich in Familienbesitz (Privatarchiv des Autors)

Wenden wir uns nun der durchaus spannenden Geschichte der Kuffnerschen Brauerei in den ersten vier Jahrzehnten des 20. Jahrhunderts zu. Er ließ seine Arbeiter sieben Jahre nach Wasser graben. 1898 hatte er Erfolg, der Schacht hatte drei Meter Durchmesser und war neunzig Meter tief, ein Rohr führt dann noch 28 Meter weiter und dieser Brunnen wird auch heute noch verwendet. Der artesische Brunnen, bei dem das Wasser bis auf die letzten 25 m von selbst hochsteigt, hieß wegen der hohen Kosten bald »Millionen-Gulden-Brunnen«, spendet aber nach wie vor hervorragendes Wasser.

Die Brauerei war dank der sozialen Gesinnung Kuffners im Jahr 1905 der Ort der ersten »Kollektivvertragsverhandlungen« im Brauwesen der Monarchie. In diesem Tarifvertrag wurde erstmals geregelt, dass man den Brauereiarbeitern ihren gesamten Lohn in bar und nicht zum Teil auch in Freibier (Deputatsbier) zu bezahlen hatte. Kuffner war damals gerade Präsident des Brauherren-Vereins gewesen und wollte sicher auch hier ein Zeichen setzen.

Die folgenden Jahre bis 1914 waren gekennzeichnet durch eine ruhige und stabile Aufwärtsentwicklung, wenngleich den Brauereien die höheren Arbeitskosten aufgrund der Tarifverträge, die von den Sozialdemokraten initiierte Antialkoholikerbewegung und die Veränderungen in den Freizeitgewohnheiten große Absatzschwierigkeiten bereiteten.

Als der Staat 1911 dann noch die Biersteuern empfindlich erhöhte, gaben dies die Brauherren an ihre Kunden weiter. Man wies darauf hin, »dass der Verkaufspreis des Bieres nahezu ein Menschenalter hindurch auf ungefähr gleicher Höhe erhalten worden (ist), während sich die Gestehungskosten bedeutend gesteigert haben.«[136] Trotzdem kam es nach dieser Preiserhöhung zu den so genannten Bierboykotten, die in Ottakring besonders heftig ausfielen. Wir werden im Kapitel über das Bierkartell auf diese Unruhen noch ausführlicher zu sprechen kommen.

136. Die Industrie Nr. 16/1911, S. 5

Am 17. September 1911 gab es eine große Teuerungsdemonstration in der Wiener Innenstadt, die in der Folge auch zu wilden Protesten im Arbeiterheim in der Kreitnergasse führte, das bekanntlich nur durch einen Kredit der Familie Kuffner wenige Jahre zuvor gebaut werden konnte. Nach Barrikadenbauten in der Thaliastraße kam es zum Eingreifen des Militärs und das Ergebnis waren drei tote Arbeiter.

Kurz vor der mit 1. Oktober angekündigten Bierpreiserhöhung kam es am 30. September 1911 in Wawras Jehnitzer Bierhalle in der Hellgasse zu einer Protestversammlung der Wirte des Bezirks. Diese gipfelte im Beschluss, ein sehr schweres Opfer zu bringen und bis auf weiteres kein Bier auszuschenken. Im Arbeiterheim wurde in den nächsten Tagen absolute Bier-Abstinenz geübt und am Sonntag wurden nach dem Kirchgang »Gspritzte« oder – in eher seltenen Fällen – Kracherl getrunken. Angeblich gab es aber auch einen Massenexodus der Ottakringer in jene Nachbarbezirke, wo es keinen Bierboykott gab. Die Kampfmaßnahmen verpufften, der Bierpreis blieb hoch und die Ottakringer tranken bald wieder ihr Bier in den heimischen Lokalen. Schaler

Beigeschmack war, dass die »Reichspost« den Juden die Schuld an der Bierpreiserhöhung und für die Unnachgiebigkeit gegenüber den Wirten gab. Herausgeber der Reichspost waren damals die antisemitisch orientierten Christlichsozialen. Kuffner als einziger jüdischer Brauherr Wiens wurde immer wieder persönlich angegriffen, man unterstellte ihm sogar ein Naheverhältnis zu Schuhmeier und den Sozialdemokraten.[137]

137. Z.B. Reichspost vom 26.9.1911, S. 6 und 1.10.1911, S. 5

Trotzdem stieg der Ausstoß der Brauerei zwischen 1908 und 1913 von 208.000 auf 351.000 hl, ein Wert der erst wieder in den 1990er Jahren erreicht wurde. Durch das Bierkartell, das die gegenseitige Konkurrenzierung minimierte, waren die Marktanteile in Wien und Niederösterreich fixiert. Dabei rangierte Ottakring nach den Vereinigten Brauereien und Liesing mit einem Marktanteil von 10% an dritter Stelle im Wiener Umland. Im heutigen österreichischen Staatsgebiet waren nur die Brauereien Reinighaus und Puntigam noch etwas größer.

Wesentlich größere Schwierigkeiten hatte Moriz Kuffner im Ersten Weltkrieg und in der unmittelbaren Nachkriegszeit zu überwinden. Wie in den anderen Brauereien wurden wegen der Einschränkung der Malzproduktion Mais, Kartoffelstärke, Hirse und später sogar Edelkastanien, Pferdebohnen und Zuckerrüben verwendet und der Stammwürzegehalt wurde von 12 auf 4 Grad reduziert. Moriz Kuffner besaß glücklicherweise ein kapitalstarkes Unternehmen, so dass er trotz der amtlichen Festsetzung der Bierpreise gerade noch rentabel arbeiten konnte.

Das Kriegsende brachte noch zusätzliche Probleme. 1919 fiel die Heimat der Familie Kuffner, die Stadt Lundenburg, an die Tschechoslowakei. Viele Absatzgebiete der Brauerei, die bisher Teil der Monarchie waren, lagen nun ebenfalls im Ausland. Sie schlossen sich durch hohe Zollmauern vom Wirtschaftsverkehr mit Österreich ab, um den eigenen Brauereien damit zu helfen. Kuffner produzierte 1920 nicht einmal die Hälfte von 1913, bei allen Brauereien im Wiener Umland betrug der Rückgang sogar fast zwei Drittel. Schuld daran war natürlich auch die Armut im eigenen Land.

Wir erinnern uns an die Probleme, die es entlang der Simmeringer Hauptstraße in den ersten Jahren der Republik gab. Anton Dreher und der Großteil seiner Nachkommen, Viktor und Georg II. Mautner Markhof sowie Georg II. Meichl starben. Die Vereinigten Brauereien mussten ein neue Eigentümerstruktur und umfangreiche Rationalisierungen verdauen. In den 1930er Jahren reduzierte sich die Zahl der Wiener Brauereien von 13 im Jahr 1913 auf 4 im Jahr 1937.

Alte Bierdeckel der Kuffnerschen Brauereien (Privatarchiv des Autors)

In Ottakring hatte man den Vorteil, dass mit Moriz Kuffner ein erfahrener Mann seit Jahrzehnten an der Spitze stand. Er konnten die massiven wirtschaftlichen Nachkriegsprobleme durch zwei Kapitalerhöhungen halbwegs in den Griff bekommen und rationalisierte ebenso wie die Vereinigten Brauereien. So war 1928 ein wichtiges Jahr für die Verlagerung vom Fass- zum Flaschenbier. In diesem Jahr wurde die Einheitsflasche mit dem Kronenkorken geschaffen und die Bügelflasche mit der gläsernen Firmensignatur verschwand vom Markt, so dass die komplizierten Transportwege zwischen den Brauereien wegfielen. Diese Einheitsflasche wurde bis zur Einführung der international üblichen Euroflasche Ende der 1980er Jahre verwendet und war sicher ein Grund, warum sich der Flaschenbieranteil in den folgenden Jahrzehnten auf ein »all-time-high« von 79% des gesamten Bierverkaufs verzehnfachte.[138] Bis dahin gab es überwiegend Fassbier, das beim Wirten getrunken oder im Krug vom Wirten in die Wohnung geholt wurde.

138. Die verbesserte Bierqualität nach dem Ende des Bierkartells und die kleinen Gasthausbrauereien haben seit Ende der 1980er Jahren wieder zu einem Rückgang des Flaschenbieranteils geführt.

In diesen Jahren entstanden nicht nur in Schwechat, sondern auch in Linz mit der Braubank AG (spätere Brau AG) zwei österreichische Braugiganten, die mit je 20% Marktführer waren. Dahinter rangierte die Ottakringer Brauerei mit einem Marktanteil von 4% im Mittelfeld. Der Ausstoß betrug 1930 wieder rund 75% des Vorkriegswertes. Zu Beginn der 30er Jahre übernahm Ignaz jun., der älteste Sohn von Moriz Kuffner, die Betriebsführung. Die Aktionäre waren weiterhin ausschließlich Familienmitglieder, wobei Moriz rund ein Viertel der Aktien besaß. Im Verwaltungsrat saßen aber inzwischen auch familienfremde Experten.

Ein markanter Einbruch erfolgte durch die Wirtschaftskrise zu Beginn der 1930er Jahre, die den Ausstoß bis 1937 auf 86.000 hl, das entspricht einem Viertel des Rekordwertes vor dem Ersten Weltkrieg, schrumpfen ließ. Grund dafür war auch die Verdreifachung der Biersteuer zwischen 1923 und 1933, während die Besteuerung des Weins im gleichen Zeitraum nahezu halbiert wurde. Bier wurde im Ständestaat fast zur Luxusware. Es ist aber müßig, über die wirtschaftliche Lage der Brauerei in diesen Jahren zu diskutieren, denn der März 1938 veränderte die Verhältnisse grundlegend.

Alter Bierdeckel der Kuffnerschen Brauereien (Privatarchiv des Autors)

Moriz Kuffner hat seit 1933 an einen Verkauf seiner Brauerei gedacht, weil er die Entwicklung in Nazi-Deutschland mit Angst beobachtete. Ihm war sicher nicht das Beispiel des jüdischen deutschen Brauherren Rudolf Natter unbekannt geblieben, den die Nationalsozialisten solange einsperrten und schikanierten, bis er vier Monate nach der Machtergreifung durch Hitler physisch und psychisch völlig gebrochen sein Unternehmen zu einem Schleuderpreis veräußerte. Nun wurde auch Kuffner von der politischen Entwicklung überrollt, aber er wollte möglichst günstig aus dem Verkauf aussteigen.

Eine Arisierungsgeschichte Stefan Kuffner und Gustav Harmer

In den letzten Jahren ist der Name Kuffner vor allem wegen seiner erzwungenen Unternehmensübergabe im Jahr 1938 in den Medien wiederholt aufgeschienen. Auslöser dafür war eine Bemerkung, mit der 1998 der damalige Präsident der Israelitischen Kulturgemeinde, Ariel Muzicant, die Ottakringer Brauerei als exemplarisches Beispiel für die brutale Enteignung jüdischen Vermögens dargestellt hatte.[139] Die Eigentümer der Ottakringer Brauerei, darunter der Sohn des angeblichen »Arisierers«, beauftragten daraufhin den Zeithistoriker und Restitutionsexperten Oliver Rathkolb, in einem Privatgutachten den Ablauf dieser »Arisierung« darzustellen. Am Anfang unseres Jahrhunderts untersuchte eine unabhängige Historikerkommission, die sich mit Eigentumsänderungen in der österreichischen Industrie beschäftigte, diesen Fall großteils aufgrund seiner Recherchen. Jedenfalls kennen wir heute aus objektiven Quellen die Vorgänge in den ersten vier bis fünf Monaten 1938, die in der Folge nur zusammenfassend dargestellt werden können.

139. In einem Interview in der Zeitschrift Profil Nr. 36/1998 sagte Muzicant wörtlich: »Nehmen Sie die Ottakringer Brauerei oder Jörg Haiders Bärental … die Menschen wurden gezwungen, um ein Butterbrot zu verkaufen.«

Im Jänner 1938 starben die Gattin von Moriz, Elsa, und kurz darauf sein ältester Sohn Ignaz. Nun übernahm sein zweiter Sohn Stefan die Konzernführung. Als sich im Februar 1938 eine zunehmende Nazifizierung Österreichs abzeichnete, begannen sich Moriz und Stefan konkrete Gedanken über einen Unternehmensverkauf zu machen. Einerseits war die Gesundheit des 84-jährigen schon sehr schlecht, anderseits erkannten beide, dass sie auch in einem selbständigen antisemitischen Österreich große Abnahmeschwierigkeiten haben würden. In einem undatierten Statusbericht der ersten Apriltage 1938 hielt die Geschäftsführung der AG fest: »In der Brauindustrie waren wir das einzige nichtarische Unternehmen – und ausschließlich auf die Gunst der breiten Masse der Wirte angewiesen. Unmittelbar nach dem Umbruch war klar, dass eine Fortführung durch die bisherigen Besitzer ohne weitestgehende Schädigung des Betriebes nicht möglich war.«[140]

140. Dieser Statusbericht ist im 2007 erschienenen Werk von Darthé: »Ottakringer. Eine Unternehmensgeschichte« abgedruckt.

Deshalb waren die Kuffner eine der ersten jüdischen Unternehmerfamilien, die nach dem »Anschluss« den Verkauf ihres Unternehmens abwickelte und praktisch schon am 6. April 1938 abschloss. Bereits am Tag nach dem Einmarsch der deutschen Truppen in Österreich versuchte die SA in die Brauerei einzudringen. Moriz Kuffner ernannte seinen einzigen leitenden arischen Mitarbeiter, den Direktor des chemischen Labors Karl Schneider zu seinem Vertreter, damit jemand mit den Nazis verhandeln konnte. Schneider ließ zwar die Hakenkreuzfahne auf dem Malzturm hissen, gleichzeitig verhinderte er eine »wilde Arisierung«, wie sie bei manchen Betrieben damals durchaus passierte. Gegenüber seinen Chefs war er durchaus loyal und bemühte sich um deren spätere Ausreisegenehmigungen nach Pressburg und um die Bewachung der Privatwohnungen vor Plünderungen durch die SA. Da er auch während der Nazi-Zeit in der Brauerei als Führungskraft beschäftigt blieb, musste er sich nach 1945 einem Entnazifizierungsverfahren stellen, das aber dank der Hilfe durch die Familie Kuffner für ihn relativ gut ausging.

Mit dem späteren Käufer stand man seit längerer Zeit in freundschaftlichem Kontakt. Es war der Presshefe- und Spiritusfabrikant Dipl. Ing. Gustav Harmer aus Spillern, einer nordwestlich von Wien liegenden Gemeinde. Dessen Vater hatte bereits vor dem Ersten Weltkrieg das Unternehmen aufgebaut und er wurde durch den Wegfall seines osteuropäischen Absatzgebietes nach 1918 gezwungen, mit der Familie Mautner Markhof eng zu kooperieren. Nun sah er die Chance einer Expansion. Harmer war deshalb vorerst nur an den Nebenbetrieben und nicht an der Brauerei selbst interessiert. Er war einfaches Parteimitglied und hatte sehr gute Kontakte zur NSDAP, nur hatte er kein ausreichendes Vermögen, um einen solchen Großbetrieb erwerben zu können.

Da die Zeit drängte, überredeten ihn Moriz und Stefan Kuffner aber auch zur Übernahme des gesamten Braubetriebes. Noch im März 1938 gab es ein Übereinkommen, nach dem Harmer nur zwei Drittel des Unternehmens erwerben und ein Drittel bei der Familie Kuffner verbleiben sollte. Diesen Anteil wollte sie dann an die Familie Mautner Markhof weitergeben, mit der sie durch ihre benachbarten Sommersitze im Raum Gaaden seit längerer Zeit befreundet war.

Gerhard und Manfred Mautner Markhof zogen in den Verwaltungsrat der Ottakringer Brauerei ein und Gerhard führte praktisch die Brauerei an Stelle des in diesem Metier unerfahrenen Gustav Harmer. Dieses Übereinkommen scheiterte daran, dass auch 1/4-Juden ab April 1938 jeglicher Erwerb von Unternehmenseigentum verboten und auch eine Beteiligung von Mautner Markhof dadurch von den Nationalsozialisten nicht erlaubt wurde. Außerdem hätte diese Familie nach dem Erwerb der Brauerei Schwechat und einer großen Malzfabrik in Wien-Stadlau damals wahrscheinlich – bei aller Genialität von Georg III. und seiner Cousins – gar nicht die Mittel für den Erwerb gehabt. Die Familie Mautner Markhof schied jedenfalls im Dezember 1938 aus dem Verwaltungsrat aus und wollte von Gustav Harmer dafür eine Entschädigung. Da er diese aus diversen Gründen verweigerte, begann eine Eiszeit zwischen den Familien mit dem gleichzeitigen Entzug des »Du-Wortes«.

Die Historikerkommission hat im Verlauf der Untersuchung der Übernahme der Ottakringer Brauerei durch Gustav Harmer entdeckt, dass 1938 ausgehend von den steirischen Großbrauereien eine Fusionierung der gesamten ostmärkischen Brauindustrie und eine reichsdeutsche Übernahme dieses Kartells geplant war. Inwieweit Manfred I. und Georg III. Mautner Markhof darin verwickelt waren, wird zwar nicht weiter ausgeführt, jedenfalls wurden sie auch deswegen zumindest einmal von der Gestapo während ihrer »Schutzhaft« verhört.

Im schon zitierten Statusbericht kann man lesen: »Da wir die Familie Harmer schon aus der zweiten Generation als hochachtbar und in Industriellenkreisen sehr angesehen kannten, stellten wir ihr den Antrag, den ganzen Betrieb zu übernehmen«. Jedenfalls vereinbarten Gustav Harmer und Stefan Kuffner am 8. April einen Kaufpreis von 14 Mio. Schilling (ca. 33 Mio. Euro), zu dem Harmer nur 1 Mio. Schilling aus eigenen Mitteln beisteuerte. Der Rest wurde den stillen Reserven der Brauerei entnommen, weil die Familie Kuffner keine Chance mehr gehabt hätte, beispielsweise ihre Wertpapiere zu verkaufen. Das entsprach einem Wert pro Aktie von 280 Schilling, weit über dem Kurswert. Dieser Kaufpreis wurde vom NS-Regime am 8. Juni 1938 genehmigt, wobei aber angeordnet wurde, dass die Anteile von Moriz und Stefan Kuffner (rund 26 % des Aktienkapitals) an das Bankhaus Krentschker treuhändisch überwiesen werden mussten. Für die Nationalsozialisten war diese Übergabe ein Testfall für ihre späteren »Arisierungs-Vorschriften« in der Ostmark, mit denen man nicht nur Juden aus dem Wirtschaftsleben ausschalten, sondern auch Teile ihres Vermögens kassieren wollte.

Unternehmensrechtlich hat die kleine Spiritusfabrik Harmers die große Brauerei geschluckt. Das war für sie ein sehr gutes Geschäft, denn der Kaufpreis konnte aus den Gewinnen der nächsten Jahre leicht erwirtschaftet werden. Der in Wien ansässige Betriebswirt und Wirtschaftsprüfer Willy Bouffier hat im Auftrag eines amerikanischen Prüfunternehmens 1946 festgestellt, dass der »Kaufpreis nahezu gänzlich aus der ›Ottakringer‹ selbstgezogen wurde«.[141] Das war dann der Grund, dass die Übergabe nach dem Zweiten Weltkrieg noch einmal aufgerollt wurde.

141. Historikerkommission, S. 643 ff.

Aber auch die Nazis vermuteten auf Grund des niedrigen Preises eine Absprache zwischen dem jüdischen und dem arischen Unternehmer und verhafteten Harmer Anfang Mai wegen »Tarnung jüdischen Vermögens« und Vater sowie Sohn Kuffner wegen »staatsfeindlicher Betätigung«. Harmer musste schließlich noch 3,5 Mio. Reichsmark »Arisierungsabgabe« bezahlen, unter anderem weil der Bierverkauf nach der Übergabe sprunghaft in die Höhe gegangen war und der Firmenpreis durch diese günstige Geschäftsentwicklung immens gestiegen war. Wir erinnern uns, dass sich der Bierausstoß auch in Schwechat nach dem »Anschluss« verdreifacht hatte. Harmer feilschte bis 1941 über die Höhe dieser Zahlung, obwohl er den Betrag trotz der umfangreichen Investitionen in den Jahren 1939 bis 1941 in Höhe von 2 Mio. Reichsmark und hoher Privatentnahmen leicht den Gewinnen entnehmen konnte.

Der Familie Kuffner warfen die Nationalsozialisten nicht nur die Spenden an den Fonds von Kurt Schuschnigg, sondern auch Kontakte zu Otto Habsburg vor. Erst als – wie es in der Naziterminologie hieß – »die Herren Moriz und Stefan von Kuffner ... an die Gestapo das Ersuchen (richteten) ..., 35% ihrer gesamten Vermögenswerte gegen gleichzeitige Einstellung des Verfahrens einzuziehen«, konnten die beiden in die Tschechoslowakei und von dort nach Zürich ausreisen.[142] Natürlich waren es wesentlich mehr als 35%, denn es wurden ihnen auch der gesamte Liegenschaftsbesitz und der überwiegende Teil der Kunstsammlung weggenommen. Das Gesamtvermögen wurde auf 12 Millionen Reichsmark (über 50 Millionen Euro) geschätzt.

Sophie Lillie hat in einem Standardwerk über die jüdischen Enteignungen den Immobilienbesitz und die Kunstgegenstände der Familie Kuffner und ihr Schicksal nach dem Einmarsch der Nationalsozialisten in Wien dokumentiert.[143] Wir können hier nicht ins Detail gehen, aber immerhin anmerken, dass Moriz Kuffner rund drei Dutzend Immobilien in ganz Wien besaß, dazu rund 60 Hektar Liegenschaftsbesitz und zudem Bauherr beispielsweise der ersten Häuser in der Reichsratsstraße, und zwar mit den Hausnummern 7 und 9 war. Dieser Besitz wurde von den Nationalsozialisten mit 2,6 Millionen Reichsmark (über 11 Millionen Euro) geschätzt und fiel wie die Kunstsammlung im Rahmen des Ausbürgerungsverfahrens 1941 an das deutsche Reich.

Auch auf diese Kunstsammlung kann hier nur an Hand einiger Beispiele eingegangen werden. Schon von seinem Vater erbte Moriz 2 Federzeichnungen Rembrandts, Aquarelle und Zeichnungen von Rudolf von Alt, Adolf Menzel und August Pettenkofen, wobei der Schwerpunkt der Sammlung bei Landschaftsbildern lag. Alt malte auch 1884 das Grabmal von Ignaz Kuffner

142. Historikerkommission, S. 639; Weiss: Die Kuffner-Sternwarte, S. 33 f.

143. Lillie: Was einmal war, S. 615–628; außerdem gibt es eine Diplomarbeit von Fischer: Jüdische Kunstsammlungen in Wien vor 1938 am Beispiel der Familie Kuffner.

in Lundenburg (siehe Seite 150). Er sah sich nicht als Mäzen der Maler, sondern er sammelte, was ihm gefiel und was ihm als zu vermehrendes Vermögen erschien. Er besaß auch eine bedeutende Sammlung von Kupferstichen und Holzschnitten Albrecht Dürers. Nur wenige Bilder durften die Kuffners 1938 in die Schweiz mitnehmen.

Geholfen hat den drei Herren (auch Stefans Zwillingsbruder Hans flüchtete) auch die Fürsprache ihres langjährigen Bergkameraden Emil Zsigmondy. Die zusätzlich zu entrichtende Reichsfluchtsteuer in Höhe von 3 Mio. Reichsmark (ca. 15 Mio. Euro) wurde beim Bankhaus Krentschker & Co hinterlegt und die österreichische Staatsbürgerschaft ging verloren. Die Villa in der Ottakringerstraße wurde von der NSDAP Ortsgruppe Ottakring besetzt und auch die anderen Immobilien mussten unentgeltlich dem Auswanderungsfonds übertragen werden, den Adolf Eichmann im ehemaligen Palais Rothschild in der Prinz Eugenstraße 22 verwaltete. Das in Graz beheimatete Bankhaus Krentschker eröffnete für die finanzielle Abwicklung dieser Enteignungen eine Zweigstelle in Wien, pikanterweise in einem Haus am Stubenring 3, das zuvor zu 50% der Familie Kuffner gehört hatte und vom Auswanderungsfonds um 225.000 Reichsmark (umgerechnet fast eine Mio. Euro) an die Bank verkauft wurde. Der Fonds verkaufte auch alle anderen Gebäude und Grundstücke zu marktüblichen Preisen weiter, was – wie wir noch sehen werden – nach 1945 zu großen Problemen führte.[144]

144. Im Wiener Stadt- und Landesarchiv befinden sich rund 20 Akten der sogenannten Vermögens-Anmeldungsverordnung 1947, nach der die Familie nach dem Zweiten Weltkrieg die Rückgabe der Immobilien forderte.

Der schon vor der Flucht schwer kranke Moriz Kuffner starb bereits am 5. März 1939 im Alter von 85 Jahren in der Züricher Hirslanden-Klinik. Seine 1894 geborenen Zwillingssöhne Stefan und Hans kehrten nach 1945 nicht mehr nach Österreich zurück, sondern ließen sich nach einer Odysee durch Amerika in der Schweiz nieder. Dort stand auch das Geld zur Verfügung, das die Familie noch vor 1938 durch den Verkauf der Fabriken in Ungarn erhalten und vorsorglich in der Schweiz angelegt hatte.

Nicht allen Kuffner gelang die rettende Flucht. Die Familie von Wilhelm flüchtete nach Frankreich, wo seine Töchter Marianne und Hedwig von der Gestapo verhaftet und 1942 bzw. 1943 in Auschwitz vergast wurden. Beide waren wie ihre Mutter Camilla, die den Zweiten Weltkrieg überlebte und erst 1950 starb, bis 1938 Aktionärinnen der Kuffner AG. Den Briefverkehr von Marianne mit den nationalsozialistischen Behörden hat man gefunden und es konnte gezeigt werden, dass man ihr halbes Vermögen schon im März 1938 beschlagnahmt hatte und der Rest gerade für die Reichsfluchtsteuer reichte. In ihrer Villa in Döbling, Vegagasse 20, saß bereits im April Gauleiter Bürckel und die NS Frauenschaft.[145] Katharina, die Schwester von Moriz, hatte sich 1933 gemeinsam mit ihrem Mann Moriz Oppenheimer nach der Machtergreifung Hitlers in Frankfurt umgebracht.

145. Profil Nr. 2/2001, S. 40

Wie ging es nun Gustav Harmer? Er entwickelte sich zu einem sehr guten Brauherrn, der seinen Gesamtbetrieb durch die extrem schwierigen Zeiten des Zweiten Weltkrieges führte. Er übernahm vorerst sämtliche 300 Brauereiarbeiter. Da von den 60 Angestellten allerdings 37 jüdischer Herkunft waren, musste er diese bis auf vier sofort entlassen. Der Zweite Weltkrieg brachte teilweise die gleichen Probleme wie der Erste. Zitieren wir aus dem Buch »150 Jahre Ottakringer Brauerei«: »Schon bald ergingen die ersten Einberufungsbefehle. Und kurz danach ereigneten sich im Lohnbüro der Brauerei erschütternde Szenen, wenn die Angehörigen von gefallenen Brauereiarbeitern, plötzlich vor dem Nichts stehend, um Unterstützung für Kriegerwitwen und Kriegswaisen ansuchten. Mit Geldzuwendungen und Weihnachtspaketen von Seiten der Brauerei versuchte man, den Betroffenen wenigstens über die schlimmste Not hinwegzuhelfen.«[146] Für die Daheimgebliebenen versuchte man durch Gefolgschaftsabende die Stimmung etwas zu verbessern und organisierte Veranstaltungen mit dem Komikerduo Wondra & Zwickl und einer eigenen Werkskapelle.

146. Wagner: 150 Jahre, S. 57

Harmer nützte die Gunst der Stunde und verdreifachte in den Kriegsjahren den Ausstoß gegenüber 1937 auf über 266.000 hl (1943). Auf seinem Landwirtschaftsbetrieb in Spillern konnte er die notwendigen Rohstoffe, vor allem Hopfen, anbauen und er schaffte es wegen der relativ guten Bierqualität sogar, dass sein Bier an die Front geliefert wurde. Bald wurde aber nur mehr 2,5grädiges Bier erzeugt. Wie 25 Jahre zuvor wurde es 10grädig gebraut und dann mit Wasser versetzt. Da man in seiner Hefe- und Spiritusfabrik Glyzerin aus Kristallzucker herstellte und an Rüstungsbetriebe verkaufte, galt sie als »wehrwirtschaftlicher Betrieb«, was sich in mehr Freistellungen von Arbeitern vom Wehrdienst und in großzügigeren Rohstoff- und Kohlekontingenten auswirkte.

Mit Ausnahme der Mälzerei blieb die Brauerei vom Bombenkrieg verschont. Das »Neue Österreich« meldete Anfang Juni 1945: »Die Anlagen der Ottakringer Brauerei sind zur Gänze erhalten geblieben, eine von den SS-Banden beabsichtigte Sprengung konnte im letzten Augenblick verhindert werden. Alle von den Nazis gemaßregelten Arbeiter und Angestellten finden besonderes Entgegenkommen, auch die vom Kriegseinsatz zurückkommenden Brauereifachleute werden sofort wieder eingestellt. Leider ist an die volle Aufnahme der Produktion gegenwärtig nicht zu denken.« Am 21. Juni 1945 gab es in der gleichen Zeitung zwar eine Überschrift »Es gibt wieder Bier«, das Kontingent war aber sehr klein. Man erzeugte vorerst vor allem neungrädiges NAAFI-Bier für die englische Airforce.

Gustav und sein Bruder Dr. Robert Harmer wurden nach Kriegsende aus der Brauerei und der Hefefabrik vertrieben und ihre Unternehmen von den Russen besetzt. Diese leerten vorerst die Kellervorräte, vor allem die Branntweinfässer. Dann setzten sie einen treuhändischen Verwalter aus den Reihen der KPÖ ein und die kommunistischen Betriebsräte versuchten die Familie Harmer als »Arisierer« und NSDAP-Mitglieder zu desavouieren. Deshalb nahm Gustav Harmer rasch Kontakt zu Stefan Kuffner in den USA auf. Der Versuch, die Gruppe Kuffner mit 49% an der Harmer Kommanditgesellschaft zu beteiligen und Stefan Kuffner einen Geschäftsführerposten anzubieten, scheiterte. Stefan Kuffner wollte vor allem aus Angst vor der russischen Besatzungsmacht nicht nach Wien zurückkehren.

Trotzdem konnte Harmer wieder in seine Brauerei zurückkehren, wobei die Beteiligungsfrage erst 1950 endgültig geklärt wurde. Im August dieses Jahres wurde eine Vereinbarung getroffen, dass auf die Rückübertragung der Brauerei seitens der Familie Kuffner verzichtet wurde und den sieben anspruchsberechtigten Familienmitgliedern ein Betrag von 440.000 Dollar ausbezahlt werden musste. Stefan Kuffner erhielt außerdem Aktien an der Brauerei Schwechat in Höhe von einer Million Schilling. Diese Aktien hatte Harmer als Entgelt für seine Beteiligung an den Mautner Markhofschen Unternehmen vor 1938 erhalten. Alles in allem entsprach die Ablöse insgesamt dem damaligen Wert der Brauerei.[147]

Im Gegenzug gab es einen Verzicht der Kuffner auf das Palais Kuffner in der Ottakringerstraße, das nun Palais Harmer hieß und heute eine Bar beherbergt, wo exklusive Jazz-Musik gespielt wird. Alles in allem flossen 14,8 Mio. Schilling (ca. 11 Mio. Euro) von Ottakring in die Schweiz. Wegen der anderen Enteignungen gab es aber umfangreiche Prozesse nach der Vermögens-Anmeldungsverordnung 1947, bei der die Familie Kuffner weitere hohe Geldbeträge zugesprochen bekam. Es gab Fälle, wo die Liegenschaft der Familie zurückgegeben wurde, Fälle, wo es eine »Nachzahlung«, aber keinen Eigentumswechsel gab und einige Fälle, wo die Familie auf ein Entgelt verzichtete. Der ehemalige Brauereiarbeiter Anton Pollak hatte zum Beispiel das Einfamilienhaus Enzelsbergergasse 6 vom Auswanderungsfonds um 7000 Reichsmark erworben und Stephan Kuffner verzichtete 1948 auf weitere Ansprü-

147. Die 440.000 Dollar und die eine Million Schilling würde man heute einer Kaufkraft von ca. 11 Mio. Euro zuordnen. Der 1938 vereinbarte Kaufpreis für die damals sicher wertvollere Brauerei betrug umgerechnet 33 Mio. Euro.

che, »weil Herr Pollak ein treuer Angestellter der Firma seines Vaters gewesen war«.[148] Wesentlich komplizierter war die Abwicklung des erwähnten Hauses am Schubertring 3, das den ehemaligen Eigentümern zurückgestellt und von der Girozentrale der österreichischen Sparkassen ebenso wie die danebenliegende Haus Schubertring 5 nochmals gekauft werden musste. Noch im Jahr 2000 gab es in Folge eines Bundesgesetzes eine Restitution von einigen Kunstwerken, wobei die wertvollsten im Besitz der Albertina blieben, weil sie 1938 nicht unentgeltlich, sondern im Wege eines »Tauschgeschäftes« erworben wurden, bei dem Kuffner als Gegenleistung eher minderwertige Grafiken erhalten hatte.[149]

Stefan war wie sein Vater ein gebildeter und kultivierter Mensch sowie ein begeisterter Alpinist. Er gründete 1960 in seiner neuen Heimat zum Andenken an die Eltern die »Moriz-und-Elsa-von-Kuffner-Stiftung«. Diese war anfangs mit 100.000 Franken dotiert und wurde Alleinerbin des Vermögens der beiden Zwillingsbrüder. Claus Schellenberg, der als Anwalt die Abwicklung in Wien übernommen hatte und der Präsident dieser Stiftung war, sagte über ihn: »Herr Kuffner war ein äußerst bescheidener Mensch und großer Philanthrop. Er hat sich lange der Restitution von Kuffner-Vermögenswerten in Österreich gewidmet, aber zurück wollte er nicht mehr«.[150] Engelbert Wenckheim, einer der späteren Eigentümer der Brauerei hat dem Autor von mehrmaligen Besuchen in Wien und in der Brauerei erzählt, wobei ein durchaus freundschaftliches Gesprächsklima herrschte. In einem Brief, den Stefan Kuffner im Juni 1946 an Gustav Harmer schickte, steht unter anderem: »Unsere Verhandlungen im Jahre 1938 wurden in durchwegs freundschaftlicher Weise geführt.«[151]

Nach dem Tod von Hans gab es auch eine Hans-und-Stefan-Kuffner-Stiftung, die 1987 mit der Moriz-und-Elsa-von-Kuffner-Stiftung vereinigt und mit insgesamt 40 Mio. Franken dotiert wurde, so dass bis heute jährlich rund 2 Mio. Franken ausgeschüttet werden können. Als Stiftungszweck waren vorerst Projekte für die Wiederbesiedlung und Erhaltung von Schweizer Berggebieten, später auch andere soziale Projekte vorgesehen. Auch die Krankenschwestern, die seinen Vater bis zu seinem Tod gepflegt hatten, wurden von ihm unterstützt. Nutznießer können aber nur Schweizer Institutionen und Personen sein, allerdings unabhängig von der religiösen und politischen Gesinnung.

Hans lebte nach 1945 ebenfalls in der Schweiz und starb am 25. Februar 1973 wie sein Zwillingsbruder unverheiratet und kinderlos. Vera, die Enkelin des

148. Siehe Wiener Stadt- und Landesarchiv 1.3.2.119A41-VEAV-Vermögens-Anmeldungsverordnung 1947, 17.Bez., 66

149. Lillie: Was einmal war, S. 620

150. Profil Nr. 1/2001, S. 44

151. Dieser Brief ist im Anhang von Darthe: Ottakringer – Eine Unternehmensgeschichte abgedruckt, S. 111 f.

1938 verstorbenen Ignaz, heiratete den Amerikaner Walter Eberstadt. Deren beiden Söhne leben heute in New York, sitzen aber wie ihre Mutter nicht im Stiftungsrat der Kuffner-Stiftung. Mit ihr ist aber zumindest der Name in der Schweiz noch präsent, mit dem Namen Kuffner will sie aber nicht mehr in die Öffentlichkeit treten.

Alles in allem bleibt bei der Vertreibung der Familie Kuffner aus Österreich doch ein bitterer Beigeschmack. Oliver Rathkolb meinte dazu, dass »die enge Verbindung der Familie Kuffner mit ihrer Heimat Österreich trotz mancher späterer Besuche 1938 brutalst durchschnitten wurde.« Anderseits bestätigte der Historiker und Restitutionsexperte einwandfrei, dass die Übergabe der Aktiengesellschaft »ein durchaus herzeigbarer Fall gewesen sei.« In seinem Gutachten kann man lesen: »In der Gesamtbeurteilung kann festgehalten werden, dass die Familie Harmer sowohl 1938 als auch nach 1945 bestrebt war, eine – unter den Rahmenbedingungen des NS-Regimes – korrekte Abwicklung des durch die Gestapo-Drohungen gegenüber der Familie Kuffner initiierten Verkaufs durchzuführen.« Und weiter: »Es gibt wohl wenige Restitutionsfälle, aber auch Erwerbungen nach der Machtübernahme des NS-Regimes 1938, in denen die bestehenden politischen Rahmenbedingungen zugunsten der Opfer und ursprünglichen EigentümerInnen so extensiv ausgenutzt wurden, wie im Falle der Ottakringer-Kuffner-Gruppe.« [152] Der Fall gilt in der historischen Forschung als »Paradebeispiel für den Ausstieg einer jüdischen Unternehmerfamilie aus der österreichischen Wirtschaft und den Aufstieg eines arischen Unternehmers«. Das übrige Vermögen der Großfamilie Kuffner wurde hingegen brutal enteignet, wie in einigen Fällen deutlich bewiesen wurde, und nur zu einem kleinen Teil zurückgegeben.

Die Ottakringer Brauerei blieb in den folgenden Jahren bei der Familie Harmer. 1995 verkauften Gustav Harmers Nachkommen ihre Aktien an die Familien Wenckheim und Menz, wobei Dkfm. Engelbert Wenckheim bereits seit 1962 in der Unternehmensführung tätig war. Nach dem Verkauf der Schwechater Brauerei an die Brau AG 1978 wurde Ottakring die einzige Brauerei im engeren Wiener Umland und kann in der 2. Republik auf eine große Erfolgsgeschichte verweisen. Aber 1978 war der männliche Wiener Familienzweig Kuffner schon ausgestorben.

152. Rathkolb: »Restitutionsvergleich – Die Dokumentation eines Falles«, zitiert nach Historikerkommission, S.646

Die anderen Kuffner
Jakob, Wilhelm, Gottlieb, Adolf und Ludwig Kuffner

Bevor wir uns der letzten der eingangs erwähnten sieben Brauereien ausführlicher zuwenden, wollen wir uns noch kurz mit den anderen Mitgliedern der Familie Kuffner beschäftigen, die in Wien als Brauherren tätig waren. Wir haben schon von Jakob Kuffner gehört, der 1856 gemeinsam mit seinem Cousin Ignaz eine darniederliegende Brauerei in Oberdöbling von einem Leonhard Dreher, einem entfernten Verwandten der Schwechater Familie, gekauft hatte. Er führte dieses wesentlich kleinere Brauhaus auch nach dem Tod des Ottakringer Brauereichefs weiter und produzierte vor seinem Tod im Jahr 1891 87.000 hl. Das war ungefähr die Hälfte von Ottakring, aber in allen Jahren ihres Bestehens wesentlich mehr als in Hernals, wo weitere Verwandte werkten. Nach Jakobs Tod wurde auch diese Brauerei von Moriz Kuffner – vorerst gemeinsam mit Jakobs Sohn Wilhelm – geleitet, der sie aber 1909 aus Rationalisierungsgründen auflieẞ. Das Gebäude, in dem dann Arbeiter der Ottakringer Brauerei wohnten, wurde im Zweiten Weltkrieg zerstört und 1949 abgerissen. Heute befindet sich dort eine Wohnhausanlage, der Kopenhagen Hof. Vis à vis entstand 1985 eine der ersten Kleinbrauereien Wiens, das Fischer Bräu.

Wilhelm von Kuffner (1846–1923)

Nur wenige Häuserblocks von der Ottakringer Brauerei entfernt gab es bis in die 1930er Jahre eine andere Brauerei. Als der Autor 2005 die jetzigen Eigentümer des damaligen Verwaltungsgebäudes in der Ortliebgasse besuchte, wussten nicht einmal diese von deren Existenz. Sie wunderten sich nur, warum es unter dem Haus so große Keller gäbe.

Laut dem »Hernalser Heimatbuch« gab es zwar schon im Mittelalter in Hernals eine Brauerei, weil laut einer Urkunde im Jahr 1400 ein »Prauer von der Herren Alsse« das Braugewerbe betrieb. Näheres wissen wir aber nicht.

Gustav Redlich, Edler von Vezeg (1852–1908), der Miteigentümer der Hernalser Brauerei

Rund 440 Jahre später gründete im Bereich der Ortliebgasse 17 auf den »gülte Spitzacker von Hernals« im Jahr 1839, also ebenfalls in den vier Jahren zu Beginn des »goldenen Bierjahrhunderts« ein Rudolf Müller eine Brauerei, die wegen der wachsenden Bevölkerung in Hernals und des ansteigenden Bierbedarfs auch die Genehmigung der Brauerzunft bekam. 1853 ging der Betrieb in den Konkurs, wobei als Masseverwalter der spätere Bürgermeister Cajetan Felder bestellt wurde, der dabei seine später in Klein-Schwechat benötigten Brauereikenntnisse erwarb. Über Umwegen kam die Brauerei 1878 zu den Brüdern Gottlieb und Adolf Kuffner, die sie vorerst pachteten und

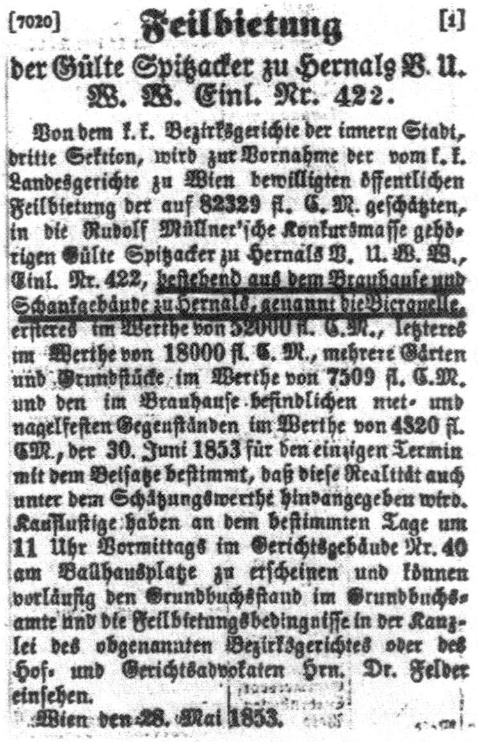

[7020] **Feilbietung** [1]

der Gülte Spitzacker zu Hernals V. U. W. W. Einl. Nr. 422.

Von dem k. k. Bezirksgerichte der innern Stadt, dritte Sektion, wird zur Vornahme der vom k. k. Landesgerichte zu Wien bewilligten öffentlichen Feilbietung der auf 82329 fl. C. M. geschätzten, in die Rudolf Müllner'sche Konkursmasse gehörigen Gülte Spitzacker zu Hernals V. U. W. W., Einl. Nr. 422, bestehend aus dem Brauhause und Schankgebäude zu Hernals, genannt die Bierquelle, ersteres im Werthe von 52000 fl. C. M., letzteres im Werthe von 18000 fl. C. M., mehrere Gärten und Grundstücke im Werthe von 7509 fl. C. M. und den im Brauhause befindlichen niet- und nagelfesten Gegenständen im Werthe von 4820 fl. C. M., der 30. Juni 1853 für den einzigen Termin mit dem Beisatze bestimmt, daß diese Realität auch unter dem Schätzungswerthe hindangegeben wird. Kauflustige haben an dem bestimmten Tage um 11 Uhr Vormittags im Gerichtsgebäude Nr. 40 am Ballhausplatze zu erscheinen und können vorläufig den Grundbuchsstand im Grundbuchsamte und die Feilbietungsbedingnisse in der Kanzlei des obgenannten Bezirksgerichtes oder des Hof- und Gerichtsadvokaten Hrn. Dr. Felder einsehen.

Wien den 28. Mai 1853.

Inserat in der Wiener Zeitung aus dem Jahr 1853, in dem die Hernalser Brauerei zum Kauf angeboten wird

1887 kauften. Diese beiden Kuffner waren die Söhne von Simon, dem Onkel von Ignaz und Jakob. In den Folgejahren wurden die Parzellen mit der heutigen Nummerierung Ortliebgasse 15 und Frauengasse 18 einbezogen. Der Ausstoß lag nun um 60.000, in Spitzenjahren um 80.000 hl jährlich, womit Hernals wie Ober-Döbling zu den 10 größten Wiener Brauereien gehörte. Ingesamt waren die drei Kuffnerschen Brauereien am Ende des 19. Jahrhunderts nach Schwechat und St. Marx die Nr. 3 im Wiener Umland.

Adolf Kuffner führte die Brauerei nach Gottliebs Tod allein weiter, er holte sich aber 1899 mit seinem Cousin Moriz, seinem Neffen Ludwig von Kuffner, dem Vizepräsidenten der Zuckerfabrik in Diószegh sowie dessen Schwager Gustav Redlich neue Gesellschafter. Diese führten die Hernalser Brauerei unter dem Namen »Kuffner & Redlich« weiter. Adolf nahm in Hernals zahlreiche Investitionen wie den Kauf einer Lindeschen Eismaschine und den Bau von zwei neuen Lagerkellern auf den Nachbargrundstücken gegen die heutige Geblergasse hin vor. Auf dem Grundstück Frauengasse 23–27 eröffnete er einen Ausschank mit Saal und Garten auf einer Fläche von 12.000 m². Star in diesen Sälen war der gelernte Vergolder Edmund Guschelbauer, der dort zum ersten Mal auftrat und in den folgenden Jahren u.a. mit dem noch immer bekannten Lied vom »alten Drahrer« als einer der letzten Wienerlied-Barden große Popularität erlangte.

Außerdem musste man, da die Stadt Wien den zunehmenden Wasserbedarf aus der Hochquellenwasserleitung nicht mehr decken wollte, einen neuen Brunnen bauen, der bis auf eine Tiefe von 200 m vorangetrieben und im Februar 1898 mit großem Erfolg in Betrieb genommen wurde. Im Dankbrief der Brauereileitung an den Brunnenbauer wird »von den besten Brauwässern, die man sich denken kann« gesprochen und vermerkt, dass »der Wasserstand selbst heuer, wo es monatelang nicht regnete, bei stärkstem Betriebe auch nicht um 1 cm gesunken (ist).«[153] 1900 erreichte die Brauerei einen Ausstoß, der ungefähr einem Viertel der damaligen Jahresproduktion von Ottakring entsprach.

Adolf starb kinderlos 1903 in Karlsbad und hinterließ seinen zahlreichen Nichten und Neffen die Brauerei und ein Vermögen von 1,4 Mio. Kronen (7,6 Mio. Euro), also nur einen Bruchteil von dem, was einige Jahrzehnte zuvor Ignaz seinen Kindern hinterlassen hatte. In den Kriegs- und Nachkriegsjah-

153. Muzik: Das ehemalige Hernalser Brauhaus, S. 15

ren ging die Produktion stark zurück. 1924 wurde der Betrieb kurzfristig überhaupt eingestellt und nach einer kurzen Wiedereröffnung 1933 an die Brauerei Schwechat verkauft, die an einem weiteren Betrieb nicht sehr interessiert war und die schon ziemlich desolate Brauerei 1936 oder spätestens 1937 schloss. Mit dem 85jährigen Ludwig starb 1937 der letzte bekannte Kuffner dieses anderen Familienzweiges, dem dadurch wenigstens die Vertreibung durch die Nazis und die Arisierung des Betriebes erspart geblieben ist. Noch vor dem »Anschluss« an das Deutsche Reich erwarb der Pferdefleischhauer Josef Bunzl das ehemalige Brauereigelände. Mit dem Haus Ortliebgasse 15 ist das ursprüngliche Brauerei-Verwaltungsgebäude bis heute erhalten geblieben, die Gebäude in der Frauengasse wurden 1938, die übrigen Gebäude in der Ortliebgasse um 1950 abgerissen. Heute befinden sich auf dem Gelände auch der Sportplatz des GRG 17/Parhamerplatz und ein Merkur-Markt.

Erinnerung an die Hernalser Brauerei (Bezirksmuseum Hernals)

Die Hernalser Brauerei in der Frauengasse kurz vor dem Abbruch um 1930 (Bezirksmuseum Hernals)

Der Lokalhistoriker Helmut Muzik hat durch eine Ausstellung im Hernalser Bezirksmuseum und eine Broschüre die Brauerei kurz der Vergessenheit entrissen. Dort wurde auch eine von Stadtarchäologen gefunden Flasche der Brauerei ausgestellt. 2011 erzielte übrigens einer der seltenen Bierdeckel der Hernalser Brauerei bei einer E-Bay-Auktion den beachtlichen Preis von 77 Euro.

Die Familien Faber und Löwenthal

Die letzte der sieben Brauereien, deren Gründung wir mit dem goldenen Wiener Bierjahrhundert verbinden wollen, lag im äußersten Süden von Wien. Hier in Liesing beenden wir unsere Rundreise zu den größten Wiener Brauereien nach den im Osten (Schwechat, Simmering und St. Marx), im Norden (St. Georg) und im Westen (Ottakring, Hernals, Währing) gelegenen Betrieben. Die dortige Liesinger Brauerei ist eng mit den durch Heirat vereinigten Familien Faber und Löwenthal verbunden.

Die Brauerei im Süden von Wien
Theodor Löwenthal, Moritz sen. und Moritz jun. Faber

Als ich 2004 meine Vorarbeiten zu diesem Buch begann, war es noch einfach, sich über diese Brauerei zu informieren. In einem ihrer alten Gebäude gab es nämlich ein liebevoll eingerichtetes Museum mit unzähligen Exponaten, die von einem Herrn Ludwig Purer, Jahrgang 1920, verwaltet wurden. Purer war wie schon drei Generationen vor ihm in der Liesinger Brauerei angestellt und kannte trotz seines hohen Alters noch jedes historische Detail. Inzwischen sind die Brauereigebäude und mit ihnen das Museum dem neuen Stadtteil Riverside gewichen. Eine zweite Quelle über diese Brauerei ist die mehrere Tausend Seiten umfassende »Geschichte der Stadt Liesing«, die Anton Matzig fein säuberlich in Kurrentschrift im Jahr 1936 verfasst hat und dessen einziges Exemplar man im Wiener Stadt- und Landesarchiv findet.

Johann Georg Held, der Gründer der Liesinger Brauerei (1796–1850) (Bezirksmuseum Liesing)

Das Grundstück, auf dem die Brauerei stand, wurde 1803 von Rosalia Held erworben. Dazu gehörte auch der 1722 ursprünglich für die Lagerung von Weinfässern errichtete Felsenkeller. Rosalias Sohn Johann Georg plante auf einem Teil des Grundstückes auf dem Steinmaßlberg eine Brauerei zu errichten. Da Held aber bis 1836 in der Armee diente, konnte er seinen Traum erst nach dem Abrüsten verwirklichen. Er hatte zwar seit 1828 von der Herrschaft Liesing eine Brau-Bewilligung, doch die Braumeister-Zunft des Kronlandes Niederösterreich sah vorerst keinen Bedarf für eine neue Brauerei. In unmittelbarer Nähe wurden auf dem Schellenhof, in Brunn und in Perchtoldsdorf Bier gebraut. Der schwer sehbehinderte Kriegsveteran erhielt die Bewilligung

1838, beendete kurz darauf die Bauarbeiten und begann seine Brautätigkeit am 6. Februar 1839 mit 40 hl, die er am 7. März als »Oberliesinger Felsenkeller-Bräu« verkaufte.[154]

Liesing profitierte von der Eröffnung der Bahnlinie Wien – Gloggnitz im Jahr 1841, wenngleich es eine Gleisverbindung der Brauerei zur nahen Südbahn erst 1881 gab. Jedenfalls beteiligten sich 1843 der aus Aschaffenburg stammende Theodor Löwenthal und 1845 Moritz Faber sen. mit jeweils 30.000 Gulden an der Brauerei. Die Familie Faber war übrigens als einzige unserer Brauherrenfamilien schon vor dem Einstieg ins Braugeschäft als Unternehmer im Wiener Umland tätig.

In einem Schaukasten des ehemaligen Museums sah man auch, dass Ludwig van Beethovens Neffe Johann 1844 als stiller Teilhaber 9.200 Gulden investierte und zwei Jahre später für seinen Anteil 13.000 Gulden zurückbekam.[155] Die Brauerei dürfte nach der Kapitalspritze gut floriert haben.

Held starb kaum 54 Jahre alt 1850 und hat in seinem Testament »ansehnliche Legate an Diener und Hausgenossen, die mit unwandelbarer Hingebung und Treue an ihm festhielten und ihm mit Ausdauer und Treue dienten, gemacht, und auch die Armen nicht vergessen.«[156] Außerdem hatte er schon 1843 festgelegt, dass das Bierbrauen sofort nach seinem Tod einzustellen und die Brauerei zu versteigern sei.

154. Opll, Liebhart: Bach – Dorf – Stadt Liesing, S.29 f.

155. Seidl: Unser Bier, S. 292

156. Wurzbach: Biographisches Lexikon, Stichwort Held

Theodor Löwenthal (1798–1878) (Bezirksmuseum Liesing)

Die Brauerei Liesing kurz nach der Gründung im Jahr 1838 (Bezirksmuseum Liesing)

Faber und Löwenthal ignorierten diese Testamentsbestimmung, weil sie aus der Zeit vor ihrer Beteiligung am Betrieb stammte. Sie zahlten Helds Erben aus und brauten weiter. Faber sen. übergab schon 1855 seinem gleichnamigen, damals 18-jährigen Sohn die Unternehmensführung. Er hatte bis dahin eine ausgezeichnete Erziehung genossen. Sein Vater hatte ihn ins Gymnasium nach Gotha geschickt und ihn früh auf eine industrielle Karriere vorbereitet. Zwei Jahre später heiratete Faber jun. Marie, das einzige Kind seines nunmehrigen Seniorpartners Löwenthal – wieder einmal ein Fall von »Bier zu Bier«.

Moritz Faber sen. (1798–1875) (Bezirksmuseum Liesing)

Die beiden Brauherren leiteten einen gewaltigen Aufschwung ein, als sie 1872 – also mehr als 30 Jahre vor Dreher und Kuffner – ihre Firma in eine Aktiengesellschaft mit einem Kapitel von 4,5 Mio. Gulden umwandelten. Mit Unterstützung der Österreichischen Hypotheken- und Rentenbank konnten sie so der Brauerei eine Million Gulden an frischem Kapital zuführen, womit sie einerseits Geld für großzügige Erweiterungen und anderseits für den Ausbau des Vertriebs zur Verfügung hatten. So eröffneten Faber und Löwenthal nicht nur in einigen niederösterreichischen Städten, sondern bis 1875 auch in Triest, Mailand und Udine Bierdepots. In einem Inserat des Adressbuches Lehmann von 1877 kann man lesen, dass das Bier über Alexandria, Beiruth und Istanbul in viele afrikanische und asiatische Länder geliefert wurde. 1878 starb Löwenthal und Faber wurde alleiniger Firmeninhaber. Er hat auch zwei erfolgreiche Auslandsbrauereien gegründet: die Brauerei »Vienna« in St. Petersburg und 1880 gemeinsam mit Alfred Wakano die noch immer bestehende Großbrauerei »Siguli« in der südrussischen Industriestadt Samara, die damals die bedeutendste Braustätte in Russland war. Selbstverständlich war die Liesinger Brauerei 1873 auf der Wiener Weltausstellung wie jene von Dreher, Mautner und Kuffner mit einem großzügig gebauten Pavillon und einer Bierausschank vertreten.

Moritz Faber jun. (1837–1921) (Bezirksmuseum Liesing)

Faber wurde neben seinem Beruf als Brauherr auch ein Experte für Kühlungsfragen. 1872/73 gab es einen milden Winter, in dem es in Wien nie richtig fror und kein Natureis zur Verfügung stand. Bei der Wiener Weltausstellung 1873 stellte Carl von Linde die erste Kühlmaschine aus, die er sofort ankaufte. Noch vor Dreher versuchte er die künstliche Kühlung seines Bieres. Dieses Modell funktionierte aber noch nicht richtig, so dass erst der nächste Auftrag an Linde im Jahr 1883 auch in Liesing zum halbwegs gewünschten Erfolg führte. Das Aggregat der größten Kühlanlage dieser Zeit stand bis vor wenigen Jahren vor der Brauerei in der Breitenfurterstraße und musste dann im Laufe der Umgestaltung des Brauereigeländes einem Park Platz machen.

Parallel dazu versuchte Faber aber auch Kunsteis zu erzeugen. Die ersten Versuche scheiterten noch an den unzureichenden Maschinen, die nur trübes Eis produzierten, zu dem man wenig Vertrauen hatte. Erst 1884 war er maßgeblich daran beteiligt, dass man klares Kunsteis, sogenanntes »Krystalleis« produzieren konnte. Sofort errichtete er in der Brigittenau eine moderne Eisfabrik.[157] Dort gelang es Karl Heimpel, einem Mitarbeiter der Firma Linde, Krystalleis in Blöcken von ca. 25 Kilogramm mit einer Linde-Kühlmaschine zu erzeugen.[158] Millionen solcher Blöcke wurden bis in die 1950er Jahre von den Eismännern auch in private Haushalte gebracht, wo sie in hölzernen Kästen gelagert wurden, die die Vorläufer der heutigen Kühlschränke waren. Fabers Wiener Krystall-Eis Fabrik florierte rasch und er hatte das Glück, das schon dem ersten Produktionsjahr 1884 wieder ein sehr warmen Winter mit entsprechender Nachfrage nach seinem Eis folgte. Bis zum Ende des 19. Jahrhunderts gab es laufende Kapazitätserweiterungen und sein Sohn Karl, der 1892 die Leitung übernommen hatte, war einige Jahre mit einer Produktion von bis zu 200.000 Kilogramm täglich fast ein Monopolist dieser Industrie. Er führte damit die größte Fabrik Europas. 1898 wurde dann in unmittelbarer Nähe, in der Passetistraße ein Konkurrenzunternehmen auf Genossenschaftsbasis gegründet, das 1917 die durch die Kriegsereignisse in Schwierigkeiten geratene Fabersche Fabrik aufkaufte.

157. Die Linde AG, S. 56

158. Siehe Inserat der Firma Linde in: Gambrinus Nr. 20/1892, Seite 688.

Sein Vater hatte in den 1880er Jahren aber nicht nur Probleme mit der Kühlung, sondern auch mit dem Wasser. Als der wachsende Ausstoß 1886 die Kapazität seiner Brunnen überstieg, schloss er mit der Bezirkshauptmannschaft einen Vertrag über die Verwendung des Wassers im Liesingbach ab. Er durfte dieses aber nur als Nutzwasser, nicht für das Bier verwenden und musste die entnommene Menge wieder dem Bach zuführen. Weil es dadurch zur Verschmutzung der Liesing kam, baute er ab 1889 Filteranlagen ein, über der Wirkung wir aber nichts Näheres wissen. Umweltschutz war damals noch kein Thema. Immerhin konnte man 1891 einen Großbrand in der Brauerei so rechtzeitig löschen, dass der Brauereibetrieb nicht eingeschränkt werden musste.

Der Ammoniak-Kompressor der Liesinger Kühlanlage, wie er noch 2004 in der Breitenfurterstraße vor der Brauerei stand (Foto des Autos)

Faber war auch in anderen Bereichen technischer Pionier. Bereits 1891 führte er für den gesamten Betrieb eine elektrische Beleuchtung ein und ersetzte schrittweise die Gasbeleuchtung. Ab 1910 wurden die Pferde und Ochsen, die die Bierwagen zogen, durch Autos ersetzt, das letzte Pferd wurde 1926 ausgemustert. 1900 konnte er stolz vermelden, dass er seit 1860 den Ausstoß seiner Brauerei verdreifacht hatte, so dass sie mit 361.000 hl hinter Schwechat und St. Marx die Nr. 3 im Wiener Umland war.

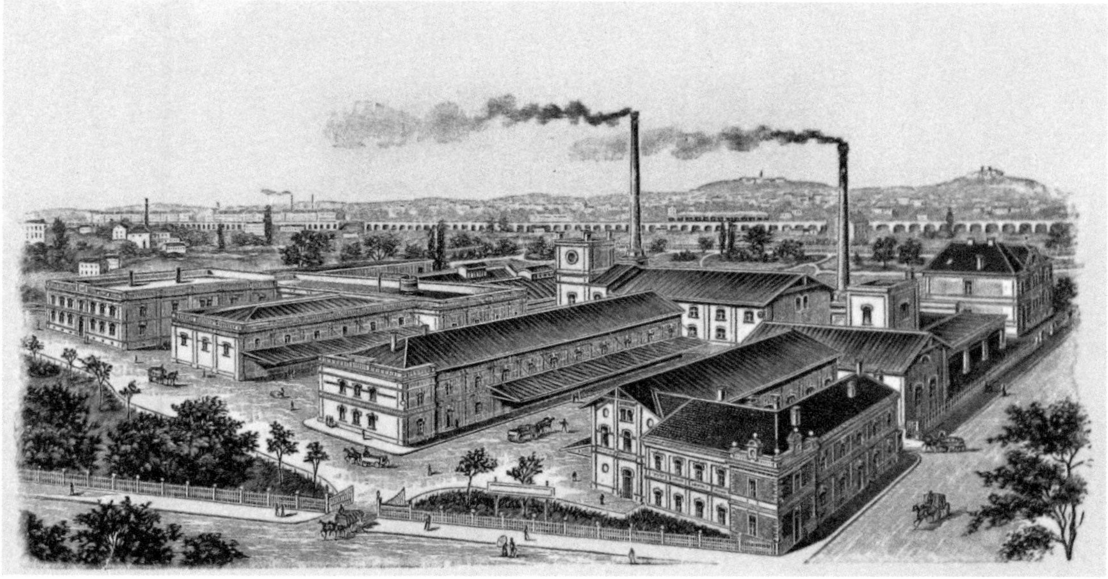

Die Wiener-Krystalleisfabrik von Moritz Faber in der Brigittenauer Klosterneuburgerstraße um 1900 (Privatarchiv des Autors)

Erwähnenswert ist auch, dass Faber 1899 eine von den bekannten Architekten Helmer und Fellner geplante Brauhausrestauration mit dem heute noch bestehenden prägnanten Turm eröffnete und den alten noch von Held gegründeten Bierausschank ersetzte. Allerdings stürzte wenige Tage nach der Eröffnung am 6.Mai das Gebäude teilweise ein und musste nochmals aufgebaut werden. Im sehenswerten Festsaal, der 6000 Menschen fasste, spielte sich jahrzehntelang das gesellschaftliche Leben Liesings ab. Im Volksmund wurde das Restaurant »Maria Krügel« genannt, weil sich dort während der Messen und vor allem während der Prozessionen an den hohen Festtagen ein Teil der »Gläubigen« bei einem Krügerl Bier aufhielt und sich erst gegen Ende der Veranstaltung wieder in die Kirche zurückbequemte. Die »Pilger«fahrten nach Maria Krügel hat ein Anton Josef Lißt in einem netten Gedicht geschildert, das man in Matzigs Geschichtswerk findet.[159]

159. Matzig: Geschichte, 2.Konvolut, S. 1129

Der Brauhaussaal in Liesing um 1900 (Foto des Wiener Stadt – und Landesarchivs)

Soweit das Betriebliche. Gleich nach der Umwandlung in eine Aktiengesellschaft verwendeten er und Löwenthal immerhin zwei Prozent des frischen Kapitals für gemeinnützige Zwecke. Faber spendete 10.000 Gulden für die neue Liesinger Schule, Löwenthal richtete mit dem gleichen Betrag eine Armenstiftung ein. Die Gemeindechronik meldet, dass Faber nach der Jahrhundertwende auch am Neubau des Rathauses, des Bezirksgerichtes sowie an der Renovierung der Pfarrkirche finanziell beteiligt war. Die Stadt Liesing wurde erst 1938 bzw. 1954 ein Wiener Gemeindebezirk. Auch für seine Beamten und Arbeiter tat er viel und ließ Ende der 1880er Jahre drei Beamtenwohnhäuser und später auch neun Arbeiterwohnungen am rechten Ufer der Liesing gegenüber der Brauerei errichten.

Als größter Steuerzahler der Gemeinde hatte die Brauerei nach der Gemeinderatswahlordnung von 1864 das Recht, ohne Wahl einen Vertreter in den Liesinger Gemeinderat entsenden zu können. Dieses Recht übten von 1861 bis 1869 Löwenthal, von 1870 bis 1885 Faber jun., danach bis 1919 die jeweiligen Generaldirektoren aus.

Faber war in der ausklingenden Monarchie nicht nur als Bier- und Eisproduzent ein Mitglied der »Wirtschaftsadels«. Die Kuratoren der ehrwürdigen Ersten österreichischen Spar-Casse ernannten ihn 1893 zum ehrenamtlichen Direktor und von 1900 bis 1919 mit einer kurzen Unterbrechung sogar zum Oberkurator, womit er Vorsitzender des Aufsichtsorgans und nach dem damals geltenden Sparkassenrecht oberstes Chef dieser Sparkasse wurde. Er führte die Sparkasse erfolgreich durch die schwere Zeit des Ersten Weltkriegs, in der sie unter anderem beim Verkauf der acht Kriegsanleihen sehr aktiv war. In dieser Zeit saßen mit Anton Dreher, Johann Medinger und Adolf Bachofen von Echt drei weiteren Brauherren in den obersten Gremien dieses Instituts. Von 1905 bis 1918 war er wie sein Konkurrent Anton Dreher Mitglied des Herrenhauses und erhielt 1908 das Großkreuz des Franz-Josefs-Ordens. Auch die Stadt Liesing war stolz auf ihre Brauherren und ernannte Löwenthal 1871 zu ihrem ersten Ehrenbürger, Faber erhielt diese Ehre einige Jahre später.

Bei seinem Tod am Beginn der Hyperinflation im Februar 1921 hinterließ er seinem Sohn Karl und seinen Enkeln, den Söhnen seiner 1905 verstorbenen Tochter Marie, ein ziemlich geschrumpftes Vermögen von rund 30 Mio. Kronen, darunter aber auch noch einige wertvolle Gemälde von Gauermann und Rudolf von Alt.

Familie Faber in Gosau, links Moritz Faber jun., rechts sein Sohn Karl 1866–1925) (Bezirksmuseum Liesing)

An Moritz Faber erinnern noch einige Orte in Österreich. In Baden kann man entlang des Faberweges zur Faber-Höhe oberhalb des Kurparks spazieren. Als langjähriger Kurgast ließ er dort 1910 eine Aussichtsplattform errichten und hat für ihre Erhaltung eine Stiftung gewidmet. In Salzburg hat er zwei Gruppen von Häusern 1873 bis 1878 an der Rainerstraße erbauen lassen, die heute noch als »Faberhäuser« bekannt sind und die Verbauung des ehemaligen Festungsgürtels einleiteten. Außerdem ist dort die Faberstraße nach ihm benannt. Seine Lieblingsgegend war allerdings Gosau, wo er sich eine Sommervilla bauen ließ, eine Handarbeitsschule und ein Kindergartengebäude stiftete und wo noch heute die Erinnerung an ihn wach gehalten wird. Die Villa entstand 1880 als ein romantisches Refugium im Salzkammergut und selbst Kaiser Franz Josef war während seiner Jagdausflüge dort manchmal zu Gast. Faber gewann schnell die Herzen der Gosauer und lud die Bevölkerung alljährlich zum »Fabertag«, an dem jeder Bürger auf seine Kosten eine kräftige Jause und jedes Schulkind ein Häferl erhielt.

Die Liesinger Brauerei zu ihrer Blütezeit um 1900, ganz rechts das Braurestaurant (Bezirksmuseum Liesing)

Kehren wir nochmals zur Brauerei zurück. Nach dem Ersten Weltkrieg wurde ihr Höhenflug gestoppt, weil Lieferschwierigkeiten bei den Rohstoffen entstanden, die man bis dahin aus den benachbarten Kronländern bezogen hatte. So vermerkte Matzig, dass der Brauerei ab 1916 nur mehr 8% der Gerstemenge von 1913 zugestanden wurde und davon gerade die Hälfte wirklich geliefert wurde. Über die schlechte Bierqualität der Kriegszeit haben wir schon öfters geschrieben.

Faber starb 1921 und der Name erlischt in den Annalen der Brauerei. An seine Stelle trat eine weitere bedeutende Unternehmerfamilie Österreichs, die Miller Aichholz. Sie betätigten sich aber nie als operative Brauherren, so dass wir sie nur kurz streifen wollen. Vinzenz von Miller zu Aichholz war Mitglied des Herrenhauses, Vizegouverneur der Österreichisch-Ungarischen Bank und Träger vieler Auszeichnungen. Er hatte bei der Umwandlung der Brauerei in eine Aktiengesellschaft ein großes Paket Aktien erworben und wurde 1883 zum Präsidenten des Aufsichtsrates gewählt.

Vinzenz Miller Ritter zu Aichholz (1827–1913)

Er und Faber wechselten sich in dieser Position einige Male ab, nach dem Tod der beiden folgten die Söhne von Vinzenz, August und Heinrich von Miller zu Aichholz als Präsidenten. Sie kauften einige benachbarte Brauereien (Schellenhof, Wr. Neustadt, Mödling, Brunn und Perchtoldsdorf) und legten sie still, so dass nun wegen des vergrößerten Verkaufsgebietes die Entwicklung wieder aufwärts ging. Aus Kapitalmangel musste 1928 trotzdem mit der sieben Jahre zuvor gegründeten Brau AG fusioniert werden, wobei der Name erhalten blieb. Die Produktion blieb stark von der Konjunktur abhängig, sie sank von 270.000 hl (1929) auf 110.000 hl im Jahr 1936.

Im 2. Weltkrieg blieb die Brauerei zwar von Zerstörungen verschont und man braute wie in den anderen Brauereien ein Kriegsbier, indem man dem normal gebrauten Bier zwei Drittel Wasser hinzufügte. Nach 1945 litt die Brauerei durch eine zehnjährige sowjetrussische Besetzung. Es wurde zwar normal weitergearbeitet, die halbe Produktion musste jedoch dieser Besatzungsmacht abgeliefert werden. Allerdings sorgten die Russen bereits ab 1945 für die Rohstoffe, so dass man in Liesing vor den anderen Brauereien wieder Normalbier erzeugen konnte.

Nach dem Staatsvertrag setzte wieder eine Blütezeit ein, in der die Lagerkeller von 70.000 auf 300.000 hl vergrößert wurden und 450 Beschäftigte in der Brauerei arbeiteten. 1965 führte man als erste österreichische Brauerei die Plastikkisten ein, 1968 die Euro-Flasche und 1966–68 wurde der Brau AG-Turm als Silo mit 72 m Höhe errichtet.

Bierdeckel der Liesinger Brauerei um 1960

1973 schloss die Brau AG die Brauerei, womit die Geschichte des Liesinger Biers beendet war. Auf dem Gelände blieb nur mehr eine Großmälzerei, die aber 1989, zwei Jahre nach dem 150jährigen Gründungsjubiläum, geschlossen wurde. Vor wenigen Jahren wurden die Brauereianlagen abgerissen, auf diesem Gelände befinden sich heute das moderne Einkaufszentrum Riverside und Wohnhäuser. Nur mehr das ehemalige Restaurationsgebäude ist erhalten geblieben, einerseits weil es außerhalb des Brauereigeländes liegt und anderseits weil es unter Denkmalschutz gestellt wurde. Im ebenerdigen Restaurantsaal befindet sich nun eine Reifenreparaturwerkstatt. Auch die Arbeiterwohnhäuser in der Haeckelstraße und in der Pülslgasse wurden zu schutzwürdigen Kulturdenkmälern erklärt und eine Faber- sowie eine Löwenthal-Gasse erinnern noch an diese Brauherren.

Überlebt haben auch noch die alten Bierdeckel, die rund ein Dutzend historische Bauwerke aus der Wiener Umgebung und damit dem Verkaufsgebiet der Brauerei sowie das alte Logo der Brauerei mit den drei Balken zeigen, das die drei Bestandteile des Biers Wasser, Hopfen und Malz symbolisiert. Diese Serie war bei Sammlern heißbegehrt und war die erste ihrer Art, die dann von der Brau AG in anderen Bundesländern nachgeahmt wurde.

Die Macht der Brauherren

Wir haben die wichtigsten Wiener Brauherren des 19. und 20. Jahrhunderts kennengelernt, die für das »Goldene Bierjahrhundert« verantwortlich waren. Die Großfamilien Mautner Markhof und Kuffner, der Familienverbund Dreher-Aich-Meichl und die Kleinfamilie Löwenthal-Faber hatten vieles gemeinsam, weisen aber ebenso viele Unterschiede auf. Wir haben uns auf diese bedeutendsten Familien beschränkt, obwohl es noch einige andere Familien gab, die im Braugeschäft während dieser zwei Jahrhunderte eine große Rolle spielten. Das sind vor allem die miteinander verwandten Familien Bosch, Dengler, Bachofen von Echt und Medinger, die in Fünfhaus, Jedlesee und Nussdorf tätig waren. Leider wissen wir über ihr Leben nur wenig, sie wären aber durchaus einer ausführlicheren Behandlung würdig. Im folgenden Vergleich wollen wir uns deshalb großteils auf die uns bereits bekannten Familien konzentrieren. Was war nun das Besondere an ihnen?

Vier große Familien: Gemeinsames und Unterschiede

Beginnen wir mit ihrer Herkunft. Sie kamen fast durchwegs aus den heutigen Nachbarländern Österreichs. Die Mautner aus Böhmen, die Kuffner aus Mähren, die Aich aus der Slowakei sowie die Dreher und Meichl aus Süddeutschland. Nur Moritz Faber sen. war ein gebürtiger Wiener – dafür war sein Kompagnon Theodor Löwenthal ein Deutscher aus Aschaffenburg. Wahrscheinlich konnten sie nur so aus den engen Fesseln des Wiener Zunftwesens ausbrechen, das gerade im Brauwesen sehr stark war.

Alle mussten in der ersten Generation hart ihren Erfolg erkämpfen, hart gegen sich selbst und gegen ihre Konkurrenten. Vorerst gegen die konservative Zunft, die sich gegen ihren bereits von Fabriks- und Wissenschaftsmethoden geprägten Unternehmergeist wehrte. Adolf Ignaz Mautner, Ignaz Kuffner, Anton Dreher der Ältere und Moritz Faber hatten einen »unbeugsamen Willen« (Christoph Wagner) und wurden »Pioniere der Braukunst« (Karl Urban), weil sie ihr ganzes Berufsleben lang versuchten, ihre Verfahren und die Einrichtung ihrer Erzeugungsstätten zu verbessern. Alle drei hatten gemeinsam, dass sie nicht nur Brauer, sondern auch Erfinder waren. Dreher übertrug die englische Brautechnik auf österreichische Verhältnisse und »erfand« die Produktionsmethode des Wiener Lagerbiers. Sein Sohn war Pionier der künstlichen Kühltechnik. Adolf Ignaz Mautner erfand unter anderem ein Verfahren für die Produktion der Kunsthefe und ein Kühlverfahren, Ignaz Kuffner war ein Vorreiter der Mechanisierung der Produktion. Schließlich war Moritz Faber jun. der erste, der Kunsteis professionell herstellen konnte.

Alle diese Brauherrenfamilien gehörten bereits zu den größten Unternehmern der Monarchie, als die erste Generation starb. Das beweist auch ihre Präsenz bei der Wiener Weltausstellung 1873, wo sie eigene Pavillons besaßen. Dreher der Ältere musste durch seinen Tod als erster 1863 die Unternehmensleitung abgeben, Theodor I. Meichl starb 1869, Moritz Faber sen. 1875, Adolf Ignaz Mautner von Markhof folgte durch Pensionierung 1876 und als letzter schied Ignaz von Kuffner 1883 aus diesem erlauchten Kreis aus. Während die erste Generation durchwegs vom Pioniergeist beseelt war, gab es in der zweiten Generation schon gravierende Unterschiede. Wirklich außergewöhnliche Nachfolger waren nur Anton Dreher der Jüngere und die Georgs-Linie der Mautner Markhof. Moritz von Kuffner und Karl Ferdinand Mautner von Markhof »verwalteten« zwar das Erbe, wurden aber durch keine besonders innovativen Ideen berühmt. Der Gewerkschafter Stefan Huppert, den wir noch kennenlernen werden, hat für diese Generation ein ziemlich vernichtendes Urteil gefällt: »Unter diesen Brauherren findet man sehr viele, die sich mit Sport befassen, einige, die für Kunst Vorliebe zeigen, einzelne sogar, die wissenschaftliche Studien betreiben, aber mit wenigen Ausnahmen fast keine tüchtigen Geschäftsleute. Diese Herren und die leitenden Personen blickten mit der Sorglosigkeit der Gesättigten in die Zukunft und vernachlässigten die Betriebe kommerziell sowohl als auch technisch.«[160] Tatsächlich waren einige Mautner Markhofs wie auch der jüngere Anton Dreher fixe Größen im Wiener Reitsport und in dessen Vereinen, Moritz Kuffner war begeisterter Bergsteiger und Astrologe und die Gemäldesammlungen dieser Familien waren ein bedeutender Teil ihres Vermögens.

160. II. Verbandstag, S. 8

Anderseits erlebten sie ein härteres wirtschaftliches Umfeld als ihre Väter, mussten sich in ihrer Zeit mit den Arbeitnehmervertretungen auf sozialere und damit teurere Arbeitsbedingungen einigen und erlebten einen Staat, der an ihrem Gewinn durch Steuern mitnaschen wollte. Sie und zum Teil auch ihre Söhne erlebten die wirtschaftlichen Katastrophenjahre des Ersten Weltkriegs und der Nachkriegszeit. Da rächten sich dann die fehlenden Investitionen der Jahre vor dem Krieg bitter.

Die dritte Generation starb ziemlich zeitgleich nach dem Ersten Weltkrieg, Georg II. Meichl und Viktor Mautner Markhof 1919, Anton Dreher jun. und Moritz Faber jun. 1921. Nur die Familie Kuffner überlebte diese Jahre ohne personellen Verlust. Interessant ist, wie die Unternehmensübergaben im 19. und in der ersten Hälfte des 20. Jahrhunderts vonstatten gingen. Die Familie Dreher profitierte zweifellos von einer klugen Heiratspolitik und dem Einsatz von angestellten Experten in der obersten operativen Geschäftsführung. Ihr Pech war das wirklich tragisch und rasch verlaufende Aussterben des österreichischen Familienzweiges. Die Familie Mautner Markhof hatte das Glück einer weitverzweigten Familie, sonst wäre das Werk des Gründers wahrscheinlich in der dritten Generation spurlos verschwunden. Die Brauerei der Familie Meichl ging durch Heirat und Fusion in jener der Familie Dreher auf und verschwand langsam von der Bildfläche. Die Familie Kuffner konnte Vorteile aus ihrem weitverzweigten Familienimperium ziehen und scheiterte letztendlich nur an der politischen Entwicklung.

Ob man das »goldene Bierjahrhundert« mit dem Tod der dritten Generation beenden und damit verkürzen soll oder die für die Brauwirtschaft noch durchaus erfolgreichen späten 20er Jahre anhängt, ist Geschmacksache. Die beiden Weltkriege und ihre Folgejahre waren jedenfalls Tiefpunkte in der Brauereigeschichte.

Die einzige dieser Familien, die nach 1945 noch präsent war, waren die Mautner Markhof, die dank Georg III. das Brauimperium der Vereinigten Brauerei erwerben konnten. Er und Manfred I. verhalfen dieser Familie auch noch zu einem wirtschaftlichen Höhenflug mit der Schwechater Brauerei, der 1978 durch die Fusion mit der Brau AG zu Ende ging. Die Ottakringer Brauerei, die 1938 fast auch im Schwechater Imperium aufgegangen wäre, konnte dank der Familien Harmer, Wenkheim und Menz zum Monopolisten des Großbrauereigeschäftes in der Bundeshauptstadt aufsteigen.

Kommen wir zu ihren wirtschaftlichen Erfolgen. Die Gründerzeit verhalf den ersten Generationen zu Millionen-Gulden-Vermögen, u.a. weil der Faktor Arbeit noch billig war und es einen 18-Stunden-Tag bei niedrigen Löhnen gab. Dazu trug auch der Spitzensteuersatz

Diese Tafel im Haus Judenplatz 3–4 erinnert an die Wiener Brauherren. Der Bau dieses Hauses wurde von ihnen und anderen Lebensmittelindustriellen finanziert. Man beachte die größenmäßige Abstufung der Namen (Foto des Autors 2012).

in ihrer Zeit von knapp 5% auf Einkommen bei. Roman Sandgruber hat für das Jahr 1910 die reichsten Wiener aufgrund ihres Jahreseinkommens errechnet und da findet man Anton Dreher, Viktor Mautner von Markhof, Moriz von Kuffner und Moritz Faber auf den Rängen 7, 14, 81 und 100. Fast alle anderen Brauherren gehörten auch zu den reichsten 700 Millionären in Wien. In der Nahrungsmittelbranche konnte man in der Monarchie sehr gut verdienen und Bier war in dieser Branche eines der erfolgreichsten Produkte. Nur die Großindustriellen der Textilwirtschaft rangieren noch vor den Brauherren.[161]

161. Sandgruber: Traumzeit für Millionäre, S.24 und 67.

Die steigenden Bevölkerungszahlen des Wiener Raumes ließen die Nachfrage nach Bier noch im späteren Vormärz explodieren. In dieser Zeit spielte die Geselligkeit erstmals eine große Rolle, so dass sie ihr Bier in riesigen, zum Teil von ihnen errichteten Biergärten und Veranstaltungsräumen verkauften. Sie schafften es außerdem, ihr Produkt Wiener Bier so zu verbessern und in der Welt zu platzieren, dass aus dem angeblich schlechtesten Getränk Europas ein weltweites Spitzenerzeugnis wurde.

Der Anteil der Brauereien dieser Familien an den gesamten im Wiener Umland tätigen Brauereien betrug im Jahr 1850 nur 33%. Dieser Wert wuchs auf 75% zur Jahrhundertwende und auf 85% in den 1930er Jahren. Ihre stärkste Zeit hatten Dreher, Mautner, Meichl, Faber und Kuffner in den Jahren bis zur Wirtschaftskrise 1873, in denen sie ihre Produktion im Zehnjahresrhythmus verdoppelten. Die folgenden Zuwachsraten fielen dann etwas geringer aus, trotzdem produzierten sie 1913 mit einem absoluten Höchstwert von 2 Mio. hl mehr als doppelt so viel Bier wie 1870.[162] Es gibt keine Vergleichszahlen mit Brauereien in Europa. Wir glauben aber gerne den Behauptungen in der Literatur der späten Jahre der Monarchie, dass es keine andere Brauerei auf diesem Kontinent mit einem so großen Ausstoß wie die Dreherschen Brauereien gab. Wenn sie die größte europäische Brauerei war, dann galt das auch für die gesamte Welt, denn in den USA entwickelte sich die Brauwirtschaft erst ab der Mitte des 20. Jahrhunderts.

162. Die Ausstoßzahlen der Brauereien des Wiener Umlandes sind im Anhang dargestellt. Auf Basis dieser Zahlen sind die Zuwachsraten berechnet worden.

Eine gemeinsame Stärke dieser Brauherren und ein Hauptgrund für diese steigenden Produktionszahlen war auch der Erfolg im Verdrängungswettbewerb. Im 19. und am Beginn des 20. Jahrhunderts verschwanden alle Wiener Brauereien von der Bildfläche, die die Umstellung auf Fabriksfertigung nur mit großer Mühe oder gar nicht mitmachen konnten.

Auf jeden Fall profitierten unsere Familien vom gemeinsamen Wirtschaftsraum der Monarchie. Die Familie Dreher gründete Brauereien in Böhmen, Ungarn und Mähren sowie im Raum Triest. Ihr Name ist in diesen Ländern noch präsent, weil er nach dem 1. Weltkrieg nur in Wien, aber nicht in den neuen Nachbarländern von der Bildfläche verschwand. Die Familie Kuffner hatte ebenfalls in Mähren und Ungarn andere Unternehmen, sie waren dort vor allem große Spiritus- und Zuckerproduzenten. Beide Familien hatten auch einen ausgedehnten Grundbesitz in der Monarchie, vor allem außerhalb des heutigen Österreich. Das Auseinanderfallen der Monarchie und die Nachkriegsjahre waren für sie mehr als schwierig. Nur die Mautner Markhof blieben im Wesentlichen in Wien, ihre Versuche im 20. Jahrhundert nach Abessinien und Brasilien zu expandieren, gingen schief.

Wer in der Zwischenkriegszeit in diesen Ländern seine Liegenschaften entweder aus wirtschaftlichen Zwängen oder aus Vorsichtsgründen verkaufen konnte, tat gut daran, denn nach 1945 verloren die letzten Dreher bzw. ihre Nachkommen durch Enteignungen den gesamten Grundbesitz in der CSSR und in Ungarn. Besonders tragisch war das Schicksal der Familie Kuffner, die wegen ihres jüdischen Glaubens schon 1938 dieses Schicksal zwar nicht durch die Kommunisten, sondern durch die Nationalsozialisten erleben musste. Ihre Präsenz in Österreich erlischt 1938 vollkommen. Die Familie Mautner Markhof hatte Glück und profitierte von diesen Entwicklungen. Sie erreichte eine ähnliche Rolle in der Zweiten Republik wie die Familie Dreher im ausklingenden Kaiserreich.

Die Brauherren waren auch ein gesellschaftlicher Faktor ihrer Zeit. Die ersten drei Generationen gehörten zu den wirklich Mächtigen der Ringstraßenzeit, der sogenannten »Zweiten Gesellschaft«, die aus den Großindustriellen, Bankiers und Handelsunternehmern bestand. Die »Erste Gesellschaft«, der Hochadel, blickte auf diese Gruppe wegen ihrer Vermögen meist mit neidigen Augen herunter. Anderseits hatte diese Gruppe immer das Gefühl, vom Hochadel nur als Emporkömmlinge gesehen zu werden und keine gesellschaftliche Anerkennung zu erhalten. Kaiser Franz Josef verlieh nun dieser »Zweiten Gesellschaft« ebenfalls Adelstitel, wovon die Familien Mautner Markhof und Kuffner profitierten. Sie mussten diese Titel aber durch Wohltätigkeit erkaufen und sollen sogar einen Dispositionsfonds beim Ministerratspräsidium mitgespeist haben, der heute sicher Gegenstand eines Korruptionsausschusses wäre.[163] Trotzdem wurden sie vom klassischen Adel nie als gleichberechtigt anerkannt, pochen aber wie manche Mitglieder der Familie Mautner Markhof heute noch auf dieses ehemals hart erkämpfte Recht, wie man bei der Erwähnung des »von« auf den Familiengräbern auch heute noch sieht. Die Familie Dreher verzichtete hingegen auf die Ehre der Nobilitierung

163. Winkelhofer: »Ein Unterschied muss sein!«, Kronenzeitung vom 7.Oktober 2012, Beilage S.63

und war sogar stolz darauf, obwohl sie von allen Menschen sowieso nur »von Dreher« genannt wurden.

Die religiöse Zugehörigkeit spielte während der Monarchie noch kaum eine Rolle bei der Unternehmensentwicklung, wenn man von einzelnen Angriffen der Lueger-Partei gegen die jüdischen Kuffner absieht. Sie erhielt am Ende der 1. Republik aber eine entscheidende Rolle. Die Dreher hatten sich aus Wien zurückgezogen, ihre Konkurrenten, die Mautner Markhof wurden ihre Nachfolger und kämpften mit der jüdischen Vergangenheit ihres Ahnherrn. Dieser war zwar selbst schon konvertiert, aber seine Enkel galten im Jahr 1938 noch als »Handelsjuden«, weil drei der acht Großeltern Juden waren. Sie überlebten das »Dritte Reich« mit viel Mühe und konnten erst nach 1945 eine zweite Blütezeit erleben. Die Kuffner als gläubige Juden verloren ihre Brauerei und waren nach 1945 nicht mehr bereit in das Wiener Geschäft einzusteigen. Hier folgte ein ursprünglicher Arisierer nach einem letztlich doch fairen Übergabeverfahren. Die Familie Dreher als einzige ohne jüdische Vergangenheit war in Wien nicht mehr präsent, scheiterte aber in Ungarn nach der Übernahme der Macht durch die Kommunisten – in Wien hätte sie wirtschaftlich überlebt.

Die Brauherren waren meist auch politisch sehr aktiv. So war Anton Dreher sen. Mitglied des niederösterreichischen Landtages und des ersten Abgeordnetenhauses zum Reichstag 1861. Sein Sohn wurde von Kaiser Franz Josef als erbliches Mitglied in das Herrenhaus berufen, wo neben ihm nur wenige andere Großindustrielle, wie der Liesinger Brauherr Moritz Faber, der Glasindustrielle Ludwig Lobmeyr und der Baumwollunternehmer Nikolaus Dumba Mitglieder dieser Elitegesellschaft der österreichischen Monarchie waren. Anders als in Deutschland gab es hingegen kaum Konflikte der Großunternehmer mit dem Adel, der in Österreich vor allem im Großgrundbesitz und der Land- und Forstwirtschaft, kaum jedoch in der Industrie tätig war.

Neben Ignaz Kuffner, dessen Verdienste als Bürgermeister von Ottakring ausführlich beschrieben wurden, standen auch die Brauherren von Gaudenzdorf (Josef Leopold Gierster), Nussdorf (Karl Adolf Bachofen von Echt), Jedlesee (Anton Bosch), Hütteldorf (Anton Bergmiller) und Grinzing (Franz Richter) teilweise noch als Ortsvorsteher, später als Bürgermeister an der Spitze ihrer Gemeinde bzw. wurden sie nach der Eingemeindung ihrer Vorstadt Gemeinderäte von Wien. Beide Anton Dreher und Moritz Faber waren neben ihrer Tätigkeit im Reichsrat auch Mitglieder des Gemeinderates von Schwechat bzw. Liesing und hatten dort natürlich einen großen Einfluss auf die Entwicklung dieser Orte. Die Familie Mautner Markhof war wieder bis in die Gegenwart in den obersten politischen und wirtschaftlichen Gremien der 2. Republik vertreten. Manfred II. war Bundesrat und Georg IV. schaffte es sogar in den Nationalrat. Er ist als »Rebell« in Erinnerung geblieben, als er 1993 aus der FPÖ von Jörg Haider austrat und Gründungsmitglied des Liberalen Forums wurde.

Interessant ist es, die soziale Gesinnung dieser Familien zu vergleichen. Seit der Aufhebung der Grundherrschaften im Jahr 1848 ergänzte dieser »Geldadel« in der zweiten Hälfte des 19. Jahrhunderts langsam den klassischen Adel bei der Unterstützung der ärmeren Bevölkerungsschichten, im Gesundheitswesen und beim Ausbau der kommunalen Infrastruktur. Was diese Unternehmer taten, bezeichneten sie noch keineswegs als »sozial«. Dieses Wort war damals sicher ein Unwort und klang nach »sozialistisch«. Was wir heute als »Social Corporate Responsibility«, also als soziale Verantwortung der Unternehmer gegenüber ihren Kunden, den Mitarbeitern und der Öffentlichkeit bezeichnen, war ihnen als »Aufgabe« fremd. Doch erkennen wir bereits bei den Brauherren Ansätze, die aber nicht so sehr aus moralischen oder gar ökologischen Beweggründen, sondern aus Gründen der Kundensicherung und der Verantwortung gegenüber dem Kaiserhaus entstanden. Umweltschutz war ihnen überhaupt ziemlich fremd, obwohl das Brauereigewerbe sicher kein »sauberes« Gewerbe war. Es gab in Wien mehrere Brauereien, die am Ende des 19. Jahrhunderts wegen der Geruchsbelästigung aus dem unmittelbaren Wohngebiet verbannt wurden, wie zum Beispiel in Währing.

Sie nannten es »Mäzenatentum« und sie spendeten besonders, wenn es ein Kaiserjubiläum zu feiern gab. Da konnten sie ihre Rolle als herausragende Bürger demonstrieren und dies war dann sehr oft Anlass für eine kaiserliche Auszeichnung. Da wurden oft beachtliche Infrastruktureinrichtungen unterstützt und zum Teil auch zur Gänze finanziert, wie das Kinderspital neben der Brauerei in St.Marx, das Blindeninstitut in der Wittelsbachstraße oder der Schulbau in Ottakring. Als Grund wurden jedoch oft sehr emotionale Gründe, wie das Überleben eines Kindes bei einem Verkehrsunfall oder Mitleid mit den armen Menschen angegeben. Gemeinsam war die Reaktion der Brauherren auf Kriege. Da stellten alle zumindest ein Gebäude ihres Betriebes als Militärspital zur Verfügung und unterschieden sich nur durch die Anzahl der Betten.

Unter Verantwortung gegenüber Kunden verstanden sie ihr Verhältnis zu den Wirten, nicht zu den Konsumenten, und da galten Kundenbindung und Absatzsicherung als hohe Maxime. Die Wirte wurden durch Verträge gebunden und mit Einrichtungen beschenkt, die aber meist rein wirtschaftlich und kaum gemeinnützig waren. Wir werden beim Kapitel über das Bierkartell merken, dass es oft Knebelverträge waren, die den Wirten mehr schadeten als nutzten. Auch auf die Verantwortung gegenüber Mitarbeitern werden wir noch eingehen. Man kann kurz vorausschicken, dass diese Verantwortung aus dem Zunftgedanken für die Fachleute im Betrieb durchaus gegeben war, für die breite Masse der Arbeiter aber weitgehend fehlte. Trotzdem muss man bemerken, dass gerade manche Brauherren bei sozialen Leistungen führend waren, das haben wir bei den Biografien angemerkt und das wird später noch näher ausgeführt.

Die reichste unserer Familien, die Familie Dreher, hatte wenig Lust, sich Denkmäler für die »Ewigkeit« zu bauen, sie war gegenüber ihren Arbeitern die Härtesten und relativ zum Vermögen war ihre Spendentätigkeit wahrscheinlich die geringste. Trotzdem war sie bei allen zuvor erwähnten Kaiserjubiläen sehr aktiv. Diese Familie lebte aber in allen Generationen eher zurückgezogen und nicht auf äußeren Glanz ausgerichtet.

Die Familie Mautner Markhof hingegen legte in allen Generationen großen Wert auf Public Relation und machte die Öffentlichkeit auf ihre Spendentätigkeit aufmerksam, wo es nur ging. Sie war im Wiener Gesundheitswesen »Big Spender«, ihr Kinderspital ist der Familie ans Herz gewachsen und erst am Ende des 20. Jahrhunderts verschwunden. Sie war auch gegenüber ihren Arbeitern die fairste.

Ignaz Kuffner verfolgte als Bürgermeister der Arbeitergemeinde Ottakring eine erfolgreiche Sozialpolitik, wenngleich auf einem lokal beschränkten Markt. Da er den ersten Kollektivvertrag mit der Gewerkschaft abschloss, muss er auch im sozialen Bereich gut bewertet werden. Die von Moritz Kuffner gegründete und heute noch unter seinem Namen bestehende Sternwarte kann man nicht als Sponsor-Projekt, sondern eher als teures Hobby bezeichnen.

Das Familienunternehmen war die typische Industrieform des 19. Jahrhunderts, davon gab es in Wien sehr viele. Eine ähnlich lange Familiengeschichte wie die Familien Mautner-Markhof, Meichl und eventuell auch Dreher haben in Wien beispielsweise die Glaswarenfabrikanten Lobmeyr, die Getränkespezialisten Schlumberger und die Spielkartenfabrikanten Piatnik aufzuweisen, die ebenfalls zwischen 1820 und 1845 gegründet wurden und auf viele erfolgreiche Generationen verweisen können. Es gab aber mit den Textilunternehmern Philipp Haas, Johann Nepomuk Reithoffer und Theodor Friedrich Hornbostel, mit dem Kameraerzeuger Peter Wilhelm von Voigtländer, dem Tresorerzeuger Franz von Wertheim, dem Ziegelbaron Heinrich Drasche, dem Bleistifterfinder Josef Hardtmuth, den Klaviererzeugern Ignaz und Ludwig Bösendorfer und einigen anderen ebenso bedeutende Großindustrielle, deren Familien aber heute ausgestorben und deren Namen oft nur mehr Historikern geläufig sind. Dazu kommen noch einige in Wien geborene und lebende Stahlproduzenten, vor allem die Familie Schöller, deren Fabriken sich nicht in Wien befanden. Da es aber keine detaillierten Umsatzzahlenvergleiche gibt, lässt sich nicht sagen, wer die bedeutendsten Großindustriellen dieses 19. Jahrhunderts waren. Die Brauherren befanden sich aber sicher in der Spitzengruppe und Anton Dreher wird durchwegs als der bekannteste dieser Gruppe genannt.[164]

164. So wird Anton Dreher in der Jubiläumsnummer der Wiener Zeitung im Jahr 1903 als bedeutendster Großindustrieller bezeichnet und als erster einer großen Reihe von Unternehmern dargestellt.

Wenngleich die Wiener Brauherrengeschichte eine Geschichte der Männer ist, sollte die Rolle der Frauen nicht unerwähnt bleiben. Die älteren Dreher hätten ohne die Mitgift ihrer Ehefrauen Schiffbruch erlitten. Bis 1840 führten zeitweise Frauen die Brauereien und am Ende ihrer Geschichte stand in der Tschechoslowakei mit Kitty Wünschek-Dreher wieder eine Frau an der Brauereispitze. Auch Käthe, die Gattin von Anton Dreher jun., haben wir als emanzipierte, Zigarren rauchende Frau kennengelernt, die selbstständig Spendenprojekte wie die Elisabethkirche am Hochschneeberg organisierte und dort ohne ihren Gatten an der Seite des Kaisers dinierte.

Bei allen Generationen der Mautner Markhofs wird zwar in der Familiengeschichte zugegeben, dass oft die Frauen die weitaus stärkeren Persönlichkeiten waren. Sie spielten aber in ihrer Unternehmenspolitik nie eine große Rolle. Die stärkste Persönlichkeit war wahrscheinlich Maria genannt »Pussy«, die Gattin Manfreds I., die im Kulturleben Wiens eine fixe Größe war. Im Gegensatz zur Familie Dreher wurden Ehen nicht aus finanziellen Gründen geschlossen. Die Mautner verheirateten ihre Kinder vielmehr oft an verarmte Adelige, um so in diese Gesellschaftsschichten aufgenommen zu werden. Mit wenigen Ausnahmen beschränkte sich die Mitarbeit der Ehefrauen auch in dieser Familie auf das Arrangieren von Feiern und das Repräsentieren u.a. bei sozialen Events. Allerdings scheinen sie ab der dritten Generation als Kleinaktionärinnen auf. Eine Ausnahme, auf die wir leider nicht eingehen können, war Theresia, eine Tochter von Adolf Ignaz, die nach dem Tod ihres Mannes Johann Peter Reinighaus als Alleinerbin von dessen Grazer Unternehmen entscheidenden Einfluss auf die Betriebspolitik erhielt. Sie gehört jedoch nicht zu den Wiener Brauherrenfamilien.

Als Rosalia Kuffner, die Gattin von Ignaz, 17 Jahre nach ihm starb, war diese Meldung der führenden Brauereizeitung »Gambrinus« immerhin dreißig Zeilen wert, »weil sie von den Armen und Enterbten fast angebetet wurde.«[165] Nicht nur sie, sondern die Gattinnen der meisten Brauherren des 19. Jahrhun-

165. Gambrinus, Nr. 1/1900, S.7

derts lebten keineswegs als Grande Dames, sondern zurückgezogen und sozial engagiert.

Wir wollen diesen Vergleich mit den Grabdenkmälern abschließen, der ebenfalls nicht uninteressant ist. Nach 1860 war der möglichst einfache Begräbniskult, der auf Kaiser Josef II. zurückging, endgültig überwunden und wie so oft schlug das Pendel völlig in die Gegenrichtung aus. Wer etwas auf sich hielt, wollte dies mit der Planung einer möglichst »schönen Leich« dokumentieren und dazu gehörten pompöse Begräbniszeremonien und Grabdenkmäler, gegen die die Begräbnisstätten der großen Künstler mehr als bescheiden wirken. Die Familie Dreher hat sich ein Mausoleum auf dem Friedhof neben ihrer Brauerei bauen lassen, das heute noch diese Anlage dominiert. Trotzdem zeigt sich hier auf andere Weise die schon erwähnte Bescheidenheit in der Lebensführung der Dreher. So wie sie immer auf den Adelstitel verzichteten, der ihnen durchaus zugestanden wäre, werden die Namen nur im abgeschlossenen Innenraum genannt. Nach außen ist das Mausoleum völlig anonym, wenngleich die Leichenfeiern in Schwechat durchaus den erwähnten pompösen Charakter hatten. Die Familie Mautner Markhof hat sich die schönsten Grabstätten auf dem Zentralfriedhof, auf dem Stammersdorfer und auf dem Hietzinger Friedhof ausgesucht, von Bescheidenheit ist dort keine Spur. Auch jene Familienmitglieder, die in der Republik geboren wurden und starben, scheinen als »Ritter von« auf. Ein besonderes Schicksal hat die Familie Kuffner. Ignaz wurde in Lundenburg begraben. Es grenzt an ein Wunder, dass sein Mausoleum und einige kleinere Familiengräber das »Dritte Reich« und die kommunistische Ära überstanden haben. Moritz war es nicht mehr vergönnt, in Österreich begraben zu werden, er ruht in einem bescheidenen Grab in der Schweizer Exilerde.

Das Zentrum der Macht: Der Brauherren-Verein

Kommen wir nun zu jenen Bereichen, bei denen sie gemeinsam agiert haben. Die Brauherren, die den ersten Verdrängungswettbewerb in den Jahren nach 1850 wirtschaftlich überlebt hatten, trafen einander regelmäßig in Versammlungen des »Vereins der Brauer in Wien und Umgebung«, kurz Brauherren-Verein genannt. Die Gründung solcher Vereine, die es später auch in anderen Branchen gab, war erst nach der Revolution 1848 möglich. Bis dahin war das Metternich-Regime industriellen Vereinen gegenüber auch deshalb skeptisch, weil es die Emanzipation der Industrie vom Staat fürchtete. Eine Not-

Eine Sitzung des Brauherrenvereins um 1890. Sitzend 2.v.l. Georg II. Meichl, dann Anton Dreher jun., Johann Medinger und Moritz Kuffner (aus dem Brauherrenalbum von Georg II. Meichl).

wendigkeit der Zusammenarbeit ergab sich erst, als sich die Verkaufsgebiete immer mehr überschnitten und die soziale Frage zu Konflikten mit der Arbeiterschaft führte. Der Sitz des Brauherren-Vereins, der eine der ersten Unternehmerorganisationen Österreichs war, befand sich anfangs in Wiener Gaststätten. 1885 wurde in der vornehmen Kärntnerstraße das Haus Nr. 23 gekauft, wo bis 1938 auch die anderen Interessenvertretungen der Branche ihren Sitz hatten. Heute residieren in diesem nach Kriegsschäden neu gebauten Haus exquisite Firmen. Die 1945 gegründete, neue gesamtösterreichische Interessenvertretung der Brauer, der Verband der Brauereien Österreichs, ist in ein ehemaliges Palais im 3. Wiener Gemeindebezirk gezogen.

Der Brauherren-Verein trat an die Stelle der Genossenschaft der Wiener Brauer, die den Zunftgedanken gepflegt hatte. Anfangs dürften beide Organisationen noch nebeneinander mit unterschiedlichen Aufgaben, aber gleichen Personen bestanden haben. Die Mitglieder des neuen Vereins bezeichneten sich anfangs »als gelernte Brauer vom alten Schlag« und außer dem älteren

Johann von Medinger (1846–1908), der langjähriger Präsident des Brauherren-Vereins und Miteigentümer der Nussdorfer Brauerei

Franz Richter, Brauhaus Grinzing

Anton Dreher standen alle Brauherren bis zum Ende dieses Jahrhunderts zumindest ein Jahr an der Spitze. Während vorerst die Präsidenten nur für wenige Jahre gewählt wurden, bekleidete ab 1890 mit Unterbrechungen der Brauherr Johann Medinger aus Nussdorf insgesamt 13 Jahre lang dieses Ehrenamt. Ihm folgte der Schwechater Generaldirektor Alfons Erhard, der von 1908 bis 1926 den Verein durch die schwierigste Zeit seines Bestehens führte.

Vorsteher und Präsidenten des Brauherrenvereins für Wien und Umgebung

Jahr	Name	Brauerei
1846–1847	Theodor I. Meichl	Simmering
1847–1848	Franz Xaver Bosch	Jedlesee
1848–1849	Adolf Ignaz Mautner	St. Marx
1849–1852	Anton Bergmüller	Hütteldorf
1852–1853	Theodor I. Meichl	Simmering
1853–1855	Pankraz Grohe	Brunn
1855–1859	August Wedl	Neuling (Bez. Landstraße)
1859–1862	Theodor Löwenthal	Liesing
1862–1869	Anton Bergmüller	Hütteldorf
1869–1872	Franz Richter	Grinzing
1872–1875	Moriz Faber	Liesing
1875–1876	Franz Richter	Grinzing
1876–1880	Theodor II. Meichl	Simmering
1880–1887	Anton Dreher jun.	Schwechat
1887–1890	Karl Ferdinand Mautner von Markhof	St. Marx
1890–1900	Johann Medinger	Nussdorf
1900–1903	Moriz von Kuffner	Ottakring
1903–1904	Johann von Medinger	Nussdorf
1904–1907	Viktor Mautner von Markhof	St. Marx
1907–1908	Johann von Medinger	Nussdorf
1908–1926	Alfons Erhard	Schwechat bzw. Vereinigte Brauereien
1926–1927	Georg II. Mautner Markhof	Vereinigte Brauereien
1927–1936	Konrad Schneeberger	Vereinigte Brauereien
1936–1938	Georg III. Mautner Markhof	Schwechat

Der Brauherren-Verein sah sich auch als einer der ökonomischen und geistigen Mittelpunkte seiner Zeit und unterstrich dies durch die familiären Verbindungen seiner Mitglieder. Man traf sich nicht nur bei Familienfesten und feierlich gestalteten Firmenjubiläen. Vielmehr wollte man auch die Interessen gegenüber dem Staat vertreten und die vielfältigen Probleme, die die zweite Hälfte des 19. Jahrhunderts brachte, gemeinsam lösen. Der Verein fühlte sich berufen, auch ohne gesetzliche Legitimation »gegenüber der Regierung und den gesetzgebenden Organen als Dolmetsch der Vertretung gemeinsamer Standesinteressen jederzeit einzutreten.«[166]

166. Urban: Die Brauindustrie, S. 530

Sitzungszimmer des Brauherrenvereins (Familienarchiv Mautner Markhof)

Innerhalb des Vereins gab es keinen feindlichen Konkurrenzgeist, die Erhaltung des Wiener Absatzgebietes wurde als gemeinsames Ziel definiert. Dass sich die Zahl der Brauereien im Wiener Umland zwischen 1850 und dem Beginn des Ersten Weltkriegs von 22 auf 12 reduzierte, sahen die Mitglieder als Ergebnis des Marktes und der besseren Produktionsmethoden der größeren Betriebe. Die Zeitschrift »Die Industrie« berichtete 1898: »Die starke Abnahme der Zahl der Braustätten ... ist bei gleichzeitiger Vermehrung der Gesamtproduktion eine natürliche Folge der steten und rastlosen Fortschritte der industriellen und maschinellen Entwicklung. Die kleineren Brauereien mit veralteten Betrieben müssen infolge der Concurrenz der großen, mit modernen Einrichtungen ausgestatteten Braustätten das Feld räumen, verschwinden oder sich mit ihnen vereinigen, da im Braugewerbe wie auch in anderen Industrien und Gewerben nur kapitalkräftige und mit vollen Errungenschaften der modernen Technik eingerichteten Brauereien mit der Weltconcurrenz gleichen Schritt halten können.«[167]

Die wichtigsten Tätigkeitsbereiche waren die Festlegung von Regeln für die Aufteilung der Absatzgebiete, die Beschäftigung mit der sozialen Frage und der Bierbesteuerung, die wissenschaftliche Förderung des Brauwesens und die Bekämpfung der von den Sozialdemokraten forcierten Antialkoholbewegung. Zu diesen, aber auch anderen Themen wurden Enqueten veranstaltet, Petitionen an Ministerien verfasst und dank der guten Kontakte zu den wichtigsten Vertretern der Monarchie auch alle anderen Möglichkeiten und Wege des Einflusses auf die Politik genutzt.

Der erste und wahrscheinlich wichtigste Aufgabenbereich, die Aufteilung der Absatzgebiete, wurde durch die Gründung eines Bierkartells so durchgeführt, dass heute einem EU-Politiker die Haare zu Berge stehen würden. Wir wollen dies im nächsten Kapitel ausführlich behandeln.

167. Die Industrie, Nr. 86/1898, S.3 Eine Mitgliederliste des Vereins im Jahr 1898 sah folgendermaßen aus: Anton Dreher und seine Söhne in Klein Schwechat, Karl Ferdinand Mautner von Markhof und sein Sohn Viktor in St.Marx, Moriz Faber in Liesing, August Wedl in Hütteldorf, Adolf Bachofen von Echt und Johann von Medinger in Nussdorf, Ignaz von Kuffner und Jakob Kuffner in Ottakring und Ober-Döbling, Georg von Mautner Markhof von der St.Georgs Brauerei in Floridsdorf, Theodor und Georg Meichl in Simmering, Anton Dengler und sein Sohn Rudolf in Jedlesee, Karl W. Schwarz in Währing, Adolf Kuffner in Hernals, Franz Richter und Josef Bratmann in Grinzing, Robert Herzfelder in Wr. Neudorf, Ludwig Grienauer und Bujatti in Perchtoldsdorf und die jeweiligen Verwaltungsratsvorsitzenden in Brunn und im Schellenhof.

Franz Xaver Bosch, Brauerei Jedlesee

Haus des Brauherrenvereins in der Kärntnerstraße 23 (Familienarchiv Mautner Markhof).

Bei der sozialen Frage ging es darum, möglichst keine Alleingänge zu wagen und sich von den Konkurrenten höchstens bei Maßnahmen der Krankenvorsorge und der Arbeiterwohnhäuser zu unterscheiden. Deshalb entschloss man sich, auf staatliche Eingriffe zu warten und Forderungen der Arbeiter erst dann in gegenseitigem Einverständnis nachzugeben, wenn es unbedingt sein musste. Erst als die gemeinsame Front durch immer mehr Einzelvereinbarungen zwischen Brauherren und ihren Arbeitern zu bröckeln begann, die Streikbewegungen immer erfolgreicher wurden und der Mitgliederstand der Gewerkschaft stark anwuchs, wurde der Brauherrenverein 1907 zu einem gemeinsamen Kollektivvertrag gezwungen. Es war der erste solche Vertrag, der für eine Gesamtbranche abgeschlossen wurde und er enthielt mit Ausnahme der Löhne gleiche Bedingungen für alle Betriebe. Wir werden auch diesem Thema ein eigenes Kapitel widmen, in dessen Mittelpunkt der dafür verantwortliche Arbeitnehmervertreter Stefan Huppert stehen wird. Er war übrigens der Meinung, dass der Brauherren-Verein »sorglich darüber wachte, dass die Brauereiarbeiter von der Außenwelt abgeschlossen wurden ... Brauereiarbeiter sollten mit modernen Ideen nicht in Berührung kommen und, wenn es einem einfiel, anderen Ansichten zu huldigen, wurde er sofort bestraft.«[168]

Anton Bergmiller, manchmal auch Bergmüller, Hütteldorfer Brauerei

168. Huppert: Geschichte der Getränkearbeiter, S. 32

Drittwichtigster Tätigkeitsbereich war der »Dauerbrenner« Bierbesteuerung, die den Verein ab 1873 in fast allen Jahren seines Bestehens begleitete. Sie war schon in der Monarchie ein ständiger Konfliktpunkt mit dem Finanzministerium, aber besonders in der 1. Republik für die Brauereien lebensbedrohend, weil sie sich allein zwischen 1923 und 1933 vervierfachte und von 5,20 Schilling auf 20,85 Schilling pro Hektoliter stieg. Darauf können wir aus Platzgründen ebenso wenig eingehen, wie auf die Bestrebungen vor allem der Sozialdemokraten, die ein Alkoholverbot als die einzige Möglichkeit zur Bekämpfung des Alkoholismus der Arbeiter sahen. Vor 1918 waren sie dabei nicht sehr erfolgreich, aber in der Ersten Republik erhielten sie Rückendeckung durch die Prohibition in den USA. So kam es zur Gründung des Arbeiter-Abstinentenbundes, dem beim sozialdemokratischen Parteitag 1932 die einstimmige Entschließung gelang, »in der an die alkoholgegnerische Einstellung der Partei erinnert und der Erwartung Ausdruck gegeben wird, dass alle Jugendorganisationen der Arbeiterschaft alkoholfrei und alkoholgegnerisch geführt werden müssen.«[169] Eine praktische Umsetzung dieser Idee gelang aufgrund der politischen Entwicklung aber nicht mehr. Eine österreichische »Prohibition« wäre für die Brauereien natürlich lebensbedrohend, in unserem

169. Geutebrück: Der Schiffbruch der Prohibition und die Antialkoholbewegung. In: Gambrinus Nr. 1/1933, S. 15–17

August Wedl, Hütteldorfer Brauerei

Karl Adolf Bachofen von Echt, Nußdorfer Bierbrauerei

Land aber kaum denkbar gewesen. Allerdings war die Antialkoholbewegung bis dahin sicher auch ein Grund für den rückläufigen Bierkonsum besonders in der Arbeiterschaft, die der beste Abnehmer für das Bier war.

Neben der Interessenvertretung gegenüber dem Staat war die Schaffung von Instituten für die Ausbildung von Brauexperten und zur Erarbeitung von wissenschaftlichen Grundlagen der Brautechnik als vermittelndes Glied zwischen Theorie und Praxis eine wichtige Zielsetzung des Vereins. Die Kosten für diese Einrichtungen wurden durch eine Umlage aufgebracht, die sich nach der Produktionsmenge der einzelnen Mitglieder richtete.

Die stationäre Ausbildung sollte auch die »Walz« ersetzen, die bei einigen unserer Brauherren die Basis ihrer Erfolge und im 19. Jahrhundert in etwas abgeänderter Form durchaus noch üblich war. Deshalb wurde in der kurz zuvor gegründeten landwirtschaftlichen Mittelschule Francisco-Josefinum in Mödling 1872 die erste österreichische Brauerschule integriert und finanziell unterstützt. Dort konnte man in einem viermonatigen Kurs die erforderliche Qualifikation zum Sudführer, Obermälzer, Gärführer oder Kellermeister erwerben. In den ersten acht Jahren wurden dort 300 Brauer ausgebildet, was in Anbetracht eines so großen Berufsstandes nur »ein Tropfen auf dem heißen Stein« war. 1895 wurde die »Akademie für Brauindustrie« im Technologischen Gewerbemuseum ebenfalls mit Unterstützung des Brauherren-Vereins gegründet. Diese Akademie bot eine gediegenere Ausbildung, wurde 1913 verstaatlicht und als 4. Fakultät der Hochschule für Bodenkultur angegliedert. Die Brauerschule in Mödling war ein Jahr zuvor wegen fehlender Nachfrage geschlossen worden. Der Brauherren-Verein vergab für beide Schulen Stipendien und Subventionen.

Für die Forschung wurde nach langjährigen Überlegungen und Vorarbeiten 1887 die »Versuchsstation für Brauerei und Mälzerei« geschaffen, deren Zweck die »Vervollkommnung der Technik des Brauerei- und Mälzereigewerbes durch wissenschaftliche Forschung und durch Nutzbarmachung der erzielten Resultate für die Praxis, sowie durch theoretische Ausbildung von Brauern und Mälzern« war.[170] Erstmals konnten nun Fragen der Praxis professionell durch chemische Untersuchungen in Laboratorien und ab 1895 durch Experimente in einer Versuchsbrauerei beantwortet werden. Die Versuchsstation wurde während der nationalsozialistischen Herrschaft aufgelöst und 1947 unter der Schirmherrschaft der Hochschule für Bodenkultur wiedergegründet.

Der Brauherren-Verein betrieb außerdem in der Reindorfgasse 29 eine Herberge für Brauergesellen, die während ihrer »Walz« 14 Tage kostenlos in Wien

170. Kleinikel: 50 Jahre Österreichische Versuchsstation. In: Gambrinus Nr.3/1938, S.28

wohnen durften. In den 1880er Jahren wurde diese Möglichkeit noch von rund 1000 Brauburschen jährlich während ihres Praktikums genützt, gegen die Jahrhundertwende musste sie wegen mangelnder Ausnützung aufgelassen werden.

Heute wäre eine solche Interessenvertretung auch für eine gemeinsame Produktwerbung zuständig. Dafür sahen die Brauherren aber keine Notwendigkeit, das machten sie individuell mit Inseraten, Email-Tafeln, Bierkrügen und später auch mit Bierdeckeln. Als nach dem Ersten Weltkrieg der Bierverbrauch stark zurückging, versuchte zwar die Brauherren-Zeitschrift »Gambrinus« auf mögliche gemeinsame »Bierpropaganda«-Kampagnen im Rundfunk oder in den Zeitungen hinzuweisen, erntete aber da nur wenig Widerhall.[171]

Anton Dengler, Brauerei Jedlesee

Bei Ausstellungen arbeiteten die Brauherren hingegen zusammen. Wirtschafts-Ausstellungen auf nationaler sowie auf internationaler Ebene besaßen in der 2. Hälfte des 19. Jahrhunderts eine extrem wichtige Funktion, um den Händlern und den Konsumenten einen Marktüberblick zu ermöglichen. Auch bei den Jubiläumsausstellungen, mit denen alle zehn Jahre der Beginn der Regentschaft von Kaiser Franz Josef gefeiert wurde, war der Brauherrenverein jeweils mit einem der imposantesten Pavillons vertreten. So regelte der Verein bei der großen Jubiläumsausstellung 1908 den Bierausschank und nach einem genauen Plan bekam jeden Tag eine andere Brauerei das Ausschankrecht. Höhepunkt der Ausstellungen war die Wiener Weltausstellung 1873, bei der es aber keinen gemeinsamen Pavillon gab. Vielmehr präsentierten sich nicht nur Anton Dreher, sondern auch Mautner Markhof, Faber und Kuffner auf dem Rotundengelände mit einem Pavillon und einer Bierausschank.[172]

Der »Brauherren-Verein« war aber nicht nur Interessenvertretung, sondern durch seine Mitglieder auch Kunstmäzen, Förderer der Wissenschaft und Forschung sowie von Wohlfahrtseinrichtungen. Die Brauherren betonten auch immer wieder ihr soziales Engagement und ihr Mäzenatentum für Kunst und Kultur, was ihnen auf Grund der großen Gewinne zumeist nicht allzu schwer fiel. Trotzdem hat der Wirtschaftshistoriker Roman Sandgruber die Höhe der Spendentätigkeit der Großindustriellen in der Monarchie mit Recht insgesamt als »Bagatelle« bezeichnet, so gering war der Anteil der Spenden an den Einkünften.

In den letzten Jahren des 19. Jahrhunderts gab es einen starken Trend zur nationalen Vereinigung dieser Vereine. So gab es bis zum Ersten Weltkrieg einen Wildwuchs von Vereins- und Verbandsgründungen in allen Kronländern, die sich dann langsam zu Zentralverbänden vereinigten. Damit erhöhte man

171. z.B. Gambrinus Nr. 3/1938, S. 36

172. Roschitz: Wiener Weltausstellung 1873, S. 105 bis 107. Die Pavillons von Dreher und Mautner von Markhof sind auf den Seiten 47 und 99 abgebildet.

die Schlagkraft bei der Kontrolle der Märkte und beim Kampf gegen die Biersteuer, vor allem aber bei der Koordinierung gegenüber den Lohnforderungen der Gewerkschaften. Das ging in größeren Einheiten leichter als in kleineren. 1882 vereinigten sich fast alle Brauherrenvereine und Brauerbünde der Monarchie im »Österreichischen Brauerbund«, der sich ab 1898 »Centralverband der österreichischen brauindustriellen Vereine« nannte. Die Statuten wurden eng an den 1892 gegründeten »Centralverband der Industriellen Österreichs« angelehnt, der eine Vorgängerorganisation des Industriellenverbandes war. Der Wiener Brauherren-Verein war Mitglied von der ersten Stunde an und war an vorderster Front, besonders wenn es um eine »Versteinerung« der Marktverhältnisse ging.[173]

173. Österreichische Industriegeschichte, S. 254 und II. Verbandstag, S. 11

Nach dem Ersten Weltkrieg nahm die Bedeutung des Wiener Brauherren-Vereins ab, weil die gesamtösterreichische Vertretung im nun kleinen Österreich das bessere Sprachrohr war. Um die Schlagkraft zu erhalten, nahm der Wiener Verein 1929 auch die niederösterreichischen Provinzbrauereien als eigene Sektion auf und vertrat dann auch die Interessen aller Brauereien dieses Bundeslandes. Die Brauereien aller anderen Bundesländer waren im »Schutzverband der alpenländischen Brauereien« zusammenschlossen.

Im Juli 1938 löste sich der Wiener Brauherren-Verein unter dem Präsidenten Georg III. Mautner Markhof von selbst auf und konnte so das Vermögen von 22,5 Mio. Schilling vor dem Zugriff durch die Nationalsozialisten retten. Seine Aufgaben wurden vom nationalsozialistisch organisierten »Brauwirtschaftsverband Ostmark«, der der »Hauptvereinigung der deutschen Brauwirtschaft« unterstand, wahrgenommen. Die Aufgaben der Arbeitnehmer- und Arbeitgebervertretung wurden vom Einheitsverband »Deutsche Arbeitsfront« wahrgenommen, weil das »Dritte Reich« keine getrennten Interessensverbände duldete.

Der Brauwirtschaftsverband Ostmark bemühte sich rasch, »die durch die Krise arg mitgenommene ostmärkische Brauindustrie vor der Konkurrenz der Altreichsunternehmen zu schützen.« Wie wir schon geschildert haben, konnte nur durch gemeinsame Anstrengungen eine Angliederung der österreichischen an die deutschen Brauereien verhindert werden.

Nach dem Ende des Zweiten Weltkrieges gab es keine spezifische Wiener, sondern nur mehr eine gemeinsame österreichische Interessenvertretung. Am 8. August 1945 trafen sich die namhaften Brauherren Wiens und Niederösterreichs bereits wieder zu einer Sitzung, bei der Manfred I. Mautner Markhof zum Vorsitzenden eines vorerst wieder auf freiwilliger Basis gegründeten Verbandes gewählt wurde. Dieser übernahm auch gleich die Funktionen aller Schutzverbände für die Regelung des Bierkartells, versuchte in den Nachkriegsjahren die für die Brauereien notwendigen Rohstoffe zu besorgen und einen geordneten Braubetrieb wieder herzustellen. Bei der Gründung der Wirtschaftskammer wurde dieser Verband zugleich durch ein Delegierungsabkommen mit den Aufgaben des Fachverbandes der Brauereien betraut und war damit gesetzlicher Arbeitgebervertreter für die Kollektivvertragsverhandlungen. Manfred Mautner-Markhof blieb bis 1965 Präsident.

Von den Zünften zum Bierkartell

Während die Brauherren bei der Besteuerung und der sozialen Frage sozusagen mit dem Rücken zur Wand standen und scheibchenweise nachgeben mussten, konnten sie bei der gegenseitigen Sicherung des eigenen Absatzgebietes und gegenüber ihren Kunden, also den Wirten, lange ihre Macht demonstrieren. Dazu gründeten sie ein Kartell mit Regeln, wie wir sie uns in der Zeit der Europäischen Union nicht mehr annähernd vorstellen können.

Es war nicht die erste Absprache der Brauherren. Schon die Zünfte kannten ähnliche Übereinkünfte, denn sie hatten das deklarierte Ziel, jedem Mitglied durch die Sicherung eines bestimmten Absatzes ein standesgemäßes Einkommen zu gewährleisten. Dies leitete sich aus dem wirtschaftlichen Grundgedanken des Mittelalters ab, dass jeder nur so viel produzieren und verkaufen sollte, als er für sein Überleben nötig hatte. Bis zur Deklarierung der Gewerbefreiheit und dem Vordringen des Liberalismus in der Wirtschaft, der sich vor allem in der Gewerbeordnung 1859 äußerte, galt deshalb folgender Passus in der Zunftordnung: »Es solle bey Straff kein Meister dem anderen zu schaden selbst das Bier denen Wirthen oder anderen auf den Kauf oder mit eygenen Zög vor die Thier oder Hauß zue oder faill führen.« Wo also ein Meister im Geschäft war, durfte demnach kein anderer mehr Bier zuführen. [174]

174. Jasch: Das österreichische Bierkartell, S. 97 f.

Die Brauerzunft war eine sehr starke und reiche Interessenvertretung. Sie tat alles für die Sicherung des Unterhaltes aller ihrer Genossen und ihr war jedes Mittel recht, das eine Konkurrenz unter den Meistern verhinderte. Ihr Ziel war zwar, Bier »zu einem Getränk von freien Bürgern für freie Bürger« zu machen, damit wollten sie aber nur Unabhängigkeit von den grundherrschaftlichen und klösterlichen Brauereien ausdrücken. Für den Fortschritt bei der Brautechnik und ein höheres Angebot an Braustätten taten sie hingegen nur wenig bis gar nichts. Innovationen, die nur einem Teil der Zunft zu gute kamen, wurden abgelehnt. Die Tagesproduktionsmengen und die Zahl der Gesellen wurden limitiert, die Märkte genau aufgeteilt. Das Meistertum wurde innerhalb der alten Brauerfamilien gehalten und Neulinge hatten keine Chance in dieses Gewerbe »quer« einzusteigen. Für die aufgeklärten Kleinunternehmer des ausklingenden 18.Jahrhunderts und frühen 19. Jahrhunderts bedeutete Zunftwesen »Stillstand und Unrentabilität«. Die großartigen Neuerungen eines Drehers oder Mautners wären jedenfalls vor 1815 sicher nicht möglich gewesen. Ab 1815 begann Kaiser Franz in Anbetracht der schlechten Wirtschaftslage seines Reiches vorsichtig Neugründungen von Unternehmen zu fördern. Unsere Brauherren nutzten diese liberale Zeit in den erfolgreichsten Jahren des »goldenen Bierjahrhunderts«, bei dem einige Jahre die Nachfrage das Angebot überstieg.

Erst in der zweiten Hälfte des 19. Jahrhunderts änderte sich der Markt, im Besonderen das Verhältnis zwischen den Brauereien und den Wirten grundlegend. Während sich die Wirte bis dahin großteils das Bier in der Brauerei geholt und bar bezahlt hatten, begaben sie sich ab 1860 zunehmend in ein Abhängigkeitsverhältnis zu den Brauereien. Diese versuchten das auszunutzen: »Der Brauer ist heutzutage nicht mehr Lieferant des Bieres für die Wirte, sondern er muß sich dazu herbeilassen, auch dessen Bankier zu sein, für dessen Fortkommen Sorge zu tragen, in schwierigen Fällen beizuspringen und bei allen möglichen Gelegenheiten ratend und helfend einzuspringen.«[175] Die Bierversilberer, die bis 1868 Bier aus niederösterreichischen Brauereien nach Wien gebracht hatten, verloren damit weitgehend ihre Absatzmärkte, weil immer weniger Wiener Wirte dieses Bier verkaufen durften.

175. Gambrinus Nr.20/1903, S.782

So gab es immer mehr Bierlieferungsverträge mit Gastwirten. Diese mussten sich verpflichten, für eine bestimmte Zeit ausschließlich das Bier dieser Brauerei zu beziehen. Als Gegenleistung bekamen die Wirte günstige, meist zinsenfreie Darlehen, Preisnachlässe, bisweilen wurden Bierfässer, Nebenleistungen und Inventar auch gratis zur Verfügung gestellt. Die Brauereien wurden damit »Hausbanken der Gastwirte«. Damals wurden in Wien wegen der stark wachsenden Bevölkerung und der schlechten Wohnverhältnisse viele Gasthäuser eröffnet und die neuen Wirte waren auf diese günstigen Kredite der Brauereien angewiesen. Wenn sie Probleme bei der Rückzahlung der Darlehen hatten, versuchten sie, sich einer anderen Brauerei anzubiedern. Das gelang vor dem Abschluss des Kartells immer wieder, besonders wenn die andere Brauerei das Ziel der Absatzerweiterung aggressiv verfolgte.

1882 wurde der schon erwähnte Österreichische Brauerbund gegründet, dessen Ziel auch der »Kundenschutz«, in diesem Fall der Schutz vor Abwerbung von Kunden war. Schon 1884 berichtete die »Allgemeine Brauer- und Hopfenzeitung«: Die Brauherren »sehen ängstlich darauf, sich gegenseitig nicht in den Sack zu greifen und so kommt es, daß die Ausbeutung der Consumenten überall und ungestört und in der rationellsten Weise vor sich gehen kann.«[176]

176. zitiert nach Dee, Seidl: Ins Wirtshaus, S. 128

Die Vereinbarungen des Brauerbundes waren den Brauherren aber bald zu wenig verbindlich, weil sie Preisdumpings kleinerer Anbieter und das Abwandern der Kunden verhindern wollten. So wurden 1906 der Schutzverband der niederösterreichischen Brauereien und 1907 der Schutzverband der alpenländischen Brauereien mit Sitz in Graz geschaffen. Es war sicher kein Zufall, dass diese beiden Schutzverbände genau einen Monat nach dem Abschluss des Kollektivvertrages für alle Wiener Brauereien, den wir im nächsten Kapitel behandeln werden, den ersten Kartellvertrag abschlossen. Mit der Verteuerung des Produktionsfaktors Arbeit sahen die Brauherren eine Gefahr für ihre Gewinne, die es nun abzusichern galt. »Zwischen den Brauereien in Steiermark, Niederösterreich, Kärnten, Krain und Triest ist ein Vertrag zustande gekommen. Die wichtigste Bestimmung besteht darin, dass es während der nächsten drei Jahre ... nicht mehr von dem Belieben der Gastwirte abhängen wird, welches Bier sie ausschenken wollen, sondern sie werden vielmehr gezwungen sein, während dieser Zeit bei jenem Bier zu verbleiben, das sie am Tag des Kartellabschlusses (am 1. August 1907) zum Ausschank brachten. Tritt trotzdem ein Bierwechsel ein, so hätte der neue Lieferant dem abtretenden eine Entschädigung von 8 K (Kronen, Anm.d.A.) für jeden Hektoliter zu bezahlen«.[177]

177. Text eines Telegrammes des Schutzverbandes an die Zeitungsredaktionen, abgedruckt im Gambrinus Nr. 17/1907, S. 638

Da es aber zwei Schutzverbände gab, konnten die Brauereien des einen Verbandes, vor allem die steirischen und oberösterreichischen versuchen, in Wien Fuß zu fassen und umgekehrt. Erst die Wirtschaftsprobleme der Nachkriegszeit beendeten Bestrebungen zur Gebietsausweitung. 1926 schlossen alle österreichischen Brauereien einen sogenannten Gegenseitigkeitsvertrag ab, der unter »Märzvertrag« in die Geschichte einging, weil er am 31. März 1926 unterschrieben wurde. Damit wurde das Modell des Wiener Gebietsschutzes auf ganz Österreich ausgedehnt und das Bierkartell lebte in größerem Ausmaß wieder auf. Damit wurde vor allem erreicht, dass durch sogenannte »Flurbereinigungen« eine Entflechtung der Absatzgebiete stattfand. So tauschte allein die Brauerei Schwechat mit anderen Brauereien Absatzgebiete, wodurch über 80.000 außerhalb Niederösterreichs gelegene Absatzhektoliter wirtschaftlicher und mit geringeren Transportkosten verkauft werden konnten. Statt Ausweitungen standen nun rationelle Gebietseinschränkungen auf der Tagesordnung.

Da sich der Brauherren-Verein während der nationalsozialistischen Ära aufgelöst hatte, war nach dem Zweiten Weltkrieg nur mehr der einheitliche »Schutzverband österreichischer Brauereien« für das Bierkartell zuständig.

Was war nun dieses Bierkartell? Es kontrollierte die Absatzkanäle und diktierte die Preise für das Bier in den Gasthäusern, Restaurants und im Detailhandel. Jeder Betrieb hatte einen fest etablierten Lieferanten, der meist über langjährige Verträge seinen Absatz sicherte. Fremde Biere zu verkaufen war verboten und zog strenge Strafen des Bierkartells nach sich, wie Lieferboykotte oder Darlehensrückforderungen. Ausländische Biere hatten unter diesen Bedingungen und dank der Importrestriktionen keine Chance. Für den Verkauf von Fass- und Flaschenbier gab es unterschiedliche Vorschriften. Beim Fassbier gab es einen Postenschutz, dass heißt eine Brauerei erhielt das Lieferrecht für einen Posten, in der Regel ein Gasthaus, und jeder anderen Brauerei war es verboten, dorthin Fassbier zu liefern. Neu gegründete »Posten« waren hart umkämpft. Flaschenbier konnte an alle Kunden geliefert werden, allerdings nur im Rahmen vorgegebener Quoten. Wurde die Quote überboten, so mussten Entschädigungszahlungen an jene Brauereien geleistet werden, die unter den Quoten lagen.

Machtproben für das Kartell waren vor allem die Durchsetzung von Bierpreiserhöhungen. Keine Preiserhöhung sorgte in Wien für so viel Wirbel wie die des Bieres, deren Höhepunkte die Boykotte der Gastwirte in den Jahren 1911 und 1926 waren. Einige Tage lang waren die Faßhähne in den Gasthäusern und Restaurants geschlossen, die Wiener mussten auf den Gspritzten oder auf Flaschenbier in den Lebensmittelläden ausweichen. Im 19. Jahrhundert war Wien von solchen Protestmaßnahmen noch verschont geblieben, obwohl sie im nahen München seit den 1840er Jahren üblich waren. Im letzten Viertel dieses Jahrhunderts gab es dann auch in einigen österreichischen Städten Nachahmer und die ersten Boykotte gegen die örtlichen Brauereien.[178] Als das Wiener Kartell mit 1. Oktober 1911 den Preis pro Krügerl um 1 Heller erhöhen wollte, war es dann auch in Wien soweit und man probte den Aufstand. Die Gastwirte der Residenzstadt klagten, dass vor allem Anton Dreher »aus den Taschen des Gastgewerbes Millionen gezogen hat und dem hunderte und aberhunderte Gastwirte ihre Existenz geopfert haben.«[179] Die

178. Sandgruber: Bittere Genüsse, S.39. Er schreibt, dass der erste Bierboykott 1843 in München stattfand und es einen solchen Wirbel schon in den Jahren 1872 in Graz, 1905 in Innsbruck und 1908 in Klagenfurt gegeben hat.

179. Gambrinus Nr. 2/1913, S. 47

Brauwirtschaft konterte, dass die Wirte nicht in der Lage wären, eine halbwegs realistische Preispolitik durchzuführen und bestanden trotz politischer Interventionen des Handelsministers auf der Erhöhung. Gleichzeitig schossen sie sich auf das Brauhaus der Stadt Wien ein, das nicht zum Kartell gehörte und sich als »Preisregulator« sah. [180] Es kündigte an, den Preis nicht zu erhöhen und forderte die Wirte auf, auf ihr billigeres Bier ausweichen. Allerdings hatte es noch lange nicht jene Ausstoßmenge, die Dreher und Co. in Verlegenheit hätte bringen können.

180. Das Brauhaus der Stadt Wien stand in Rannersdorf und wurde von einer Wirtegenossenschaft gegründet, die das Bierkartell so bekämpfen wollte. Da die Genossenschaft aber rasch Schiffbruch erlitt, wurde das Brauhaus von der Stadt Wien übernommen und als städtischer Betrieb bis 1959 geführt.

Der verbalen Schlammschlacht folgten aber auch Taten. Nur wenige Tage nach der blutig verlaufenen Teuerungsdemonstration vom 17. September 1911 in Wien gab es am 25. September in der Volkshalle des Wiener Rathauses eine Protestversammlung der Wiener Gastwirtegenossenschaft, die von Bürgermeister Neumayer und einigen Gemeinderäten aller Parteien unterstützt wurde. Bei Bierpreiserhöhungen gingen auch Politiker wahlkampfwirksam auf die Barrikaden, zugleich wollten auch sie, dass die Wirte mehr Bier aus ihrem städtischen Brauhaus beziehen sollten. Die Gastwirte hatten nach ihrer Anzeige gegen das Braukartell die folgende Resolution verfasst: »Die Bierpreiserhöhungsnotifikation ist sofort mit dem Vermerke ›Wird nicht anerkannt‹ oder ›Ich verweigere die Anerkennung der Erhöhung‹ zu versehen, zu unterschreiben und der betreffenden Brauerei rekommandiert zurückzusenden.«

An den Tagen vor dem 1. Oktober fanden dann auf Bezirksebene ähnliche Protestversammlungen unter Beteiligung von Politikern und mit Unterstützung der Presse statt, die geschlossen gegen das Brauherrenkartell auftraten. Von der Versammlung in Ottakring haben wir schon erzählt, die Versammlung der Meidlinger Wirte fand skurilerweise in der nach Drehers Gattin benannten Katharinenhalle im Dreherpark statt und in Simmering wurden die Menschen sogar durch Plakate zum Boykott aufgerufen. Es kam in der Folge zu einem umfangreichen Konsumentenboykott der Biere der Wiener Kartellbrauereien. Aber so ganz ohne Bier wollten die Menschen nicht leben und das Ausweichen in Nachbarbezirke, in denen es keinen Boykott gab, war ihnen auf die Dauer zu anstrengend. So blieb der Protest trotz massiver politischer Interventionen erfolglos. Am 7. Oktober einigten sich die Brauherren mit der Gastwirtegenossenschaft, indem man den Preis für ein Krügerl nicht um einen, sondern um zwei Heller erhöhte, so dass beide Branchen einen Gewinn hatten. In der Städtischen Brauerei fand die Preisanhebung still und leise im November statt, so dass die Konsumenten wieder einmal die Dummen waren.[181] Der Preis für das Bier war in Wien schon damals wesentlich höher als in anderen Großstädten, was der Brauherren-Verein auf die Besteuerung, die Konsumenten hingegen auf die luxuriöse Ausstattung der Bierhallen und die hohen Regiekosten des Ausschanks zurückführten. Mit dem Beginn des Weltkrieges hatten dann alle Preisdiskussionen ein Ende und nach dem Weltkrieg hatte man lange Zeit andere Probleme.

Ende April 1926 gab es als Folge des »Märzvertrages« und einer daraufhin durchgeführten Bierpreiserhöhung um 2 Groschen auf 40 Groschen pro Krügerl noch einen weiteren Bierboykott in Wien. Dieser wurde in der ganzen Stadt von der Wirtegenossenschaft mit Streikposten rigoros überwacht. Diese besetzten Lokale, wo trotzdem Bier ausgeschenkt wurde, und verhinderten alle Biertransporte. Erst als der Handelsminister intervenierte, wurde der Boykott nach vier Tagen ergebnislos abgebrochen, der Preis für ein Krügerl wurde kurzfristig auf 37 Groschen (ca. ein Euro) gesenkt und die bierlose Zeit für die Wiener war wieder vorüber.[182] Ganz bierlos war sie jedoch nicht, denn die meisten Lebensmittelläden verkauften weiterhin Flaschenbier.

Als im 20.Jahrhundert die Abfüllung des Bieres in Flaschen immer mehr zunahm[183], kam es zu den so genannten Flaschenbier-Kontingentsverträgen, wodurch auch dieser Markt in Wien weitgehend nach den Vorstellungen der Brauherren geregelt wurde. Dieser Vertrag sah vor, das Schwechat 50%, Ottakring 21% und den übrigen Brauereien aus den Bundesländern 29% des Flaschenhandels zustanden.

Das Bierkartell überlebte das »Dritte Reich« relativ unbeschadet, obwohl Darlehensverträge mit Wirten und Bürgschaftsübernahmen verboten wurden. Es bestand sogar noch bis 1977. Der erste Einbruch erfolgte durch die Supermärkte, die an kein Kartell gebunden waren und verschiedene Biersorten, zum Teil aus dem damaligen Ostblock zu Niedrigstpreisen anboten. Das löste natürlich ein Umdenken im Braugewerbe aus. Trotzdem war man nicht bereit, die Großabnehmer aus dem Kartell herauszunehmen, so dass es immer mehr zerbröckelte.[184] Der endgültige Bruch ging von der Ottakringer Brauerei aus, die am 1. Juli 1977 ausstieg, »von einem mittleren Erdbeben in der ganzen Branche begleitet«, wie ihre Festschrift zum 150jährigen Jubiläum vermerkt.[185] Zwei Jahre später folgte die Zwettler Brauerei und mit Anfang 1981 wurde die Vereinbarung endgültig zu Grabe getragen. Damals betrug der Marktanteil des ausländischen Bieres in Österreich gerade 1%.

Mit dem Kartellende setzte zwar wieder ein Verdrängungswettbewerb ein, der wieder vielen kleineren Brauereien in den Bundesländern die Exis-

181. Reichspost vom 26.9.1911, S.6, Neue Freie Presse vom 1.10.1911, S.14, Arbeiterzeitung vom 1.10.1911, S.8, Reichspost vom 4.10.1911, S.9, Arbeiter-Zeitung vom 11.November 1911, S.7

182. Neue Freie Presse vom 27.4.1926, S.7, Reichspost vom 27.4.1926 und vom 1.5.1926, S.7

183. In Wien wurden 1937 nur 25 Prozent des Ausstoßes in Flaschen abgefüllt, 1967 waren es bereits 78,5 Prozent.

184. Die Presse vom 8./9.November 1975: Es »kriselt« im Bierkartell.

185. Wagner: 150 Jahre Brauerei Ottakring S.77

tenz kostete. Aber das Kartell entsprach in keiner Weise den Wirtschaftstendenzen der Kreisky-Ära. Seit dem Ende des Braukartells gibt es jedenfalls in Wien ein umfangreiches Angebot an Fassbieren, das ab 1984 mit den Wirtshausbrauereien noch erweitert wurde. Mit diesen Kleinbrauereien begann eine neue Epoche der Wiener Brauwirtschaft. Diese Betriebe produzieren fast ausschließlich zum Ausschank im eigenen Haus, ihre meist ausgezeichneten Biere sind im Lebensmittelhandel jedenfalls nicht erhältlich. Dazu kommen noch einige andere Gaststätten, die sich von der Brauerei Ottakring oder von Brauereien der anderen Bundesländer eigene Spezialbiere brauen lassen.

Stefan Huppert und die Brauereiarbeiter

Das letzte Kapitel wollen wir jenem »Produktionsfaktor« widmen, der für die Bierproduktion ebenso wichtig war wie das Kapital, die Maschinen und die Erfindungskraft der Brauherren: dem Menschen, also den Brauereiarbeitern. In den Festschriften und Geschichtsbüchern der Brauereien wird ihnen kaum Platz gewidmet, sie waren sicher das schwächste und am wenigsten beachtete Glied der Produktionskette im 19. Jahrhundert. Wenn sie erwähnt werden, dann im Zusammenhang mit einer sozialen Leistung ihrer Chefs, wie Zuschüsse für kranke Brauer oder den Bau von Arbeiterwohnhäusern – oder weil sie Widerstand gegen die Arbeitsbedingungen zeigten.

Es ist eine sehr spannende Geschichte, wie diese Arbeiter zu ihren Rechten und zu menschlichen Arbeitsbedingungen kamen. Für sie war dieses Bierjahrhundert wirklich nicht »golden«, sondern eine Zeit des nackten Überlebens. Aus diesen vielen Tausend Männern wollen wir einen herausgreifen, der sich am erfolgreichsten für eine Verbesserung der Arbeitsverhältnisse eingesetzt hat und ihr erster Gewerkschaftsführer wurde: Stefan Huppert.

Aus der Sicherheit der Zünfte zur Fabriksarbeit

In den Jahrzehnten, bevor Huppert in unserer Geschichte auftaucht, gab es eine rapide Verschlechterung der Arbeitsverhältnisse in den Brauereien. Alle Vorteile, die sich mit dem Beginn des goldenen Bierjahrhunderts für die Brauherrn ergaben, waren Nachteile für ihre Arbeiter.

Noch im 18. Jahrhundert waren die Brauberufe privilegiert und gut bezahlt. Man wollte nicht, dass ein Brauknecht in eine andere Brauerei abwanderte und die Geheimnisse der Bierkunst ausplauderte. Außerdem sollte der Brauherr ähnlich einem Grundherren bestimmte Pflichten gegenüber seinen Arbeitern übernehmen, insbesondere die wirtschaftliche Grundsicherung und die Unterstützung bei Krankheit. Der Staat zeigte hingegen eine deutliche sozialpolitische Abstinenz in Gesetzgebung und Verwaltung. Im Vormärz ging durch die beginnende Industrialisierung die Privilegierung, vor allem die soziale Absicherung der Arbeiter immer mehr verloren. Das hätte ein Eingreifen des Staates zunehmend erforderlich gemacht.[186] Da der Staat diese Auf-

186. Chaloupek u.a.: Wien – Wirtschaftsgeschichte, Band 1, S. 384

gabe weiterhin verweigerte, sahen sich die Arbeitgeber von niemandem zu einer sozialen Verantwortung ihren Arbeitnehmern gegenüber gezwungen.

Durch die steigenden Produktionszahlen wurden immer mehr Menschen benötigt und die Brauherren verloren zu dieser größeren Masse nicht nur den persönlichen Kontakt, sondern auch ihr bisheriges Verantwortungsbewusstsein. Man muss bedenken, dass außerdem durch die Zuwanderung aus den benachbarten Kronländern ein großes Überangebot an Arbeitskräften herrschte und das ist in Zeiten einer reinen Marktwirtschaft für die Arbeitnehmer immer ungünstig. Nach Aufhebung der Grundherrschaften strömten böhmische, mährische und slowakische Bauern, die mit den neuen Verhältnissen in der Landwirtschaft nicht zu recht kamen, in die Stadt und ihre Vororte. Sie erwarteten als Fabriksarbeiter einen erhöhten Wohlstand und bessere Lebensbedingungen. Weitgehend war jedoch genau das Gegenteil der Fall.

Außerdem verloren die Arbeiter auch immer mehr ihre Identifikation zu dem von ihnen erzeugten Produkt. Sie wurden zu einem kleinen Rädchen im Arbeitsprozess und konnten problemlos ausgetauscht werden. Im Zeitalter der Maschine gab nicht mehr der Mensch den Arbeitsrhythmus vor, er musste sich vielmehr an einen vorgegebenen Arbeitsablauf anpassen. Damit ging auch die Gefahr, dass man in einem anderen Betrieb »Geheimnisse« ausplaudern konnte, verloren.

Die Brauherren sahen sich einem wesentlich größeren betrieblichen Risiko ausgesetzt als in den gesicherten Zeiten der Zünfte. Die Menschen degenerierten zu Produktionsmitteln wie Grund, Boden und Maschinen, die man möglichst billig einsetzen musste, um das einzige Ziel der Produktions- und Gewinnmaximierung verfolgen zu können. Eine Verbesserung der Löhne und damit ihrer Lebensumstände waren sekundär, Menschen sollten wie Maschinen nur möglichst »störungsfrei« tätig sein. Eine Verteuerung der menschlichen Arbeitskraft wollte man tunlichst vermeiden. Ihre Wertschätzung sieht man schon darin, dass alle Arbeiter im Vormärz noch Knechte genannt wurden, es gab sogar die Bezeichnung »Pfannenknechtsknecht«![187] Erst Adolf Ignaz Mautner arbeitete 1847 als Vorsteher der Bierbrauer-Innung eine Nomenklatur aus, die sich bald allgemein durchsetzte und die Namen Brauführer, Obermälzer, Biersieder und Braugeselle vorsah. Das kostete den Brauherren kein Geld, war aber für die Würde der Brauereiarbeiter wichtig.

Selbst der Unternehmer Georg (IV.) Mautner Markhof schrieb 1998, dass es rückblickend unbegreiflich erscheint, »mit welcher Brutalität die Notlage der in den Industrien arbeitenden Menschen ausgenützt wird. Es ist kein Wunder,

187. Peschel-Wacha: Die Brauerei als Arbeits- und Lebensraum, S.322

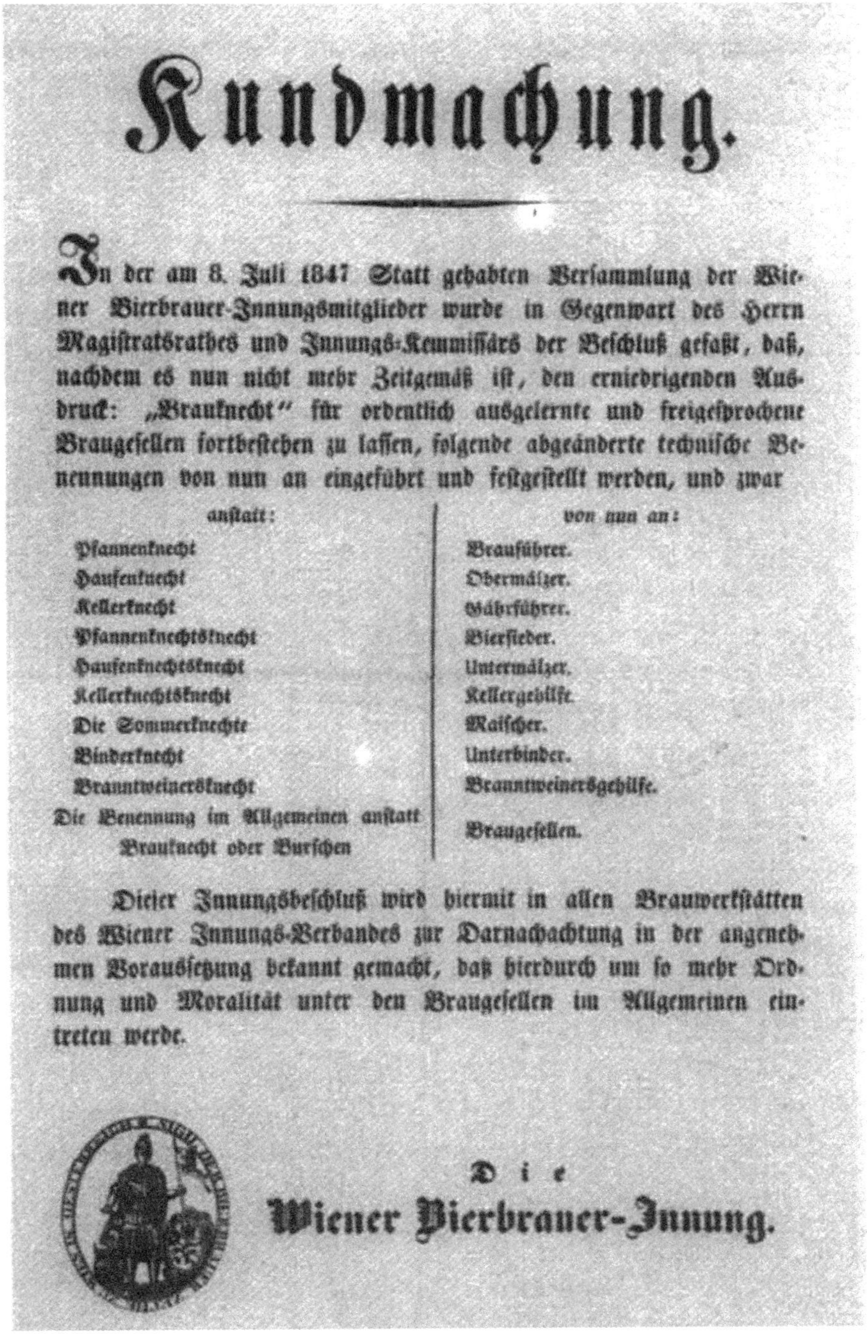

Kundmachung.

In der am 8. Juli 1847 Statt gehabten Versammlung der Wiener Bierbrauer-Innungsmitglieder wurde in Gegenwart des Herrn Magistratsrathes und Innungs-Commissärs der Beschluß gefaßt, daß, nachdem es nun nicht mehr Zeitgemäß ist, den erniedrigenden Ausdruck: „Brauknecht" für ordentlich ausgelernte und freigesprochene Braugesellen fortbestehen zu lassen, folgende abgeänderte technische Benennungen von nun an eingeführt und festgestellt werden, und zwar

anstatt:	von nun an:
Pfannenknecht	Brauführer.
Haufenknecht	Obermälzer.
Kellerknecht	Gährführer.
Pfannenknechtsknecht	Biersieder.
Haufenknechtsknecht	Untermälzer.
Kellerknechtsknecht	Kellergehülfe.
Die Sommerknechte	Maischer.
Binderknecht	Unterbinder.
Branntweinersknecht	Branntweinersgehülfe.
Die Benennung im Allgemeinen anstatt Brauknecht oder Burschen	Braugesellen.

Dieser Innungsbeschluß wird hiermit in allen Brauwerkstätten des Wiener Innungs-Verbandes zur Darnachachtung in der angenehmen Voraussetzung bekannt gemacht, daß hierdurch um so mehr Ordnung und Moralität unter den Braugesellen im Allgemeinen eintreten werde.

Die
Wiener Bierbrauer-Innung.

Kundmachung, mit der die Wiener Bierbrauer-Innung im Jahr 1847 Berufsbezeichnungen für die Brauarbeiter einführt (Wiener Stadt- und Landesarchiv)

dass unter solchen Umständen extrem denkende Gewerkschaften entstehen und der Kommunismus zunehmend an Boden gewinnt.«[188] Auch der Ökonom Felix Butschek schrieb in seiner 2011 erschienenen Wirtschaftsgeschichte, dass die Ausbeutung der Arbeitskräfte zur wirtschaftlichen Maxime wurde.[189]

Viele Unternehmer erkannten zwar die Probleme der »sozialen Frage«, wie man ab dem Vormärz diese Missstände bezeichnete. Sie waren aber bestrebt, Einzellösungen zu vermeiden und auf Gesamtlösungen des Staates für alle Wirtschaftsbranchen zu warten. Außerdem versuchten vor allem die Brauherren ihren Arbeitern eine »heile Welt« vorzuspielen und ihnen zu erklären, dass es ihnen noch besser ginge als Arbeitern anderer Branchen. Also versuchte man sie möglichst rund um die Uhr in der Brauerei zu halten, wozu natürlich die überlange Arbeitszeit und auch die Arbeiterwohnhäuser einen Beitrag lieferten. So konnten sie auch nicht mit den neuen, bald sozialdemokratisch genannten Ideen in Berührung kommen. Außerdem schrieb der Arbeiterführer Julius Deutsch noch vor dem Ersten Weltkrieg: »Unter der Brauereiarbeiterschaft und unter den Fassbindern hielten sich ziemlich lange alte, zünftlerische Überlieferungen, die einem modernen Klassenkampf abhold waren«[190]. Immerhin hatten die Brauburschen während der Revolution 1848 sogar noch ihre Unternehmer gegen die Revolutionäre verteidigt und sich wie in St.Marx und Ottakring mit ihren Brauherren solidarisch erklärt.

Das Recht war auch durchaus auf der Seite der Brauherren, denn das Strafgesetzbuch von 1803 verbot jedwede »Verabredung der Gesellen, um durch gemeinschaftliche Verweigerung nicht zu arbeiten oder durch andere Mittel einen höheren Tag- oder Wochenlohn oder andere Bedingungen von ihren Meistern (Fabrikherren) zu erzwingen.« Gab es Widerstand gegen unmenschliche Arbeitsbedingungen in den Fabriken, folgten gesetzlich gedeckte »Disziplinierungsmaßnahmen«, die von Lohnabzügen über körperliche Züchtigungen bis zu Entlassungen führten. Eine Entlassung bedeutete meist, dass der Arbeiter auch keine Arbeit in einer anderen Brauerei der gesamten Monarchie bekam, weil er auf einer so genannten »schwarzen Liste« stand. Die einzige Kontrollinstanz für die Rechte der Arbeiter, die von Kaiserin Maria Theresia geschaffene Fabriksinspektion, wurde im Jahr 1826 abgeschafft. Das Strafrecht von 1852 übernahm die Bestimmung aus dem Jahr 1803 und verschärfte die Strafen wegen der Teilnahme an Streiks oder Strikes, wie man es damals nannte. Da der einzelne Arbeiter keine Veränderung der Verhältnisse herbeiführen konnte, bedurfte es eines gemeinsamen Vorgehens, um ein besseres Arbeits- und Sozialrecht zu erreichen. Und das war eben verboten.

188. Mautner Markhof G.: Von irgendwo in alle Welt, S. 59

189. Butschek: Österreichische Wirtschaftsgeschichte, S. 119

190. Deutsch: Tarifvertrag, S. 12

Der Beginn des Kampfes um die Rechte der Arbeiter

Die Gewerbeordnung von 1859 war so liberal, wie wir es erst in allerjüngster Zeit wieder erlebt haben. Sie bedeutete ein endgültiges Ende der Zünfte und machte nur mehr für wenige Gewerbearten eine Konzession notwendig. Für die Arbeiter galt aber weiterhin das Verbot jeder gemeinsamen Aktivität gegen ihre Arbeitgeber. Erst das Jahr 1870 war ein Meilenstein in der Geschichte der Arbeiterbewegung und leitete die erste kurze Phase eines Arbeitskampfes ein.

1867 wurde nach der Gewerbeordnung ein zweites wichtiges Gesetz der liberalen Ära erlassen: Das Staatsgrundgesetz sah im Artikel 12 die Vereins- und Versammlungsfreiheit der Staatsbürger »innerhalb der gesetzlichen Schranken« vor. Am 13. Dezember 1869 zogen 20.000 Arbeiter aller Branchen zum Paradeplatz, der zwischen den erst später gebauten Gebäuden des Parlaments und des Rathauses lag, um für die Gewährung des »Koalitionsrechtes« und die Legalisierung von gewerkschaftlichen Zusammenschlüssen zu demonstrieren. Obwohl die Kundgebung friedlich verlief, wurden die Organisatoren verhaftet und im so genannten »Hochverratsprozess von 1870« zu schweren Kerkerstrafen verurteilt. Die Regierung Taaffe war aber alarmiert und legte dem Reichstag noch vor der Urteilsverkündung in diesem Prozess einen Entwurf über ein »Koalitionsgesetz« vor, dass sowohl Arbeitgebern (z.B. bei Aussperrungen) wie Arbeitnehmern (z. B. bei Streiks) das Recht einräumte, »Verabredungen« zu treffen. Dieses Gesetz erlaubte den Arbeitern damit erstmals den Abschluss von gemeinsamen arbeitsrechtlichen Aktionen und die gemeinsame Arbeitsverweigerung. Es war auch die Geburtsstunde der Gewerkschaften und der Arbeiterbildungsvereine, wie wir einen davon in der Ottakringer Brauerei schon kurz erwähnt haben. Das Koalitionsgesetz wurde als wichtigstes Arbeitsgesetz der liberalen Ära im April 1870 beschlossen und löste rasch die ersten Proteste gegen die Arbeitsbedingungen dieser Zeit aus.

Wie sahen diese um das Jahr 1871, in dem Stefan Huppert geboren wurde, aus? Er hat sie seinem Buch »Geschichte der Getränkearbeiter«[191] mit drastischen Worten so geschildert: »Die Arbeitszeit war unbegrenzt, man wusste eigentlich nicht, wann sie angefangen und wann sie beendet war, dafür hat es Bier im Überfluss gegeben, und manche Kollegen kamen aus dem Dusel oft die ganze Woche nicht heraus. Sonntagsruhe, Feiertage waren gänzlich unbekannte Einrichtungen, in einem normalen Jahre gab es 365 Arbeitstage. Die Schlafräume waren mit Himmelbetten mit zwei, drei Etagen versehen, die von Ungeziefer, Mäusen und Ratten bevölkert waren. Bei dem vielen Bier-

191. Huppert, Kellner: Geschichte der Getränkearbeiter. In diesem Buch des ÖGB sind ältere Schriften Hupperts aus den Jahren 1871 bis 1912 abgedruckt worden. Die folgenden Ausführungen sind teilweise diesem Buch entnommen.

genuß kam es nicht selten vor, daß der in der unteren Etage Schlafende in der Nacht plötzlich einen «Regen» verspürte. Von der schweren, lang andauernden Arbeit todmüde, vom vielen Biertrinken berauscht, fiel jeder in die Klappe, meistens in Kleidern und Stiefeln, und schon nach wenigen Stunden kam der Vize, um wieder unter Anwendung bedeutender Stimmittel sowie des Steckleuchters die Schlafenden zu wecken, es ging wieder auf »in Gottes Namen«. Dabei mußten die Brauergehilfen eine unmenschliche Behandlung erdulden. Schimpfworte und Schläge waren an der Tagesordnung.«[192] Krankenversicherung gab es keine, der Brauherrenverein zahlte eine Pauschale an das Krankenhaus der Barmherzigen Brüder, damit es jährlich achtzig bis hundert erkrankte Brauburschen aufnahm. Karl Ziak schrieb in seiner Analyse der Arbeitsbedingungen von Fabrikarbeitern des Jahres 1869, dass von allen Branchen »am schlimmsten die Brauereiarbeiter dran waren, die zwölf bis fünfzehn, im Sommer gar bis zu achtzehn Stunden im Betrieb waren.«[193]

192. Huppert, Kellner: Geschichte der Getränkearbeiter, S. 25 f.

193. Ziak: Von der Schmelz zum Gallitzinberg, S. 76

Der Leser dieser Zeilen wird diese Schilderung als übertrieben halten, aber wenn man heute Berichte über die Industriebetriebe in manchen Ländern der Dritten Welt liest, so kommt einiges sehr vertraut vor. Auch für Wien werden sie glaubwürdiger, wenn man das Memorandum betrachtet, das der in diesem Jahr 1871 gegründete »Verein der Brauergehilfen« am 15. Dezember an die Brauherren richtete. Dieser durch das Koalitionsgesetz erlaubte Verein war der erste Vorläufer einer gewerkschaftlichen Bewegung. Sein Katalog enthielt u.a. folgende Forderungen, die auf die zuvor geschilderten Umstände Bezug nahmen:

- Die Arbeitszeit soll 12 Stunden täglich betragen.
- An Sonntagen soll nur die notwendige Arbeit geleistet werden, an hohen Feiertagen soll ein Tag vollständig freigegeben werden.
- Abschaffung der körperlichen Züchtigung und anständige Behandlung seitens der Vorderburschen.
- Abschaffung der Himmelbetten, Beistellung reiner Betten und Leintücher.
- Abschaffung des Vazierendenwesens in den Brauerei.

Dazu muss man bemerken, dass die Vorderburschen fast durchwegs kräftige Männer waren, die sich durch besondere Brutalität gegenüber ihren Kollegen auszeichneten und für die Durchsetzung der unmenschlichen Arbeitsleistungen verantwortlich waren. Als Dank dafür wurde ihnen von den Brauherren später ein guter Job versprochen, bei dem sie aber meist versagten, weil sie vom Brauwesen keine Ahnung hatten. Das Vazierendenwesen war eine Besonderheit der Brauereien und bestand aus Hilfsarbeitern, die für übermüdete oder kranke Brauer einsprangen und nicht vom Brauherren, sondern von den Brauern (meist in Form von Bierdeputaten) bezahlt werden mussten. Die Brauereien stellten ihnen bloß die Schlafstelle zur Verfügung. Allein in St. Marx und Schwechat soll es rund 60 von diesen wohl am meisten ausgebeuteten Arbeitskräften gegeben haben. Eine weitere Besonderheit war die Auszahlung eines Lohnteiles in Biermarken und der dadurch entstandene »Trinkzwang«. Diese durften nämlich nicht übertragen bzw. das Bier konnte nicht aus der Brauerei hinausgetragen werden. Die Marken hatten meist eine sehr kurze Laufzeit, so dass die Brauereiarbeiter praktisch gezwungen waren, das Bier rasch zu trinken oder sie verfallen zu lassen. Da es sonst kaum nahrhafte Verpflegung gab – und schon gar kein Frühstück –, war dieses Freibier ein wesentliches und leider auf Dauer sehr gesundheitsgefährdendes Nahrungsmittel.

Kehren wir zum Memorandum vom 15. Dezember 1871 zurück, bei dem man den Brauherren bis 1. Jänner 1872 eine Frist gab, um alle Forderungen zu erfüllen. Sie hätten mit Ausnahme der Arbeitszeitlimitierung sogar zugestimmt. Doch die damals im Arbeitskampf noch sehr unerfahrenen Brauereiarbeiter bestanden auf allen Punkten und riefen am 3. Jänner 1872 einen vierzehntägigen Streik aus, dem sich rund 4000 Arbeiter in Wien und Umgebung anschlossen. Unmittelbarer Anlass war die Entlassung einer Gruppe von Arbeitern in der Simmeringer Brauerei, die sich nur gegen ein besonders brutales Vorgehen eines Vorderburschen aufgelehnt hatte und davongeprügelt wurde.[194] Nur zwanzig Brauer in Klein-Schwechat weigerten sich mitzustreiken. Sie erhielten daraufhin von Anton Dreher jun., der gerade die Unternehmensführung übernommen hatte, an den folgenden Jahrestagen des Streiks fünf Dukaten extra ausbezahlt und sind als »Dukatenbrauer« in die Geschichte eingegangen.

194. Stadtgemeinde Schwechat: Der Aufstand der Dreher'schen Brauarbeiter, S.46

Der Verein der Brauergehilfen wurde noch während des Streiks am 9. Jänner 1872 von der niederösterreichischen Statthalterei aus undurchschaubaren Gründen verboten. Man argumentierte einfach, dass er kein legitimiertes Vertretungsrecht aller Arbeiter besitze und den freien Willen vieler Arbeiter einschränke.

Mitte Jänner brach der Streik zusammen, es gab einige Arretierungen, der Streikführer Pöchacker von der Fünfhauser Brauerei musste wegen der »schwarzen Liste« nach Amerika auswandern. So endete der erste Streik der Braugeschichte. Die Wochen-Löhne wurden kurzfristig um einen Gulden auf maximal vier Gulden erhöht, was nach einer heutigen Kaufkraft 40 Euro entsprechen würde.

Georg III. Mautner Markhof (vorne als einziger mit Hut) mit den Führungskräften der Schwechater Brauerei um 1937 (Familienarchiv Mautner Markhof)

Ortsgruppenausschuss der Fassbinder 1891 (Privatarchiv des Autors)

Im Juni 1872 versuchte aber noch eine zweite Gruppe der im Biergeschäft tätigen Arbeiter, die Fassbinder, Forderungen an ihre Meister zu richten. Ihnen ging es ein bisschen besser als den Braugehilfen. Ihre Arbeitszeit dauerte durchschnittlich 15 Stunden, von fünf Uhr morgens bis acht Uhr abends, und ihr Wochenlohn betrug je nach Qualifikation immerhin zwei bis sieben Gulden (ca. 20 bis 70 Euro). Sie verlangten auch keine Lohnerhöhung, sondern nur die Einführung der Akkordarbeitszeit, die Verkürzung der Arbeitszeit auf elf Stunden mit drei insgesamt zweistündigen Pausen und die Abschaffung des Zwangs von Kost und Quartier beim Meister. Auch diese Arbeiter wurden in großen Holzbaracken mit Stockbetten untergebracht. Das Essen, das ihnen die Meisterinnen vorsetzten, soll bisweilen nur aus den Abfällen der Küche bestanden haben. Das Problem war nur, dass die Löhne für eine eigene Wohnung kaum reichten.

Der vierwöchige Streik hatte wenigstens geringe Erfolge. Die Akkordarbeit wurde allgemein bewilligt, weil die Meister darin für sich erhöhte Gewinnchancen sahen und anstelle der Arbeitsunlust nun eine gegenseitige Anfeuerung erfolgte, um ein paar Gulden mehr zu verdienen. Arbeitszeitverkürzungen gab es nur bei einigen Meistern. Das genügte den Fassbindern. »Es blieben aber die verwanzten Betten, man aß weiter, was die Meisterin gekocht hatte ... und niemand dachte mehr an eine weitere Verbesserung der Arbeitsbedingungen.«[195] Durch die Akkordarbeit lockerte sich aber das feste Band zwischen Meister und Arbeiter, weil sich der Arbeiter die Zeit selbst einteilen konnte. Das führte dazu, dass einige am Sonntag und auch noch am Montag das ganze verdiente Geld verspielten und vertranken, um ab Dienstag dann wieder »im Akkord« zu arbeiten. Andere konnten aber so schon Geld sparen, um ein eigenes Heim zu gründen. Damit konnten sie sich aus der Abschirmung des Meisterhauses entfernen und andere Menschen und Meinungen kennenlernen.

195. Huppert: 60 Jahre Organisation, S. 11

Die Brauherren erkannten spätestens zu diesem Zeitpunkt, dass sie nun nicht mehr mit Widerständen einzelner Arbeiter, sondern mit organisierten Streiks der gesamten Branche zu rechnen hatten und bereiteten sich auf den verschärften Arbeitskampf vor. Am 9. Mai 1873 nahm allerdings von Wien aus eine große Wirtschaftskrise ihren Ausgang, die das erste kurze Kapitel des Arbeitskampfes jäh beendete. Dazu kam, dass die Arbeiterbewegung in einen radikalen und gemäßigten Flügel gespalten war, was ihre Schlagkräftigkeit verminderte. Für die nächsten Jahre herrschte »die Ruhe eines Friedhofs« oder – wie Julius Deutsch es nannte – »eine finstere Periode in der Geschichte der österreichischen Arbeiterbewegung.« Dazu kam, dass in diesen Jahren in allen von uns behandelten Brauereien ein Generationenwechsel stattfand und die neue Brauherren noch kapitalistischer dachten als ihre Väter, die noch mehr Beziehung zu ihren Arbeitern hatten.

Eine kleine Verbesserung bedeutete die Gewerbenovelle 1885, die den Arbeitstag mit 11 Stunden limitierte, die Kinderbeschäftigung unter 14 Jahren in Fabriken verbot und die Sonn- und Feiertagsruhe festgelegte. Drei Jahre später wurde die obligatorische Unfallversicherung für Arbeiter in fabriksmäßigen Betrieben und ein Jahr später die Krankenversicherung eingeführt. Das war aber nur Theorie, die praktische Umsetzung dauerte noch viele Jahre.

Bewegung kam in die »Friedhofsruhe«, als sich Viktor Adler, der Gründer der Sozialdemokratischen Partei, als Arbeiter in die Ziegelwerke auf dem Wienerberg hineinschwindelte und am 1. Dezember 1888 in der Zeitschrift »Gleichheit« über die Unterkünfte der Arbeiter berichtete: »Da liegen denn in einem einzigen Raum 40, 50 bis 70 Personen. Holzpritschen, elendes, altes Stroh, darauf liegen sie Körper an Körper hingeschlichtet ... Da liegen sie denn, diese armen Menschen, ohne Bettuch, ohne Decke. Alte Fetzen bilden die Unterlage, ihre schmutzigen Kleider dienen zum Zudecken.«[196] Klingt wie Hupperts Schilderungen, aber diesmal wurde die Öffentlichkeit aufmerksam, zumindest die Polizei, die die Informanten Adlers suchen musste. Immerhin reagierte auch die Regierung, und der Handelsminister musste Stellung zu diesen Missständen beziehen, ohne dass sich allzu viel änderte.

Ein weiterer Schritt war der erste Parteitag der österreichischen Sozialdemokraten an der Jahreswende 1888/89, bei dem es zu ersten gemeinsamen programmatischen Erklärungen zur »Umgestaltung der ... wirtschaftlichen Ordnung und zur Befreiung aus den Fesseln der ökonomischen Abhängigkeit« kam. Der 1. Mai 1890 wurde als »Kampftag der Arbeiterbewegung« erklärt und es beteiligten sich auch zahlreiche Brauer an Versammlungen und Umzügen an diesem Tag. Die Brauherren kommentierten das so[197]: »Auch unsere Branche ist in dem allgemeinen Streikfieber nicht gänzlich verschont geblieben. Da und dort gelang es den gewissen Arbeiterhetzern Eingang und Gehör zu finden und in natürlicher Konsequenz davon erlitt an den betreffenden Orten das gerade in der Brauindustrie seit uralten Tagen herrschende patriarchalische Verhältnis zwischen Arbeitgebern und Arbeitnehmern einen tiefen Bruch.« Gleichzeitig wurden die Arbeiter gewarnt: »Wie die Arbeitnehmer sich zusammenthun, um vereint ihren Wünschen Geltung zu verschaffen, so werden sich in Hinkunft die Arbeitgeber coalieren, um mit ver-

196. zitiert nach Andics: Luegerzeit, S. 60

197. Gambrinus, Nr.16/1890, S. 366

einter Kraft unbilligen Forderungen zu begegnen, renitenten Arbeitern die Stirne zu bieten und störende Elemente aus den Betrieben zu entfernen. Das ist nicht nur das Recht, sondern auch die Pflicht der Unternehmer.« Die Teilnahme an dieser »1. Mai-Feier« war aber noch lange ein Zankapfel zwischen den Brauherren und ihrer Arbeiterschaft.

Nicht nur die sozialdemokratische Bewegung unterstützte die Arbeiter. In der Enzyklika »Rerum novarum« beklagte im Mai 1891 Papst Leo XIII. ein Wirtschaftssystem, in dem »wenige übermäßig Reiche einer Masse von Besitzlosen ein nahezu sklavisches Joch auferlegen« und forderte den Klerus auf, die Arbeiter in ihren Bestrebungen nach Organisationsfreiheit und sozialem Aufstieg zu unterstützen. Auch das erste Programm der kurz zuvor gegründeten christlichsozialen Partei Karl Luegers orientierte sich an dieser Enzyklika.

So vollzog sich nach 1890 in der öffentlichen Meinung ein langsamer Wandel, weil die soziale Frage in immer weiteren Kreisen zur Kenntnis genommen wurde und gemeinsame Lösungen als dringlich angesehen wurden. Der Staat hatte bis dahin die Problematik der Arbeiterschaft nur insoweit zur Kenntnis genommen, als er – beginnend mit dem Koalitionsgesetz – den Gewerkschaften sowie politischen Arbeitervertretungen legale Betätigungsfelder eröffnete. Nun begann er aber auch mit legistischen Maßnahmen zum Arbeiterschutz.

Der Arbeitskampf konnte in die zweite Phase gehen, denn nun gab es für die Arbeiter von mehreren Seiten Rückendeckung und »für die Gewerkschaften war die erste Maifeier die erste große Kraftprobe und sie hatten sie rühmlich bestanden«.[198] Die Arbeiter erkannten endgültig, dass sie koordiniert und organisiert vorgehen müssten, auch wenn dies vorerst nur auf Wien beschränkt war. Es kam in der Folge zu zahlreichen Gründungen von Vereinen und darauf folgenden Fach- oder Arbeitertagen.

198. Chaloupek u.a.: Wien – Wirtschaftsgeschichte, Band 1, S. 388

Die Initiative ging von den Faßbindern aus, die am 21. Juni 1891 in Ottakring einen Verein unter dem Namen »Unterstützungs- und Fortbildungsverein der Fassbindergehilfen« gründeten. Ziel des Vereines war die Forderung besserer Arbeitsbedingungen, aber nur mit diesem irreführenden Namen erhielt man die Gründungsgenehmigung der Behörden. Eine Fortbildung war wohl nur ein Traum des Vereinsvorstandes, weil bei der langen Arbeitszeit gar keine Zeit für Weiterbildung blieb. Am Gründungstag versammelten sich 800 Mitglieder, die verschiedene Sozialleistungen forderten. Am 14./15. August 1892 wagte man den 1. Faßbindertag in Wien einzuberufen, bei dem August Habschied, der spätere Mitstreiter von Stefan Huppert, den Vorsitz führte. Aus

Arbeiter der Brauerei Schwechat im Jahr 1870 (Familienarchiv Mautner Markhof)

Vertrauenspersonen der Fassbinder 1909 (Foto des Wiener Stadt- und Landesarchivs)

dessen Protokollen erfährt man, dass die Arbeitszeit in den Brauereien durchschnittlich 13 Stunden betrug und von der Sonntagsruhe keine Rede war, sondern erst um Mittag frei gegeben wurde. Statt der gesetzlich vereinbarten 66 Stunden wurde also 84 Stunden gearbeitet. Noch immer schliefen viele Arbeiter unter unglaublichen Verhältnissen in der Brauerei, was die Brauherren für vorteilhaft hielten, weil man sie dort jederzeit aufwecken konnte und sie nicht zu spät oder gar nicht zur Arbeit kommen konnten.

Der Verein wollte aus den Mitgliedsbeiträgen den arbeitslosen Fassbindern schon nach halbjähriger Mitgliedschaft 15 Wochen lang Arbeitslosenunterstützung und den kranken Arbeitern Krankengeld bis zu 52 Wochen auszahlen. Innerhalb eines Jahres waren fast sämtliche Binder in den Werkstätten, aber auch in den Großbrauereien dem Verein beigetreten. Man zählte 1.170 Mitglieder und verfügte über ein Vereinsvermögen in der Höhe von 3000 Gulden. »Fast«, weil in Schwechat kein Einziger einen Beitritt wagte.

Die nächste Kraftprobe der Fassbinder nahm deshalb vom »Königreich Dreher« in Schwechat seinen Ausgang. Dreher hatte endlich nachgegeben und auch seinen Fassbindern den Beitritt zum Verein »erlaubt«. Nach dem ersten Streik in allen Wiener Brauereien im Jahr 1893 setzte er aber das Streikkomitee – wie wir schon gelesen haben – auf die »schwarze Liste« und die Bezirkshauptmannschaft Bruck/Leitha untersagte in Schwechat wahrscheinlich nach einer Intervention von Dreher alle Versammlungen des Vereins. Somit blieb in Schwechat doch wieder alles beim Alten, von einer kleinen Lohnerhöhung abgesehen. Der Streikführer Loderer musste erst mit viel Mühe aus dem Gendarmeriearrest befreit werden, Arbeit hatte er dann natürlich keine mehr.

Auch in den anderen Brauereien und Binderwerkstätten hatte der Streik nur einen geringen Erfolg, vor allem weil er nur sehr lückenhaft durchgeführt wurde. Insgesamt verloren 66 Streikende ihre Arbeit, Vereinsobmann Mayerhofer musste Wien verlassen, nachdem er keine Arbeit mehr fand und seine Familie hier bitterste Not hätte leiden müssen. Wenigstens wurden die Löhne durchschnittlich um dreißig Kreuzer wöchentlich (ca. 5 Euro) erhöht. Damit war den Fassbindern klar, dass man ohne Mitarbeit der gesamten Brauereibranche machtlos war.

1893 fand der erste österreichische Gewerkschaftskongress in Wien statt. Dort wurde beschlossen, die zahlreichen Fachvereine aufzulösen und Gewerkschaften für insgesamt 17 Industriegruppen zu bilden, um eine höhere Schlagkraft zu erreichen. Als erste Vorstufe für eine branchenübergreifende

Gewerkschaft kam es im April 1895 zum Zusammenschluss der Brauer und Fassbinder und im November dieses Jahres zur Gründung der gemeinsamen »Gewerkschaft der Brauer, Faßbinder und deren Hilfsarbeiter Österreichs«. Sitz der Organisation war das Hinterzimmer eines Gasthauses in der Ramperstorffergasse in Margareten, erst später konnten Privatlokale gemietet werden, die zugleich auch als Herberge für wandernde Brauer und Fassbinder dienten.

Ein Jahr später fand in Wien der 1. österreichisch-ungarische Kongress der Brauer, Fassbinder und deren Hilfsarbeiter statt, an dem 83 Delegierte aus 26 Orten Österreichs teilnahmen. In der Resolution hieß es: »Unser Bestreben geht dahin, einen einheitlichen Verband aller Arbeiter des betreffenden Produktionszweiges zu schaffen, der sich auf das ganze Reich erstreckt.« Da war man aber der Zeit noch weit voraus, denn jeder Verein dachte gerade bis an die eigene Stadtgrenze und wollte sich seine Autonomie nicht beschneiden lassen. Die Wiener Organisation war durch ihre Größe und Geschlossenheit jedenfalls im Vorteil.

Der Weg zum ersten Kollektivvertrag

Nun bedurfte es im Brauereigewerbe unerschrockener Männer, die sich an die Spitze der Arbeiterbewegung zu stellen wagten. Einer und der bedeutendste von ihnen war jener Stefan Huppert, dem wir dieses Kapitel widmen. Er wurde 1871 in Wadowice, einer Kreisstadt Galiziens und damit als Bürger des österreichischen Teiles der Monarchie geboren. Seine Eltern hatten dort eine kleine Brauerei mit einer Landwirtschaft. Deshalb lernte auch Stefan nach dem Schulabschluss das Braugewerbe in Okocim, wo eine recht große Brauerei unter der Leitung von Johann Götz, dem früheren Braumeister des älteren Drehers, stand. Anschließend wurde er Biersieder in der Brauerei des Grafen Larisch in schlesischen Karwin und wollte dann die elterliche Brauerei übernehmen.[199] Leider gingen die Eltern in Konkurs und Huppert übersiedelte nach Wien, wo er 1896 in der Simmeringer Brauerei zu arbeiten begann und bald Vertrauensmann der dortigen Beschäftigten wurde. Er wollte dort zuerst bei den eigenen Kollegen für die Mitgliedschaft bei der sozialdemokratisch ausgerichteten Gewerkschaft werben und sich dann mit einer starken Mitgliederzahl gegen den Brauherren-Verein durchsetzen. Beides war mehr als schwierig.

199. Berka: Geschichte, S.13 f.

Die Brauherren schürten weiterhin Angst, dass ein Streik zum Elend der Arbeiter führen würde: »Die armen Arbeiter mit ihren Familien, welche den Sirenenrufen der Hetze Folge geleistet hatten, wurden durch den Hunger gezwungen, nachzugeben; die armen Opfer der strikelustigen (sic!) Führer sind wohl zu bedauern, dürften jedoch ein warnendes Beispiel für die Arbeiterschaft bilden, sich nicht in leichtsinniger Weise verführen zu lassen.« [200] Die Arbeiter hatten es wirklich nicht leicht bei ihrer Entscheidung für oder gegen arbeitsrechtliche Maßnahmen, zumindest in der Zeit vor der Bildung starker Gewerkschaften.

Noch dazu reagierten die Brauherren auf die Gewerkschaftsgründung sofort mit der Gegengründung eines »Österreichischen Brauerverbandes«: Dieser »sollte den Kampf gegen die sozialdemokratischen Elemente erfolgreich führen«, indem man bei »Neuaufnahmen von Brauern denen den Vorzug geben (sollte), die demselben bereits angehören«[201]. Damit nahmen die Brauherren der neuen Gewerkschaftsbewegung rasch jeden Wind aus den Segeln und der Brauerverband »konnte den Kampf gegen die sozialdemokratischen Elemente erfolgreich führen«.[202] So war es kein Wunder, dass der Brauerverband 600, die Gewerkschaft nach einem erfolglosen Streik in der Währinger Brauerei nur mehr ein paar Dutzend Mitglieder hatte. »Mitglied der Gewerkschaft werden war verbunden mit Arbeitslosigkeit und Verfolgung«.[203]

Stefan Huppert stand noch in der zweiten Reihe und erlebte als Vertrauensmann in seiner Brauerei die weitere Entwicklung dieser Gewerkschaft mit, die sich nur langsam und mühsam gegen den Brauerverband durchsetzte. Die Gewerkschaft war damals noch in sich zerstritten, es gab oft ganz unterschiedliche Auffassungen über die Taktiken und Durchsetzungsmethoden. Erst als Huppert 1902 den Vorsitz in der Fachgewerkschaft übernahm, die nun schon 450 Mitglieder zählte, begann eine völlig neue Entwicklung des Arbeitskampfes gegen die Brauherren und damit die dritte Phase des Arbeitskampfes. Im April 1905 gelang ihm eine Vereinigung aller österreichischen Braugehilfen und Fassbinder im »Reichsverband der Brauereiarbeiter« und am Ende des Jahres konnte er schon auf 2500 Mitglieder allein in Wien verweisen.

Hupperts erster Erfolg war die weitgehende Abschaffung des Deputatbieres. »Das den Brauereiarbeitern verabfolgte Bier ist ein Teil ihres Lohnes ... In den meisten Brauereien besteht ein Trinkzwang, da das verabfolgte Bier weder verkauft noch hinausgetragen werden darf, so daß verheiratete Arbeiter das Deputatbier ihren Familien nicht zukommen lassen können. In einigen Brauereien haben die Biermarken nur für einen Tag Gültigkeit, infolgedes-

200. Gambrinus, Nr.21/1902, S.752

201. Zirkular des Brauherrenvereins vom 15. Juli 1896

202. Huppert: 60 Jahre Organisation, S.39

203. II. Verbandstag, S. 5

sen muss jeder Arbeiter das ihm zugemessene Quantum Bier trinken, will er seine Biermarken nicht verfallen lassen.«[204]

204. Aus einem Schreiben von Stefan Huppert an die k.k. NÖ Statthalterei vom 11.8.1902

Der zweite wesentlich größere Erfolg gelang ihm mit dem Abschluss eines Tarifvertrages in der Ottakringer Brauerei im Jahr 1905. Es war nicht der erste Tarifvertrag in Wien, den hatte es schon 1896 bei den Buchdruckern gegeben, aber der erste in der Lebensmittelbranche. Dieser Abschluss, der sicher auch nur durch die soziale Gesinnung Moriz Kuffners zustande kommen konnte, regelte nicht nur die Arbeitsbedingungen, sondern auch die Löhne. Er hatte zwar noch keine gesetzliche Grundlage und war nicht einklagbar, aber er war ein ganz wichtiger Fortschritt für die Brauarbeiter. Für deren Gewerkschaft bedeutete er aber keineswegs einen »Friedenschluss« mit den Arbeitgebern, sondern nur ein »Waffenstillstand« – wie es Julius Deutsch formulierte: »Der Erfolg darf die Kräfte nicht erschlaffen, sondern zu neuer Arbeit anspornen.«[205]

205. Deutsch: Tarifvertrag, S. 7

Die unmittelbare Wirkung dieses Vertragsabschlusses war, dass sofort in einigen anderen Brauereien Forderungen an die Brauherren gestellt und vor allem ungerechtfertigte Entlassungen nicht mehr widerspruchslos hingenommen wurden. Deshalb gab es in der Folge zahlreiche Unruhen in den Brauhäusern von Nussdorf, Floridsdorf, St.Marx, Simmering, Hernals, Währing, aber auch außerhalb von Wien in Göss und Murau.

Durch die höhere Mitgliederanzahl und den Erfolg dieser Streiks konnte auch ein repräsentativer Streikfonds aufgebaut werden. In den folgenden Jahren waren jedenfalls Streiks, die nicht nur wegen Entlassungen von gewerkschaftlich organisierten Brauern, sondern auch zur Durchsetzung der abgeschlossenen Tarifverträge ausgerufen wurden, von wesentlich mehr Erfolg gekrönt als noch Jahrzehnte zuvor. Im Frühjahr 1906 berichtete Theodor Mautner Markhof im Industriellen Klub: »Interessant ist also, dass in einem Betriebe, wo von 420 Arbeitern nur 55 organisiert sind, diese dennoch ihre Forderungen durchzusetzen imstande sind, weil die außerhalb stehende Arbeiterbevölkerung sich ihnen anschließt.« Mautner Markhof wollte die jährliche Kündigung von rund 110 Arbeitern im Winter (da wurden weniger Arbeitskräfte benötigt) auf jene gewerkschaftlich organisierten Arbeiter beschränken, die im Sommer gestreikt hatten, scheiterte aber bei diesem Vorhaben.[206]

206. Die Industrie Nr. 8/1906, S. 5

Die Zeitschrift »Gambrinus«, das Sprachrohr der Brauwirtschaft, änderte die Taktik. Statt wie bisher Angst zu verbreiten, wurde nun eine Mitleidstaktik gewählt: »Die ohnehin prekäre Lage der Brauindustrie darf nie und nimmer durch einen weiteren Zwiespalt zwischen Brauherren und Brauereiarbeiter noch weiter verschärft werden. So wollen wir der Hoffnung Ausdruck geben, dass die Schürer und Hetzer bei denselben taube Ohren finden werden und die Eintracht zwischen Arbeitgeber und Arbeitnehmer keinerlei Störung erfahren wird.«[207]

207. Gambrinus Nr. 15/1905, S.553

Zugleich begannen Kollektivvertragsverhandlungen in den anderen Wiener Brauereien. Der Brauerverband verlor durch das Erstarken der Gewerkschaft sehr an Bedeutung und verschwand langsam von der Bildfläche. Wenn auch teilweise nur nach Streiks schlossen in den folgenden Monaten fast alle anderen Brauereien Verträge ab, in denen die Höhe einheitlicher Löhne geregelt wurde und Lohnzahlungen in Bierdeputaten endgültig abgeschafft wurden.

Am schwierigsten waren die Verhandlungen mit dem Generaldirektor der Schwechater Brauerei Alfons Erhard. Er weigerte sich als letzter, einen Tarifvertrag für seine Brauerei abzuschließen. Durch den kollektiven Beitritt der gesamten Belegschaft der Schwechater Brauerei zur Gewerkschaft im März 1906 geriet er allerdings unter Zugzwang. Da er damals an der Spitze des Brauherrenvereins stand, schlug er einen gemeinsamen Kollektivvertrag für alle Wiener Brauereien vor, der Arbeitszeit, Überstunden, Ruhetage, Urlaub, Krankengeldzuschuss usw., nicht jedoch die Löhne regeln sollte. Diese sollten von Brauerei zu Brauerei weiterhin unterschiedlich bleiben.

Er initiierte in diesem Jahr die Gründung des »Schutzverbandes niederösterreichischer Brauereien«, der den Brauherrenverein als Interessenvertretung aller Wiener Brauereien bei den Tarifverhandlungen vertreten sollte. Die Brauherren begründeten diesen neuen Verband so: »Die Brauer haben lange genug um des lieben Friedens halber geschwiegen, nachdem jedoch die Pflicht der Selbsterhaltung es dringend gebietet, sich zu organisieren, so haben sie nur das getan, was sie tun mussten, um im Kampf gegen die Organisationen (der Arbeitnehmer) nicht unterzugehen.«[208] 1908 wurde nach einem Kongress der Brauindustriellen-Vereine außerdem ein überregionaler Reichsschutzverband gegründet, weil man »nicht zusehen könne, wie die Presse der Arbeitnehmer gegen die Brauindustrie vorgehe und wie vorsätzlich Unfrieden gestiftet werde.«[209] Nun gab es auf Seiten der Arbeitgeber und Arbeitnehmer Organisationen für den Abschluss eines gemeinsamen Kollektivvertrages. Die Einzelkämpfer und Einzelkämpfe hatten endgültig ausgedient. Die Arbeitgeber- und Arbeitnehmerverbände hatten aber keineswegs das Ziel eines sozialen Friedens unter päpstlichem Segen, sondern eher das Ziel der Verschärfung des Arbeitskampfes. Was unsere Generation unter Sozialpartner-

208. Gambrinus Nr. 19/1907, S.713

209. II. Verbandstag, S. 12

schaft und sozialem Frieden ohne Streiks versteht, davon war man damals noch jahrzehntelang entfernt.

Im Mai 1907 begannen auch die Verhandlungen für diesen Kollektivvertrag, der am 1. Juli für die 13 im Schutzverband zusammengeschlossenen Wiener Brauereien vorerst auf drei Jahre befristet abgeschlossen wurde. Das war ein weiterer Meilenstein im Arbeitskampf. Unterzeichnet wurde dieser Vertrag von Alfons Erhard als Präsidenten des Schutzverbandes niederösterreichischer Brauereien und Stefan Huppert als Obmann des Verbandes der Brauereiarbeiter, Fassbinder und verwandter Berufe Österreichs.

Es gab in der Monarchie keinen anderen Vertrag in einer Branche, der eine so große Zahl von Unternehmen umfasste. Der Zeitschrift »Gambrinus« war der Abschluss nur ein zehnzeiliger Bericht und der Abdruck des Vertrages wert, über die langen Verhandlungen gab es überhaupt keine Meldungen. Lapidar wurde gemeldet, dass dieser Vertrag »der ohnehin hoch belasteten Brauindustrie neue Opfer auferlegt«.[210]

210. Gambrinus Nr. 14/1907, S. 521

Wir haben schon darauf hingewiesen, dass es sicher kein Zufall war, dass kurz nach dem Vertragsabschluss das Bierkartell ins Leben gerufen wurde und es einige Monate später die große Bierpreiserhöhung gab. Beide Maßnahmen wurden vor allem von der sozialdemokratischen Partei heftig bekämpft, die darin folgerichtig die »Retourkutsche« der Arbeitgeber sah, die auf dem Rücken der Konsumenten ausgetragen wurde.

Dieser Vertrag, der nur für die gewerkschaftlich organisierten Arbeiter galt, wurde am 1. Juli 1910 für weitere fünf Jahre nach nur marginalen Verbesserungen verlängert. Die Arbeitszeit wurde zwar wieder nicht generell geregelt, weil sie bei den Brauern, Bindern, Bierführern und Mälzern immer schon unterschiedlich war. Der 9-Stunden-Tag im Winter und der 10-Stunden-Tag im Sommer (56 Wochenstunden) bei sechs Arbeitstagen setzten sich aber langsam durch. Es gab schon 30 bis 50%ige Aufschläge für Überstunden und nun endgültig eine gesetzlich verordnete Sonntagsruhe im Ausmaß von 36 Stunden nach sechs Arbeitstagen. Ein gewaltiger Fortschritt gegenüber dem 19. Jahrhundert. Erstmals gab es auch ein gesetzlich geregeltes Krankengeld im Ausmaß von 75% des Lohnes und bei voller Lohnfortzahlung einen fünftägigen Urlaub nach dreijähriger sowie einen siebentägigen nach mehr als drei Jahren Betriebszugehörigkeit. Außerdem wurde geregelt, dass »der 1. Mai, soweit es der kontinuierliche Betrieb gestattet, freigegeben wird«. Selbst der eher sozial eingestellte Viktor Mautner von Markhof ließ seine Arbeiter noch 1909 bis Mittag arbeiten, wodurch sie den Aufmarsch versäumten.[211]

211. Verbandsblatt – Organ der Brauereiarbeiter, Nr. 10/1909, S.3

Den Kollektivvertrag hatte aber Stefan Huppert nur für Wien erreicht. Von seinen Bedingungen konnte man im übrigen Österreich und besonders in Böhmen nur träumen. Wien hatte mit Sicherheit die besten arbeitsrechtlichen Bedingungen und mit 90 % auch den höchsten Anteil an Gewerkschaftsmitgliedern in der Monarchie.[212]

212. In der gesamten Monarchie betrug dieser Anteil rund 30 %, in Böhmen kaum 15 %.

In diesem Tarifvertrag wurde auch geregelt, dass es drei Jahre lang keinen Streik und keine Aussperrung von Arbeitskräften geben dürfe. Für alle Streitfragen zwischen Arbeitgebern und Arbeitnehmern wurden Schiedsgerichte eingerichtet, die sich aber erst langsam durchsetzten. Diese bestanden aus je zwei Vertretern des Schutzverbandes und des Verbandes der Brauereiarbeiter und einem Vorsitzenden aus der niederösterreichischen Statthalterei.

Ein Jahr später gelang es durch eine Massenversammlung der Wiener Brauereiarbeiter im Arbeiterheim Favoriten, zu der 3128 der rund 3500 Arbeiter von ihren Brauereien quer durch Wien marschiert waren, zumindest für das Maschinen- und Kesselpersonal die achtstündige Schicht durchzusetzen. Die gewerkschaftliche Bewegung hatte sich nun endgültig etabliert und konnte bis zum Beginn des Ersten Weltkriegs noch zahlreiche arbeitsrechtliche Verbesserungen, wie eine Invalidenunterstützung durchsetzen.

Zusammenfassend für die Zeit bis 1914 kann gesagt werden, dass die Gewerkschaften und ihre Vorgängerorganisationen immer in Zeiten eines florierenden Braugeschäfts erfolgreich waren und bei Krisen für einige Zeit auf »Tauchstation« gehen mussten. »Auch über die Häufigkeit und die Erfolgsaussichten von Streiks entschied im Wesentlichen die Wirtschaftslage: Gute Konjunktur erhöhte die Chancen auf Durchsetzung der Streikforderungen, schwache wirtschaftliche Entwicklung dämpfte die Streiklust und brachte oft Lohnkürzungen und härtere Arbeitsbedingungen mit sich. Die Gewerkschaften verloren in einer Periode des Abschwungs Mitglieder, ihre Finanzkraft sank zudem auch wegen der erhöhten Auszahlungen von Notfalls- und Arbeitslosenunterstützungen.«[213]

213. Österreichische Industriegeschichte, S. 158

Mit dem Beginn des Ersten Weltkrieges endete diese Phase des Arbeitskampfes. Ab 1914 herrschte natürlich ein Ausnahmezustand. Dennoch verbuchte Huppert noch ein Jahr vor Kriegsende den nächsten großen Erfolg mit der Gründung des Zentralverbandes der Lebens- und Genussmittelarbeiter als Dachorganisation der Brauer, Bäcker, Zuckerbäcker und Fleischer. Er wurde dessen erster Obmann. Die Vorarbeiten liefen bereits seit 1912, nur hatte der Krieg die weitere Arbeit verzögert. Mit Jahresanfang 1919 wurde der Verband der Brauer und Binder endgültig aufgelöst und ging in diesem Zentralverband auf.

Nach 1918 erfolgten weitere Verbesserungen der Arbeitsbedingungen in Form des 8-Stunden-Tages für alle Arbeiter, der Arbeitslosenunterstützung und des Nachtarbeitsverbotes für Frauen und Jugendliche. Auch diese gesetzlichen Regelungen setzten sich nur langsam durch, aber in der Republik wurden die Arbeitsbedingungen generell besser. Die Gewerkschaft vereinbarte mit dem Schutzverband, dass nur mehr organisierte Arbeiter eingestellt werden durften. Durch das Betriebsrätegesetz wurden die Vertrauensmänner durch demokratisch gewählte Betriebsräte ersetzt, die gesetzlichen Schutz besaßen und nicht mehr von den Direktionen Schikanen ausgesetzt werden konnten.

Einer Verbesserung der Arbeitsverhältnisse stand nun eine Verschlechterung der Branchenentwicklung in den ersten 1920er Jahren entgegen. Die Vereinigten Brauereien, die schwere Produktionseinbussen hinnehmen mussten, fusionierten – wie wir wissen – in den 1920er und 1930er Jahren einige andere Brauereien und schlossen deren Betriebsstätten. Dies trug zur hohen Arbeitslosigkeit dieser Zeit und zu Lohnstagnationen bei, die in dieser Zeit nicht nur die Brauereiarbeiter, die aber besonders stark erfasste.

Der Arbeitskampf ruhte in den 20er und 30er Jahren aus diesen Gründen, so dass Kuno Mautner Markhof schreiben konnte: »Das Verhältnis zu der Arbeiterschaft war in der ganzen Zeitperiode ein durchwegs befriedigendes, da sowohl auf Seite der Arbeitgeber wie auf Seite der Arbeitnehmer stets die nötige Einsicht gefunden wurde, um Differenzen auf gütlichem Weg beizulegen. Die Arbeiterschaft stellte zwar oft recht ausgiebige, aber schließlich nicht unerfüllbare Lohnforderungen und die Brauindustrie setzte wieder einen gewissen Stolz in die Tatsache, von allen Industrien die bestbezahlte Arbeiterschaft zu haben.«[214] Ein gelernter Brauereiarbeiter verdiente nach dem Kollektivvertrag 1928 81 Schilling (ca. 226 Euro) wöchentlich.

Nach 1945 übernahm die neu gegründete Bundeskammer der gewerblichen Wirtschaft bzw. deren sachlich zuständiger Fachverband der Nahrungs- und Genußmittelindustrie die arbeitsrechtlichen Aufgaben. Durch das Delegierungsabkommen wurde die Aufgabe an den Brauereiverband weitergegeben. Statt Arbeitskampf gab es nun eine Sozialpartnerschaft, die ohne Streiks und Konfrontationen auskam.

Huppert blieb bis zur Auflösung des Zentralverbandes im Februar 1934 Obmann, obwohl er längst aus dem Brauereigewerbe ausgeschieden war. Er wurde 1902 Beamter der Arbeiterkrankenkasse, avancierte 1928 zum Direktor-Stellvertreter und erwarb sich dort beim Zusammenschluss der Bezirkskrankenkassen mit der Allgemeinen Arbeiterkrankenkasse große Verdienste.

214. Mautner Markhof K.: 10 Jahre österreichische Brauindustrie 1918–1928, S.11

Im März 1919 wurde er in die Sozialisierungskommission gewählt, er wurde Vizepräsident der Arbeiterbank (der späteren BAWAG), Vorstandsmitglied des Bundes der Freien Gewerkschaften und saß im Vorstand der Internationalen Union der Lebensmittelarbeiter.

Er war kein bequemer Chef, sondern wurde »Plantagenaufseher« genannt. Sein Biograph Hans Berka beschreibt ihn so: »Huppert legte an die Leistungen seiner Mitarbeiter einen äußerst strengen Maßstab an. Unter ihm bestehen zu können, war allein schon eine Auszeichnung. Lässigkeit in der Ausübung des Dienstes verzieh er nie. Er war ein Pedant, ein ungemein vorsichtiger real abschätzender Mensch.« [215] Er blieb bis zu seinem Tod Junggeselle und lebte nur für seinen Beruf. Er soll von sich gesagt haben: »Ich bin vom Bürgertum zur Arbeiterklasse emporgestiegen«.

Durch seine politische Gesinnung waren seine letzten Jahre für ihn sehr schmerzlich, weil er sein Lebenswerk durch den Ständestaat zerstört sah. Wenige Tage nach dem Bürgerkrieg am 12. Februar 1934 wurde er verhaftet und verbrachte einige Monate in einer Zelle der Roßauer Kaserne und anschließend im Landesgericht. Dies hatte negative Auswirkungen auf seine Gesundheit und er musste außerdem das traurige Schicksal von Gewerkschaftskollegen miterleben. Drei Brauereiarbeiter aus Linz gehörten zu jenen Sozialdemokraten, die wegen ihrer Beteiligung am Aufstand gegen Dollfuß zu Tode verurteilt und gehängt wurden.[216] Seine unmittelbaren Mitarbeiter, wie sein späterer Biograph Hans Berka und der spätere Obmann der Lebensmittelarbeitergewerkschaft Karl Mantler wurden ebenfalls verhaftet und eingesperrt.

Huppert zog sich in seinen letzten Lebensjahren völlig zurück und widmete sich seinen geliebten Büchern. Den Einmarsch der Nationalsozialisten erlebte er nicht mehr, er starb am 11. Mai 1937 an einer Gehirnhautentzündung. Bei der Einäscherung waren hunderte Kollegen dabei und Dr. Karl Renner würdigte sein Leben in einer schönen Rede, bei der »er alles sagte, was man damals sagen konnte.«[217] In einem der ganz wenigen Nachrufe, die in dieser Zeit für einen sozialdemokratischen Gewerkschafter möglich waren, wurde er als »Erzieher der Brauereiarbeiter« bezeichnet, der »sie erst befähigte, ihre gewerkschaftlichen Aufgaben zu erfüllen... und mit nüchterner Überlegung, wenn notwendig aber auch mit heißer Leidenschaft und ganzer Hingabe die Interessen der Arbeiter vertreten (hat).« [218]

215. Berka: Geschichte, S. 16

216. Es handelte sich dabei um die Herren Bulgari, Schwinghammer und Gschwandtner. Siehe: Peschel-Wacha: Die Brauerei als Arbeits- und Lebensraum, S. 327

217. Berka: Geschichte, S. 18

218. Der Lebensmittelarbeiter Nr. 5/1937, S. 1

Kurze Nachbetrachtung

Das war die Geschichte der Brauherren und ihrer Arbeiter im goldenen Bierjahrhundert, das wir 1836 beginnen ließen und mit einer kurzen Darstellung der Jahrhunderte davor bzw. der Jahrzehnte danach kennengelernt haben. Über die Brauherren wissen wir dank der besseren Quellenlage mehr, über ihre Arbeiter wenig. Eines ist sicher: Rein wirtschaftlich hat sich die Lage der Unternehmer im Laufe dieser Zeit verschlechtert, die ihres Personals hingegen verbessert. Ich weiß nicht, wie der ältere Anton Dreher reagieren würde, wenn er auf der nach ihm benannten Dreherstraße in Schwechat spazieren ginge, um »sein« Unternehmen zu besuchen. Für Adolf Ignaz Mautner wäre ein Spaziergang durch die Mautner-Markhof-Gasse kaum erfreulich. Dafür wäre Moriz Kuffner sicher stolz, dass »seine« Brauerei die großen Konkurrenten überlebt hat. Sicher ist, dass aber alle Brauereiarbeiter dieser Herren mit großem Neid die Arbeitsbedingungen ihrer Nachfolger zur Kenntnis nehmen würden. Ich hoffe, es ist mir gelungen, jene, die gerne ein Bier trinken – wie ich – auch für die Geschichte der Produktion dieses Getränks zu interessieren. Vielleicht ist es mir bei manchen Lesern auch gelungen, dass Interesse für die österreichische Wirtschaftsgeschichte zu wecken, die fast stiefmütterlich neben der Geschichte der Politik und der Kultur behandelt wird.
Mein Ziel war, Nachahmer zu finden. Ich habe versucht, auf relativ engem Raum die rund 50 Brauherren des goldenen Bierjahrhunderts darzustellen oder auch nur zu nennen. Es gibt aber über diese Herren bzw. ganz wenige Damen noch viel mehr zu erzählen, so dass ich dieses Buch unter anderem als Anstoß sehe, sich mit diesem Kapitel der Wirtschaftsgeschichte intensiver zu beschäftigen. Hier gehe ich mit gutem Beispiel voran und plane 2015 mit Mitautoren eine ausführliche Geschichte der Familie Mautner Markhof und deren Unternehmen herauszugeben. Ich hoffe, dass dies jemand auch für die anderen Brauerfamilien und vor allem für die zahlreichen anderen, heute meist unbekannten Unternehmerfamilien des 19. Jahrhunderts tun wird.
Zu guter Letzt sollte dieses Buch zeigen, mit welchen Anstrengungen und Risken sich damals Menschen selbständig gemacht haben. Ihre Beispiele sollten in der heutigen Zeit als Vorbilder dienen. Österreich würde heute wieder viele solcher Menschen brauchen, um sich als herausragender wirtschaftlicher Standort vor der Welt präsentieren zu können.

Anhang

Der Bierausstoß der Wiener* Brauereien und Schwechat von 1837 bis 1937 in 1000 hl

Brauerei	1837	1850	1860	1870	1880	1890	1900	1910	1913	1920	1930	1937
Schwechat	2	75	215	397	413	454	630	559	621	422	833	379
Liesing		65	124	239	257	265	361	289	369	103	270	109
Ottakring	31	18	64	117	160	166	226	335	351	148	258	86
Nußdorf	31	48	50	117	144	154	229	202	194	101	124	58
Stadt Wien								211	141	141	349	145
St.Georg								191	220	122	118	
Hütteldorf	34	42	52	145	182	206	181	180	183	93	96	
Simmering	32	47	39	71	101	114	176	176	179		26	
Jedlesee	63	58	60	134	94	100	127	98	115	28	33	
Hernals		19	22	24	47	62	64	54	58	23	45	
Grinzing	3	4	25	41	29	23	35	36	33	11	5	
Schellenhof	2	26	4	101	71	95	136	98	95	45		
St. Marx		45	97	287	326	367	505	546	559			
Währing		5	19	59	78	82	80					
Ober-Döbling	3	5	20	46	71	87	87					
Aspern	4	4	1	3	1							
Lichtental	38	48	29	54								
Fünfhaus	25	26	20	68								
Gaudenzdorf	31	36	33	51								
Margareten	30	33	25									
Neuling	35	11	45									
Hundsturm	42	35	32									
Erlaa		14	20									
Penzing		1										
Rustendorf	1	26										
Summe	407	691	996	1.954	1.974	2.175	2.837	2.975	3.118	1.237	2.157	777
Wien und Umland **		858	1.267	2.211	2.204	3.165	3.121	3.265	3.415	1.343	2.276	876

Quelle: Brauherren-Verein, veröffentlicht im ehemaligen Museum der Brauerei Liesing und in 150 Jahre Ottakringer Brauerei

* auf heutigen Wiener Stadtgebiet

** Obige Summe und die Brauereien in Brunn a.G. (bis 1930), Wr. Neudorf (bis 1938), Perchtoldsdorf (bis 1904), Mödling (bis 1892), Gablitz (bis nach 1900), Klosterneuburg (bis 1878), Leopoldsdorf (bis 1877), Rauhenstein (bis 1878), Himberg (bis 1870), Ulrichskirchen (bis 1864), Wienersdorf (bis 1863), Korneuburg (bis 1861), Traiskirchen (bis 1853), Baden (bis 1855), Stockerau (bis 1853) und die kleineren Brauereien in Schwechat.

Familienstammbäume

(es werden nur jene Familienmitglieder und deren engste Familienangehörige erwähnt, die im Buch Erwähnungen finden, die Brauherren wurden fettgedruckt)

Familie Dreher

Franz Anton (29.7.1736 Pfullendorf – 9.11.1820 Kledering)
1.Ehefrau: Anna, geb.Huber (5.8.1736 Achau – 26.12.1803 Schwechat)
2.Ehefrau: Katharina, geb. Widter, später Hartl (26.6.1786 Wien – 17.7.1864 Baden)
4 Kinder aus 2.Ehe, darunter:

1. Kind: Klara (22.7.1806 Wien – 31.1.1875 Baden)
Ehemann: Franz Anton Aich (siehe Familie Aich)
2. Kind: Anton der Ältere (8.6.1810 Wien – 27.12.1863 Schwechat)
1.Ehefrau: Anna, geb. Wisgrill (11.4.1816 Krems – 26.5.1841 Schwechat)
2.Ehefrau: Anna Maria, geb. Herfeldt, später Baur-Breitenfeld (10.9.1824 Regensburg – 12.7.1884 München)

1 Sohn:
Anton der Jüngere (21.3.1849 Schwechat – 6.8.1921 Schwechat)
Ehefrau: Katharina, geb.Meichl (14.11.1850 Simmering – 17.2.1937 Schwechat)

3 Söhne:
Anton Eugen (9.4.1871 Schwechat – 14.8.1925 Schwechat)
Katharina Friedrike, geb. Friderici (18.9.1872 Vordernberg – 27.8.1951)

1. Kind: Katharina (Kitty), verehl. Wünschek (12.9.1896 Triest – 18.8.1978 Salzburg)
Ehemann Alfons Wünschek (22.5.1871 Boschowitz, Mähren – 29.6.1949 Weyer)

2 Kinder:
Katharina Wünschek (20.11.1917 Wien – 18.8.1978 Argentinien), verheiratete Buschmann, keine Kinder
Sofia (Sonja) Wünschek (24.11.1919 Brünn – 28.3.1972 Friesach), verheiratete Oesterley,
2 Kinder: Serena (*19.3.1951 Maidenhaed, GB)
Diana (*16.7.1953 Weyer)

2. Kind: Anton III. (7.5.1898 Triest – gefallen 1.4.1917 in Galizien)

Eugen (15.7.1872 Schwechat – 19.1.1949 Budapest)
Ehefrau: Beate Luise (Lilly), geb. Haggenmacher (14.6.1876 Budapest – 30.5. 1970 Winterthur)

3 Töchter
Maria Luise (May) (5.10.1899 Mártonvásár – ?)
Ehemann: Bela Hardy (4.10.1899 Fünfkirchen-Pecs – ?)
Elisabeth (Liesl) (6.12.1902 Budapest – 11.5.1919 Budapest)
Anna Maria (19.1.1905 Budapest – ?)
Ehemann: Baron László Szalay-Berzeviczy (3.9.1904 Budapest – ?)

Theodor (27.8.1874 Schwechat – 24.4.1914 Klagenfurt)
Ehefrau: Edeltrud Irmengildis, geb. Gräfin Bopp von Oberstadt (5.2.1892 Ulm –?)

ein Kind: Oskar Anton (13.9.1914 Schwechat – 25.2.1926 Abbazia)

Familie Aich

Franz Anton (7.6.1803 Tyrnau – 7.9.1875 Himberg)
Ehefrau: Klara, geb. Dreher (siehe Familie Dreher)
12 Kinder, darunter:

6. Kind: **Franz, Edler von Enyed** (30.7.1835 Enyed Puszta – 23.2.1903 Schwechat)
2. Ehe mit: Maria Meichl (siehe Familie Meichl)
   - 5 Kinder, darunter
   - 1.Kind: **Franz jun.** (20.3.1863 Schwechat – 1911)
   - 3.Kind: **Georg** (gest. 6.10.1878 Wien-Döbling)
   - 4.Kind: Emma (1866–1954)
   - Ehe mit Heinrich (Henrik) Haggenmacher (1855–1917)

8.Kind: **Anton** (28.5.1837 Engyed – 16.6.1890 Marienbad)
9.Kind: Anna (1848 Wien – 5.7.1872 Simmering)
Ehemann: Theodor II. Meichl (siehe Familie Meichl)

Familie Meichl

Georg I. (5.4.1791 Gablitz – 16.4.1834 Simmering)
Ehefrau: Theresia, geb. Hempfling (28.4.1789 Pottendorf – 21.6.1831 Simmering)

5 Kinder, darunter:
1. Kind: **Theodor I.** (31.10.1820 Schwechat – 30.6.1869 Vöslau)
Ehefrau: Theresia Maria Stotz (27.8.1827 Edelstal – 5.5.1863 Schwechat)
8 Kinder, darunter
   - 1. Kind: **Theodor II.** (17.5.1847 Wien – 10.8.1901 Simmering)
   - Ehefrau: Anna, geb. Aich (siehe Familie Aich)
     - 8 Kinder, darunter
     - 1. Kind: **Theodor III.** (13.6.1871 Simmering – 7.11.1939 Wien)
     - 3. Kind: **Georg II.** (28.8.1849 Simmering – 28.11.1919 Wien)
     - Ehefrau: Sophie, geb. Kramer (12.3.1857 Wien – 18.6.1940 Wien)
       - Kind: **Georg III.** (31.5.1878 Simmering – 25.4.1939 Wien)
       - Ehefrau: Leopoldine, geb. Heger (25.10.1884 Hard – ?)
         - Kind: **Georg IV.** (15.5.1919 Wien – 13.10.1983 Grundlsee)
     - 4. Kind: Katharina (14.11.1850 Simmering – 17.2.1937 Schwechat)
     - Ehemann: Anton Dreher d.J., siehe Familie Dreher
     - 6. Kind: Maria (5.3.1853 Simmering – 29.11.1916 Wien)
     - Ehemann: Franz Anton Aich, siehe Familie Aich

Familie Mautner, ab 1872 von Markhof

Adolf Ignaz, ab 1872 von Markhof (26.12.1801 Smiřice/Smirsitz – 24.12 1889 Wien)
Ehefrau: Julie Marceline, geb. Kadi(s)ch (6.2.1812 Semily/Senftenberg – 20.4.1887 Wien)
10 Kinder darunter:

1. Kind von Adolf Ignaz: Theresia (4.5.1832 Smiřice – 20.3.1926 Graz)
Ehemann: **Johann Peter von Reininghaus** (2.10.1818 Isenburg – 7.5.1901 Graz), 10 Kinder
2. Kind von Adolf Ignaz: **Karl Ferdinand** (16.4. 1834 Smiřice – 1.9.1896 Wien)
1. Ehefrau: Johanna Leopoldine, geb. Kleinoschegg (6.8.1846 Graz – 28.6. 1872 Wien)
2. Ehefrau: Editha, geb.Sunstenau Freifrau von Schützenthal (9.6.1846 Krakau – 17.12.1918 Wien)
10 Kinder, darunter von Johanna
    2. Kind: **Viktor Gottlieb Johann** (5.7.1865 Wien – 10.5.1919 Wien)
    Ehefrau: Helene, geb. Kosnapfl (31.7.1867 Wr. Neustadt – 12.9.1926 Wien)
    keine Kinder
    5. Kind: Elisabeth (6.9.1868 Wien-Mauer – 16.12.1937 Wien-Rodaun)
    Ehemann: Karl Dittl von Wehrberg (12.7.1864 Komorn – 4.5.1945 ?), 2 Kinder
    7. Kind: Dorothea (Doris) (8.4.1871 Wien – 10.8.1967 Wien)
    Ehemann: Josef Engelhart (19.8.1864 Wien – 19.12.1941 Wien), 6 Kinder
    von Editha
    8. Kind: Hertha (23.11.1879 Wien – 8.7.1970 Wien-Rodaun)
    Ehemann: Gustav Jäger von Sunstenau (6.4.1865 Schönbach – 21.1.1938 Wien)
    6 Kinder, darunter 5. Kind: Hanns Jäger-Sunstenau (24.11.1911 Wien – 7.3.2008 Wien)
    10. Kind: Editha (Ditta) (12.4.1883 Wien – 3.11.1969 Mödling)
    1. Ehemann: Koloman Moser (30.3. 1868 Wien – 18.10.1918 Wien), 2 Kinder
    2. Ehemann: Adolf Hauska (8.6.1881 Wien – 20.5.1929 Wien), 3 Kinder
5. Kind von Adolf Ignaz: Emilie Susanna (17.4.1838 Smiřice – 28.3.1887 Graz)
Ehemann: **Julius Reininghaus** (11.2.1823 Kierspe – 26.10.1862 Graz), 3 Kinder

6. Kind von Adolf Ignaz: **Georg I. Heinrich** (8.5.1840 Smiřice / Smirsitz – 15.5.1904 Wien)
Ehefrau: Karoline Charlotte, geb. Biehler (9.2.1845 Wien – 2.8.1905 Baden)
    6 Kinder, darunter
    1. Kind: Maria Karoline (25.12.1864 Wien – 10.8.1924 Wien)
    Ehemann: Rudolf von Waechter (26.4.1861 Kuttenberg – 25.3. 1925 Wien), 4 Kinder
    3. Kind: Otto (1.6.1868 Jedlersdorf – 20.5.1905 Berlin)
    Ehefrau: Margarethe, geb. Kohl (1878 Langen – ?), keine Kinder
    4. Kind: **Theodor August** (19.8.1869 Baden – 7.2.1947 Wien)
    Ehefrau: Martha, geb. Eisl (10.2.1875 Graz – 10.11.1959 Wien)
        5 Kinder, darunter
        3. Kind: Ing. **Gerhard** (8.2. 1901 Wien – 16.3. 1971 Izmir)
        Ehefrau: Elisabeth, geb. Eisl (5.7.1903 Wien – 19.6.1966 Wien)
            2 Söhne:
            Heinrich (30.1. 1927 Wien – 7.10. 2009 Wien)
            Ehefrau: Johanna, geb. Rochlitzer, 2 Söhne Viktor und Heinrich
            Dkfm. Dr. Marius (10.3.1928–3.3.2005)
            Ehefrau: Christine, geb. Artmann (* 24.8.1940 München), ein Sohn

4. Kind: Brau Ing. Dr.h.c. **Manfred I.** (19.9.1903 Wien – 4.1.1981 Wien)
Ehefrau: Maria Anna, geb. Kupelwieser (18.8.1900 Hinterbrühl – 11.5.1990 Wien)
Hochzeit am 17.April 1926 Insel Brioni
3 Kinder, darunter:
Prof. Dr.h.c. **Manfred II.** (6.2.1926 Wien – 7.1. 2008 Wien)
Ehefrau: Marguérita, geb. Gräfin von Cassis Faraone
(* 5.10.1931 Wien)
4 Kinder, darunter Manfred Leo und Theodor
6. Kind: **Georg II. Anton** (9.9.1875 Wien – 16.9.1934 Gaaden)
Ehefrau: Emilie (Emy), geb. von Reinighaus (30.5.1881 Graz – 14.5.1974 Gaaden)
7 Kinder, darunter
2.Kind: DDr.Dipl.Ing.**Georg III.** (30.8.1904 Wien – 30.8.1982 Wien)
1.Ehefrau: Maria, geb. del Carmen Simovics (4.9.1902 Premysl – 10.4.1936 Nizza)
1 Sohn:
Georg IV. J. E. (11.6.1926 Wien – 13.5. 2008 Wien)
1. Ehefrau: Edeltraud, geb. Toller (6.11.1933–4.3. 2011 ?)
3 Kinder darunter
1. Kind: Dr. Georg V. Quintus (* 16.4.1955)
Ehefrau: Anke, geb. Bolle (* 1.4.1956 Göttingen), keine Kinder
3. Kind: **Dr. Marcus Diego** (* 30.Sept 1958)
Ehefrau: Martina, geb. Marek (* 11.5.1958 Wien), 3 Kinder
3. Kind: **Gustav I.** (16.11.1909 Wien – 7.10.1970 Wien)
Ehefrau: Christine, geb. Seeliger (3.4.1910 Pfaffstätten – 22.8.1993 Wien)
2 Söhne:
Gustav II. (22.5.1936 Schwechat – 26.8.1993 USA)
Ehefrau: Frances, geb. Coury (* 21.4.1937 Boston), eine Tochter
Dr. Michael (* 10.12.1950)
Ehefrau: Gertrude, geb. Just (25.3.1953 Wien – 20.11.2006 Schwechat), 3 Kinder
6.Kind: Peter (2.10.1923 Wien – 14.2.1997 Wien)
2. Ehefrau: Almuth, geb. Kroeger (*7.10.1933 Hong Kong), 7 Kinder
7. Kind: **Kuno** (1.11.1879 Jedlersdorf – 2.6.1930 Wien)
Ehefrau: Maria Antonia, geb. Göppner (27.7.1873 Nürnberg – 31.5.1951 ?), keine Kinder

7. Kind von Adolf Ignaz: Eleonore Katharina (14.1.1842 Wien – 6.2.1937 Wien)
Ehemann: **Franz Ludwig Freiherr von Waechter** (16.3.1832 Stuttgart – 21.6.1895 Reichenau)
3 Kinder, darunter 1.Kind Rudolf Franz von Waechter und Ehefrau Maria Karoline, geb. Mautner von Markhof (siehe 1. Kind von Georg I.)

Familie Kuffner:

Koppel (gest. 6.7.1775 Lundenburg), Ehefrau: Rachel (gest. 4.2.1803 Lundenburg)
2 Söhne Löbl und Wolf
Löbl (1760 Lundenburg – 17. 7.1844 Lundenburg)
Ehefrau: Theresia Bauer (ca.1770–5.8.1845 Lundenburg),
5 Kinder darunter
Johanna (5.1.1795 Lundenburg – 18.4.1849 Lundenburg)
Ehemann: David Kuffner, Sohn von Onkel Wolf Kuffner)
Josephine (4.8.1801 Lundenburg – 27.5.1879 Wien-Leopoldstadt)
Ehemann: Simon Kuffner, Sohn von Onkel Wolf Kuffner

Wolf (ca.1758 Lundenburg – 24.4.1826 Lundenburg)
Ehefrau: Ernestine, geb. Saphir (ca. 1768 Ungarn – 8.9.1836 Lundenburg)
6 Kinder, darunter
Karl (17.5.1788 Lundenburg – 4.12.1835 Lundenburg)
Ehefrau: Theresia, geb. Seegen (1774 oder 1781 Böhmen – 11.5.1870 Ottakring)
6 Kinder, darunter
Ignaz, ab 1878 Edler von (22.4.1822 Lundenburg – 23.3.1882 Ottakring)
1.Ehefrau: Fanny (4.3.1830 Lundenburg – 21.7.1851 Ottakring), Tochter von Simon
2.Ehefrau: Rosalie geb. Spitzer (ca. 1826 Preßburg – 21.12.1899 Wien Ottakring)
2 Kinder von Ehefrau 1, 5 Kinder von Ehefrau 2, darunter
Moritz (30.1.1854 Wien-Ottakring – 5.3.1939 Zürich)
Ehefrau: Elsa geb. Holitscher (5.3.1867 Gaudenzdorf – 10.1.1938 Wien)
3 Söhne:
Ignaz (11.1.1892 Wien Ottakring – 4.2.1938 Wien)
Ehefrau Helene Dreyfus (28.5.1902 Basel – gest. nach 1976)
Dr. Johann (9.1.1894 Wien Ottakring – 25.2.1973 Lausanne)
Stephan (9.1.1894 Wien Ottakring – 1.11.1976 Zürich)
Die Zwillinge waren unverheiratet und kinderlos
Katharina (29.6.1862 Ottakring – 1933 Frankfurt/Main)
Ehemann: Moritz Nathan Oppenheim
David (3.2.1796 Lundenburg – 19.1.1871 Lundenburg)
Ehefrau: Johanna geb. Kuffner (5.1.1795 Lundenburg – 18.4.1849 Lundenburg), Tochter von Löbl Kuffner,
6 Kinder darunter
Jacob (20.3.1817 Lundenburg – 8.5.1891 Wien)
Ehefrau: Nanette Hamburger (15.3.1820 Proßnitz – 8.3.1905 Wien)
6 Kinder, darunter
Wilhelm (4.4.1846 Lundenburg – 14.4.1923 Wien)
Ehefrau: Camilla, geb. von Kuhner (28.4.1857 Wien – 21.3.1954 Beaulieu, Frankreich), 4 Kinder, darunter
Hedwig und Marianne (ermordet 1943 in Auschwitz)
Karl, ab 1896 von Diószegh (28.7.1847 Wien – 12.12.1924 Wien)
Ehefrau: Maria, geb. Gräfin von und zu Firmian (29.3.1856 Kronmetz – 28.7.1925 Diosek), 1 Sohn

Raoul (25.7.1886 Wien – 3.11–1961 auf einer Seereise)
1.Ehefrau: Cara von Haebler (20.8. 1889 Lodz – 8.6. 1932 Wien)
2.Ehefrau: Tamara Gurwic-Gorska verh. de Junosza Lempicka
(16.5.1898 Warschau – 16.3.1980 Cuernavaca, Mexiko),
2 Kinder mit 1. Ehefrau

Hermann (Hirsch), ab 1900 von Kuffner (16.8.1822 Lundenburg – 30.9.1905 Lundenburg)
Ehefrau: Johanna, geb. Kuffner (6.3.1828 Lundenburg – 17.12.1879 Wien-Leopoldstadt), Tochter von Simon und Josephine Kuffner, 2 Kinder

Ludwig (15.10.1852 Lundenburg – 3.5.1937 Wien)
Ehefrau Hedwig, geb. Tuma, 2 Kinder
Anna von Kuffner (13.2.1859 Lundenburg – ?)
Ehemann: Gustav Redlich Edler von Vezeg (21.8.1852 Brünn – 3.12.1908 Wien), 2 Söhne

Dr. Hans Redlich Edler von Vezeg (?)
Kurt Redlich Edler von Vezeg (8.7.1887–14.7.1942 im KZ Maly Trostinec)

Simon (8.2.1798 Lundenburg – 15.9.1869 Wien Leopoldstadt)
Ehefrau: Josephine, geb. Kuffner (4.8.1801 Lundenburg – 27.5.1879 Wien-Leopoldstadt), Tochter von Löbl Kuffner
6 Kinder, darunter:

Johanna (6.3.1828 Lundenburg – 17.12.1879 Wien-Leopoldstadt)
Ehemann: Hermann (Hirsch) von Kuffner
Fanny (4.3.1830 Lundenburg – 21.7.1851 Ottakring)
Ehemann: Ignaz von Kuffner
Wilhelm (7. 12.1832 Lundenburg – 19.1.1871 Wien-Leopoldstadt)
Gottlieb (29.12.1834 Lundenburg – 22.1.1887 Wien-Oberdöbling)
Adolf (18.3.1840 Lundenburg – 1903)
Die drei Brüder waren unverheiratet und kinderlos

Familie Löwenthal – Faber

Theodor Löwenthal (24.11.1798 Aschaffenburg – 10.3.1878 Wien)
Ehefrau: Sophie (18.12.1812–20.5.1865 Wien)
eine Tochter Marie (21.9.1837–24.5.1857), verheiratet mit
Moritz Faber jun. (14.3.1837 Wien – 19.12.1921 Bad Ischl),
3 Kinder: Theodor (* 7.3.1858–1890), Marie (16.2.1864 –14.3.1905) und Karl (30.7.1866–2.12.1925)
Sein Vater war
Moritz Faber sen. (10.2.1798–14.8.1875 Marienbad),
Ehefrau Friederike, geb. Vorhauer (1813–1855), 6 Kinder

Quellen:

Schwäbisches Geschlechterbuch Stammfolge Dreher. Limburg an der Lahn 1972
Wieder, Karl: Der Bierbrauer Anton Dreher und sein Geschlecht. In: Adler, 6.Jahrgang 1944, S. 71–90
Adolf Ezsöl: Geschichte der Familie Dreher – Zeitgeschichtliches Dokumentationsarchiv Schwechat 2002
Homepage der Familie Mautner Markhof http://www.vmm-family.com (nicht frei zugänglich)
Gaugusch, Georg: Die Familie Kuffner. In: Adler – Zeitschrift für Genealogie und Heraldik, Band 25, Heft 8/2000, S.243–251
Matzig, Anton: Geschichte der Stadt Liesing.

Namensverzeichnis

Kursive Angaben beziehen sich auf Bilder

Literatur

Ableidinger, Johann: Geschichte von Schwechat. Schwechat 1929

Andics, Helmut: Luegerzeit – Das Schwarze Wien bis 1918. Wien 1984

Anwander, Bernd: Unterirdisches Wien. Wien 1993

Baus, Kirsten: Die Familienstrategie. Wiesbaden 2007

Berg, Heinrich; Fischer, Karl: Vom Bürgerspital zum Stadtbräu, Wiener Geschichtsblätter, Beiheft 3 /1992

Berka, Hans: Geschichte der österreichischen Lebensmittelarbeitergewerkschaft. Band 1: Geschichte der Zentralorganisation. Wien 1952

Butschek, Felix: Österreichische Wirtschaftsgeschichte. Wien 2011

Chaloupek, Günther, Eigner, Peter; Wagner, Michael: Wien – Wirtschaftsgeschichte 1740–1938, Band 1, Wien 1991

Czeike, Felix: Historisches Lexikon Wien, 5 Bände, Wien 1992–1996

Darthé Michael: Ottakringer. Eine Unternehmensgeschichte. Wien-Berlin 2007

Dee, Andrea, Seidl; Conrad: Ins Wirtshaus. Wien 1997

Deltour, Clément: Nos contemporains (Serie XXI): Monarchie Austro Hongroise. Berlin o.J.

Deutsch, Julius: Der Tarifvertrag in den österreichischen Brauereien und Fassbindereien. Wien 1909

Eckert, Karl: Ein österreichischer Brauer vor hundert Jahren in England. In: Gambrinus Nr. 1/1933. S.7–11

Felder, Cajetan: Erinnerungen eines Wiener Bürgermeisters (herausgegeben von Felix Czeike). Wien 1964

Fischer, Katja: Jüdische Kunstsammlungen in Wien vor 1938 am Beispiel der Familie Kuffner. Diplomarbeit Wien 2008

Freitag, Josef: Die Unternehmerfamilie Mautner Markhof. Diss. Wien 1979

Gaugusch, Georg: Die Familie Kuffner. In: Adler – Zeitschrift für Genealogie und Heraldik, Band 25, Heft 8/2000, S.243–251

Gaugusch, Georg: Wer einmal war – Das jüdische Großbürgertum Wiens 1800–1938. Wien 2011

Geschichte – nicht ohne uns – Die ersten 100 Jahre Gewerkschaft Agrar, Nahrung, Genuß. Wien 1992

Haas, Helmut: Der Gemeinderat von Ottakring. Wiener Geschichtsblätter 17. Jg. 1962, Nr.1

Hart, Stephan: Historische Betriebsanalyse am Beispiel der Ottakringer Brauerei Harmer AG. Diplomarbeit an der Wirtschaftsuniversität Wien 1987

Havelka, Hans; Heimatkunde Simmering. Wien-München 1983

Havelka Hans: Adolf Ignaz Mautner – ein Pionier des beginnenden Industriezeitalters. Simmeringer Museumsblätter Nr. 54/ Mai 1997

Hensel, Eduard: Anton Dreher – eine biographische Skizze. Wien 1864

Hinkel, Raimund, Landsmann, Kurt: Floridsdorf von A-Z – Der 21. Bezirk in 1.000 Stichworten. Wien 1997

Historikerkommission (Hg.): Felber, Ulrike; Melichar, Peter; Priller, Markus; Unfried, Berthod; Weber, Fritz (Projektleitung): Eigentumsänderungen in der österreichischen Industrie 1938–1945/ Teil II Falldarstellungen, S. 637–647 Fall Ottakringer Brauerei, Spiritus- und PresshefefabrikAG

Hlatky, Michael: Das große österreichische Bierlexikon. Graz 1996

Hoffmann, M., 5000 Jahre Bier, Frankfurt am Main 1956
Hohensinn, Erich: Geschichte und Entwicklung des österreichischen Brauwesens vom Kleingewerbe zur Großindustrie, Dissertation, Linz/Salzburg 1978
Huppert, Stefan; Kellner, Rudolf: 60 Jahre Organisation der Brauer und Fassbinder. Wien 1952
Jäger-Sunstenau, Hanns, Die Ehrenbürger und Bürger ehrenhalber der Stadt Wien. Wien 1992
Jasch, Christine: Das österreichische Bierkartell. Diss. Wien 1985
Kisch, Wilhelm: Die alten Straßen und Plätze von Wien, 12 Bände, Nachdruck des Archiv-Verlags 1999–2001
Klusacek, Christine; Stimmer, Kurt: Ottakring. Wien 1983
Klusacek, Christine; Stimmer, Kurt: Ottakring – Zwischen gestern und morgen. Wien 2005
Krauchenberg, Barbara: Adolf Ignaz Mautner Markhof und die Arbeiterkultur. Dissertation. Wien 1989
Krepp Ferdinand; Petzelbauer, Wolfgang: Geschichte der Brauerei Schwechat AG. Unveröffentlichte Dokumentation Wien 1987
Kuffner, Ignaz Edler von: Biografie. Druckschriftensammlung der Wienbibliothek, oV und oJ.
Lillie, Sophie: Was einmal war – Handbuch der eineigneten Kunstsammlungen Wiens. Wien 2003
Matzig, Anton: Geschichte der Stadt Liesing. Handschriftensammlung des Wiener Stadt- und Landesarchivs A 72. Wien-Liesing 1936
(Die) Linde AG – Geschichte eines Technologiekonzerns 1879–2004. München 2004
Mautner-Markhof, Karl Ferdinand: Wiener Stiftungen. Wien 1895
Mautner Markhof, Georg (III.).: Schwechat und die Familie Mautner Markhof, Vortrag gehalten am 5.Juni 1974
Mautner Markhof, Georg (IV.): Informationen. Familieninterne Manuskripte zum Familientreffen am 1. Dezember 1989, 10 unveröffentlichte Bände
Mautner Markhof, Georg (IV.): Das industrielle Erbe – Weg und Umwege von St.Marx nach Simmering. Unveröffentlichtes Manuskript, o.J.
Mautner Markhof, Georg (IV.): Von irgendwo in alle Welt. Wien 1998, unveröffentlicht
Mautner-Markhof, Manfred sen.: Mit euch, ihr Großen, zu spazieren. Wien 1974
Mautner-Markhof, Manfred sen.: Haltestellen und Stationen. Wien 1978
Mautner Markhof, Manfred jun.: Mit Hopfen und Malz. In: Markus, Georg: Mein Elternhaus, Wien 1990, S. 289–294
Mautner-Markhof, Kuno: 10 Jahre österreichische Brauindustrie 1918–1928. Wien 1929
Mautner Markhof, Theodor: So war's. Wien 1939
Mayer, Alfred: Schon vor 392 Jahren wurde in Simmering Bier gebraut. In: Simmeringer Museumsblätter, Heft 54 /Mai 1997
Mentschl, Josef; Otruba, Gustav: Österreichische Industrielle und Bankiers. Wien 1965
Mentschl, Josef; Otruba, Gustav: Altösterreichische Unternehmer. Wien 1969
Mentschl, Josef: Das österreichische Unternehmertum. In: Brusatti, Alois: Die Habsburgermonarchie 1848–1918, Band I. Wien 1973
Münzel, Martin: Die jüdischen Mitglieder der deutschen Wirtschaftselite. Paderborn, Wien 2006
Muzik, Helmut: Das ehemalige Hernalser Brauhaus und seine heutige Umgebung. Ausstellungskatalog. Wien 2007
Opll, Ferdinand; Liebhart, Heide: Bach – Dorf – Stadt – Bezirk, 1000 Jahre Liesing, Wiener Geschichtsblätter Beiheft 5, Wien 2002
Opll, Ferdinand: Jubiläen am Stadtrand. In: Wiener Geschichtsblätter, 43.Jg.(1988), Heft 4, S. 129–144

Österreichische Industriegeschichte, Band 2, 1848 bis 1955, Die verpasste Chance, Wien 2004. Darin insbesondere: das Kapitel »Vom österreichischen Bier« S. 252–258
Pal, Christina: Die Brauerei als Identitätsstifter. In: Stadtgemeinde Schwechat (Hg.): Schwechat von der Stadterhebung bis heute. Eine Dokumentation mit Lebensgeschichten. Schwechat 2007
Papouschek, Hans: In Währing stand ein (Hof)Brauhaus … in: Unser Währing, 27.Jg. 1992, 2.Heft, S.2–4
Peschel-Wacha, Claudia: Die Brauerei als Arbeits- und Lebensraum. In: Oberösterreichische Heimatblätter Heft 3/1992, S. 313–341
Polly, Franz: Die Familie Mautner-Markhof in Floridsdorf 1860–1945. In: Blätter des Floridsdorfer Bezirksmuseums Heft 3/1986, S.3–14
Promintzer, Josef: Dreihundert Jahre Brauhaus Schwechat. Wien 1932
Sailer, Leopold: Das Bierbrau- und Schankmonopol des Wiener Bürgerspitals. In: Mitteilungen des Vereines für Geschichte der Stadt Wien, Band VI, 1926
Resch, Andreas: Industriekartelle in Österreich vor dem Ersten Weltkrieg. Berlin 2002
Rezek, Anton: Geschichte der österreichischen Land- und Forstwirtschaft. Wien 1898
Roschitz, Karlheinz: Wiener Weltausstellung 1873. Wien 1989
Sandgruber, Roman: Bittersüsse Genüsse – Kulturgeschichte der Genussmittel. Wien 1986
Sandgruber, Roman: Wein und Weinkonsum in Österreich. In: Stadt und Wein. Linz 1996, S. 1–16
Sandgruber, Roman: Traumzeit für Millionäre. Wien-Graz-Klagenfurt 2013
Schiemer, Alfred: Auf Ottakrings Spuren. Wien 1999
Schmidl, Adolf: Wien's Umgebungen auf zwanzig Stunden im Umkreise, 9 Bände, Wien 1835–1840
Schneider, Karl: Geschichte der Gemeinde Ottakring. Wien 1892
Schwechater Lager, Festschrift zur Hundertjahrfeier des Lagerbieres 1941. Schwechat 1941
Sedlmayer, Fritz.: Die Geschichte der Patenbrauerei unter Gabriel Sedlmayer dem Älteren und dem Jüngeren 1807–1874. Nürnberg 1951
Seidl, Conrad: Die fremde Welt der obergärigen Biere. In: Bierwelt – Stadtmuseum Nordico. Linz 1992
Seidl, Conrad: Unser Bier. Wien 1995
Seidl, Conrad: Bier-Katechismus. Wien 1999
Sorger, Veit (Hrsg.): 100 Jahre Haus der Industrie. Wien 2011
Stadler, Gerhard A.: Das industrielle Erbe Niederösterreichs. Wien-Köln-Weimar 2006
Stadtgemeinde Schwechat (Hg.): Christina Pal: Schwechat von der Stadterhebung bis heute. Eine Dokumentation mit Lebensgeschichten. Schwechat 2007
Stadtgemeinde Schwechat (Hg.): Der Aufstand der Dreher'schen Brauarbeiter. In: 70 Jahre Stadt Schwechat – Ein Spaziergang durch die Geschichte, S.42–53. Schwechat 1992
Staudacher, Anna: Jüdische Konvertiten in Wien 1787–1868. Frankfurt Wien 2002.
Stift, Heidi Salome: Lieblingsorte der Wiener, Kapitel über die Ottakringer Brauerei. Wien 2004
Unser schönes Floridsdorf – Jedlesee, Blätter des Museumsvereins Floridsdorf, Heft 4/1981
Urban, Karl: Die Brauindustrie. In: Geschichte der österreichischen Land- und Forstwirtschaft und ihrer Industrien, Band 3, Wien 1899
Urban, Karl: Erinnerungen. In. Gambrinus Nr. 1/1933, S. 6ff.
Vom Tagwerk der Jahrhundertwende. Wien 1985
Waechter, Maria: Fleiss und Wille. Unveröffentlichte Abschrift im Familienarchiv Mautner Markhof

Wagner, Christoph; Schaumüller, René; Trumler, Gerhard: 1000 Jahre Österreichisches Bier – 75 Jahre BBAG. Wien 1996
Wagner, Christoph: 150 Jahre Brauerei Ottakring. Wien 1987
Wagner, Christoph: Das große Buch vom Bier. Wien 1984
Wagner, Manfred: Niederösterreich und seine Kulturen. Wien 2000
Wailand, Georg: Die Reichen und die Superreichen in Österreich. Hamburg 1977
Weiser, Peter: Manfred Mautner Markhof. NÖB Nr. 21/1982, S. 18 f (liegt in der Biografischen Sammlung des Wiener Stadt- und Landesarchives auf)
Weiss, Werner: Die Kuffner-Sternwarte. Wiener Bezirkskulturführer, Heft 24
Welzl, Luzia: Anton Dreher und Adolf Ignaz Mautner von Markhof. Diplomarbeit Wien 1987
Wieder, Karl: Der Bierbrauer Anton Dreher und sein Geschlecht. In: Adler, 6.Jahrgang 1944, S. 71–90
Wiener Bezirkskulturführer, herausgegeben von Felix Czeike u.a., Wien 1979 bis 1985
Wiesinger, Ursula: Entwicklung und Internationalisierung der Brauwirtschaft am Beispiel der Ottakringer Brauerei. Diplomarbeit an der Wirtschaftsuniversität Wien 1997
Ziak, Karl: Von der Schmelz auf den Gallitzinberg. Wien 1969
Ziak, Karl: Wien vor hundert Jahren oder Rausch und Katzenjammer. Wien 1973
Ziak, Karl: Das neue Landstraßer Heimatbuch. Wien 1975
25 Jahre Verband der Brauereien Österreichs. Wien 1990
100 Jahre Brauerei Liesing. Wien 1938
II. Verbandstag: Bericht des Vorstandes des Verbandes der Brauereiarbeiter, Fassbinder und verwandten Berufe Österreichs an den II. Verbandstag für die Jahre 1907 und 1908. Wien 1909

Zeitschriften:

Mosaik, Mitarbeiterzeitung der Mautner Markhof Betriebe
Die Industrie, herausgegeben von der Industriellenvereinigung
Brauer- und Hopfenzeitung Gambrinus
Der österreichische Bierbrauer
Verbandsblatt – Organ der Brauereiarbeiter